ШКОЛА ВЯЗАНИЯ

на спицах и крючком

ОТ ПРОСТОГО К СЛОЖНОМУ

МИР КНИГИ
МОСКВА
2006

ББК 37.248
К17

Калашникова А. С.

К17 От простого к сложному. — М.: ООО «ТД «Издательство Мир книги»», 2006. — 240 с.: ил.; цв. вкл. 16 с.

Вы решили научиться вязать и не знаете с чего начать? Перед вами полное руководство для начинающих, построенное по принципу от простого к сложному. В книге приводится много полезных рекомендаций по выбору пряжи и спиц, предлагается огромное количество узоров и схем, даются подробные пошаговые инструкции по выполнению моделей. Следуя нашим советам, вы освоите древнее искусство вязания и порадуете себя и своих близких оригинальными новинками.

ББК 37.248

ISBN 5-486-00999-2
(978-5-486-00999-0)

Предисловие

Вязание на спицах всегда было одним из самых популярных видов рукоделия. И это понятно: из клубка ниток своими руками можно сделать множество красивых и удобных вещей, актуальных в различные времена года. Здесь можно дать свободу фантазии и сотворить такую вещицу, какой не встретишь ни в одном магазине. Потому это рукоделие не только дарит массу удовольствия, но и приносит ощутимую пользу.

Вы решили его освоить? С чего начать? Приступать ли сразу к вязанию простеньких моделей и на них отрабатывать навыки вязания или вначале добиться автоматизма в выполнении каждого технического приема ручного вязания? Здесь совет дать сложно. Кто-то проще осваивает новое дело в процессе работы, кому-то необходимы несколько теоретических уроков, прежде чем он самостоятельно возьмет в руки спицы и выполнит первую петлю. И те и другие найдут в данной книге много полезных рекомендаций, которые помогут освоить этот вид рукоделия.

Желаем творческих успехов!

ИНСТРУМЕНТЫ И МАТЕРИАЛЫ ДЛЯ ВЯЗАНИЯ НА СПИЦАХ

Прежде чем осваивать технику вязания, проведем урок теоретической подготовки: узнаем, какие инструменты и приспособления вам потребуются во время работы, научимся правильно подбирать спицы для вязания конкретной пряжей, усвоим некоторые другие тонкости вязального ремесла.

Спицы

Спицы могут быть прямыми и кольцевыми, или круговыми (две прямые короткие спицы, соединенные между собой металлическим тросиком или капроновой нитью). Изготовлены они могут быть из самых разнообразных материалов: дерева, стали, капрона, кости, алюминия.

Металлические спицы чаще всего изготавливаются из стальной проволоки. Благодаря хорошей шлифовке и покрытию никелем или хромом стальные спицы обеспечивают при работе легкое скольжение нити, не пачкают руки, пряжу, не меняют свою форму (т. е. не гнутся). Единственным недостатком этих спиц является то, что они в достаточной степени тяжелы.

Удобны в работе спицы больших диаметров, изготовленные из **алюминия**. Они легче стальных, но вязать на них рекомендуется только изделия из темной пряжи. Спицы из алюминия имеют свойство окисляться, т. е. покрываться серым налетом, а также легко деформироваться. При вязании из пряжи светлых тонов можно испачкать не только руки, но и само изделие. Следует учитывать эту особенность алюминиевых спиц, особенно если они новые. Свяжите на новых алюминиевых спицах какое-либо изделие из темной шерстяной пряжи, они отшлифуются, и никакое окисление им уже грозить не будет.

Капроновые спицы, как правило, изготавливают очень крупных размеров. Ими вяжут изделия из толстой или очень пушистой пряжи, например из мохера.

Костяные спицы в настоящее время практически не выпускают. Они достаточно легкие, не пачкают пряжу, но сильно гнутся, что затрудняет работу. Такие спицы пригодны для вязания пушистых изделий.

Прямые спицы используются для прямого, или плоского вязания. Один конец (рабочий) прямой спицы острый, с другой стороны спица заканчивается либо петелькой, либо наконечником, которые не позволяют в процессе работы сползать провязанным петлям. Длина прямых спиц, как правило, не превышает 40 – 45 см. Прямыми чулочными спицами (вязальными иголками) вяжут небольшие трубчатые изделия — носки, варежки и т. п. В набор вязальных иголок входят 5 коротких (20 – 25 см) спиц, оба конца которых заострены. На круговых спицах можно вязать как большие трубчатые изделия (цельновязаные платья, свитеры и т. п.), так и плоские полотнища. Кроме того, круговыми спицами удобно пользоваться при вязании рукавов изделий. Опытные вязальщицы вяжут одновременно по 2 рукава (от разных клубков), в этом случае прибавления для скосов и убавления по окатам у обеих деталей располагаются на одной высоте, т. е. рукава получаются полностью идентичными.

Концы спиц должны быть умеренно острыми. Очень острые спицы расщепляют нить и потому затрудняют вязку, тупые кончики растягивают петли и замедляют работу. Спицы с острыми концами обычно используются при вывязывании мелких узоров из пряжи настолько плотного кручения, что спицы не «разбивают» нить.

Спицы различаются также по номерам, причем номер спицы равен ее диаметру в миллиметрах. Если вы решили серьезно заняться этим видом рукоделия, то желательно иметь набор спиц диаметром от 1 до 5,5 мм, т. е. от № 1 до № 5,5. Интервал между номерами должен составлять не больше 0,5 мм (или половины номера). Спицы малых номеров (№№ 1—2) применяются главным образом для вывязывания изящных изделий из тонкой пряжи — женских блузок, жакетов и т. п. Но они могут применяться и в других случаях. Например, резинка, вывязанная на тонких спицах, отличается большей эластичностью (упругостью, стянутостью). Спицы №№ 2—3 используются для вязания изделий из пряжи, сложенной в две или три нити. На спицах №№ 3,5—5,5 вяжутся изделия из толстой пряжи.

Для вязания конкретного изделия из конкретной пряжи спицы подбираются таким образом, чтобы их диаметр был примерно в 2 раза больше толщины нитей. Вязание на тонких спицах толстой пряжей дает слишком плотную вязку, в то время как вязание на толстых спицах тонкой пряжей, наоборот, дает неравномерную, рыхлую вязку.

Для вязания узоров с перемещением петель (типа «косичка», «жгутик», «восьмерка») вам потребуется вспомогательная спица. В качестве нее можно использовать любую имеющуюся у вас спицу, но на 0,5—1 номер меньше, чем номер рабочих спиц. Кроме того, специально для вязания узоров с перемещением петель в магазинах для рукоделия продаются изогнутые в виде буквы V спицы, а также спицы-шпильки.

Помимо спиц в работе вы можете использовать различные приспособления, которые делают процесс вязания более комфортным: колпачки для спиц (их надевают на кончики спиц, когда приходится прервать работу), счетчики рядов, маркеры для меток на вязаном полотне, вязальные крючки разных диаметров (для поднятия петель и отделки готовых вязаных полотнищ), наперстки-разделители (они используются при многоцветном вязании) и т. п. — все это вы можете приобрести в магазинах, реализующих товары для рукоделия. Например, широкий выбор спиц из различных материалов и различной конструкции (прямые, круговые, изогнутые), приспособлений для вязания, пряжи и различной фурнитуры для отделки вязаных изделий (см. цветные фотографии 1 и 2) предлагают торговые предприятия фирмы «Гамма».

Пряжа

Для вязания используют пряжу, изготовленную из различных волокон: шерстяных, искусственных, хлопковых, шелковых.

Ангорская пряжа изготавливается из мягкого, легкого пуха ангорских кроликов. При прядении пух медленно, небольшими щепотками накручивают на шерстяную, хлопчатобумажную или шелковую нить, которая является основой. Пряжа получается очень теплой и пушистой.

Мериносовая пряжа получается из тонкой пушистой шерсти овец-мериносов, обитающих в Австралии. Шерсть этих животных считается одной из самых практичных.

Верблюжья пряжа в зависимости от возраста животного, из шерсти которого она изготовлена, может быть мягкой или грубой. Красивый естественный цвет шерсти от светло- до темно-коричневого позволяет использовать ее без окрашивания.

Мохер изготавливается из тонкой, прочной, длинноволокнистой шерсти ангорских коз. Натуральный цвет пряжи — чисто-белый. В процессе переработки шерсть окрашивают в самые разные цвета. Мохер — это не чистошерстяная пряжа. При прядении шерстяные волокна чаще всего соединяют с синтетической или шерстяной нитью. В нашей стране подобную шерсть получают от оренбургских коз.

Хлопчатобумажная пряжа вырабатывается из хлопкового волокна. Благодаря тому что хлопковая пряжа имеет необыкновенно богатую цветовую гамму и разнообразное качество волокон — блестящие, матовые, пестрые нитки, — она используется для вязания практически любыми узорами. Кроме того, вязаные вещи, выполненные из хлопковой пряжи, не дают аллергических реакций и выглядят очень красиво.

Пряжа может быть не только натуральной, но и синтетической. При этом смешиваются всевозможные природные волокна с синтетическими и металлизированными нитями разной фактуры. Необычна **фантазийная**

пряжа: в нее могут быть добавлены металлизированная нитка, всевозможные шишечки, букле, бахрома из синтетических волокон. **Фасонной пряжей** называется пряжа особого прядения, полученная путем смешения различных по цвету и качеству волокон.

Большой популярностью пользуется **меланжевая пряжа** — пряжа, составленная из нескольких различных по цвету нитей. Такую пряжу можно сделать самостоятельно. Для этого нужно взять два мотка подходящих по цвету ниток и соединить их в один клубок. Например, если соединить несколько оттенков серого, то связанное полотно будет напоминать серый мрамор. Полотно, похожее на малахит, можно получить, смешав несколько оттенков зеленых и синих нитей.

Продается пряжа чаще всего в мотках. На этикетках обычно указываются состав пряжи (в процентах), вес (в граммах), длина (в метрах) и номер пряжи, выраженный дробным числом, например 32/2 или 10/2. Цифры до черты указывают толщину нити: чем больше это число, тем тоньше нить. Цифра после черты показывает, из скольких нитей скручена пряжа. Чаще всего пряжа скручена из двух нитей, одна из них основная.

Окрашивание пряжи в фабричных условиях производится партиями. Номер партии также указывается на этикетке. Пока вы не закончите работу над конкретной вещью, сохраняйте этикетку. Если вдруг вам не хватит пряжи и ее придется докупать, то, зная номер партии окрашивания, вы сможете подобрать пряжу абсолютно идентичную (по цвету) той, которую вы использовали при вязании. Пряжа одного состава и одного цвета, но из разных партий окрашивания может существенно отличаться оттенком.

Приобретая пряжу, необходимо обращать особое внимание на крутку, упругость, ровность и прочность окраски нити. Слишком туго скрученную нить лучше использовать при вязании крючком. Полотно, связанное из такой пряжи на спицах, получается не только жестким, но и перекошенным, причем этот перекос невозможно устранить даже с помощью отпаривания через влажную ткань.

Упругость – это способность нити принимать первоначальную форму после снятия нагрузки. Упругость и прочность пряжи неотделимы друг от друга, поэтому, проверив нить на упругость, вы одновременно определите и ее прочность. Если при растяжении нить пружинит в руках, стремясь восстановить свои первоначальные длину и форму, то она прочна, а связанные из нее вещи прослужат долго и не будут деформироваться. Если же нить рвется даже от небольшого натяжения, то ее можно использовать для вязания, только соединив с более прочной нитью.

Ровная нить или нет, можно определить на глаз: достаточно посмотреть, нет ли на ней утолщений или тонких участков. Для неровной пряжи подойдут только те узоры, которые имеют рельефную поверхность (сочетание бугорков и впадин, выпуклых и вогнутых полос и т. д.). Из такой пряжи не стоит пытаться выполнить чулочную или ажурную вязку: полотно будет выглядеть неаккуратно. Но если к неровной пряже присоединить нить другого цвета – контрастную или близкую по тону (можно также неровную), то даже чулочная вязка зрительно будет казаться ровной.

Прочность окраски, ее равномерность необходимо проверить, если вы решили вязать цветной узор или контрастные полосы. Для этого надо смочить конец нити водой, обернуть его белой тканью и прогладить горячим утюгом. Если на ткани не появится цветное пятно, то нить окрашена прочно. Если ткань окрасилась, следует либо отказаться от использования этой пряжи, либо попробовать улучшить прочность окраски. Для этого простирайте пряжу в мыльной пене, хорошо прополощите и мокрой опустите в теплую воду с уксусной эссенцией (1 ст. ложка на 1 л воды). На слабом огне прокипятите пряжу в этом растворе 20 – 25 мин, непрерывно переворачивая. Затем пряжу еще раз постирайте и прополощите. Если и после этого нить не выдержит проверку на прочность окраски, то, наверное, она была окрашена красителями плохого качества, такую нить уже нельзя будет соединить с нитью другого цвета, поэтому лучше связать из нее однотонную вещь.

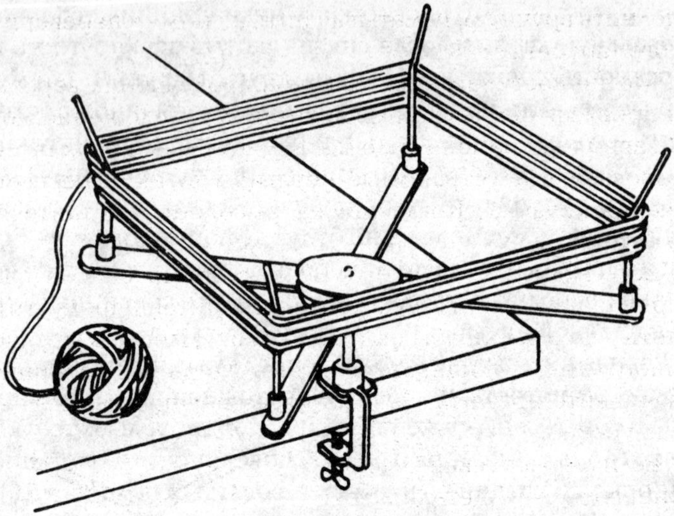

Рис. 1. Моталка

Для первых уроков вязания не обязательна новая пряжа. Можно использовать нить, которая уже была в употреблении, правильно ее подготовив к повторному вязанию. Пряжа, полученная при распускании вязаных вещей, слишком «курчавится». Использовать ее в таком виде для работы невозможно: мало того, что вязать из «курчавой» пряжи очень неудобно, но и связанный из нее узор получится искаженным. Поэтому перед повторным использованием нити необходимо распрямить. Смотайте пряжу в мотки. Это можно сделать с помощью специальной моталки (рис. 1), но если у вас таковой нет, то эту операцию можно вы-

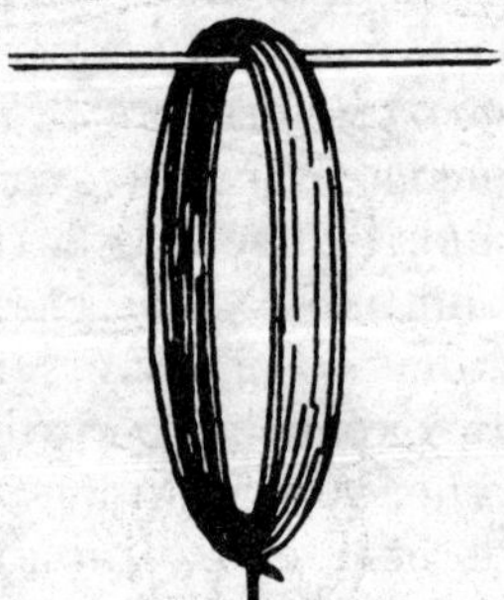

Рис. 2. Выпрямление пряжи, бывшей в употреблении

полнить вручную, наматывая нить на ножки перевернутого табурета.

Мотки постирайте и подвесьте, продев в них веревку и привязав небольшой грузик (рис. 2). Положение мотка время от времени надо менять, чтобы на нитях не образовались неустранимые перегибы в месте расположения грузика. Когда пряжа высохнет, смотайте ее в клубки.

Есть и другой, не менее эффективный способ распрямления бывших в употреблении нитей. Пропустите нить через носик обычного чайника. Налейте в него немного воды и поставьте на огонь. Когда вода закипит, начинайте протягивать нить через носик, сматывая ее в клубок.

Если вы распускаете мелкие вязаные детали, то концы нитей можно связать плоским ткацким узлом (рис. 3).

Сматывать клубки тоже нужно правильно. Возьмите конец нити в левую руку и сделайте несколько витков вокруг четырех пальцев. Снимите полученный моточек, перекрутите его «восьмеркой», сложите пополам и продолжайте намотку, накладывая витки нити на полученный «шарик». Образующийся клубок время от времени переворачивайте. Если пряжа пушистая, то, чтобы не примять ворсинки, при наложении витков подкладывайте под них два пальца; когда образуется достаточно витков, высвободите из-под них пальцы, поменяйте

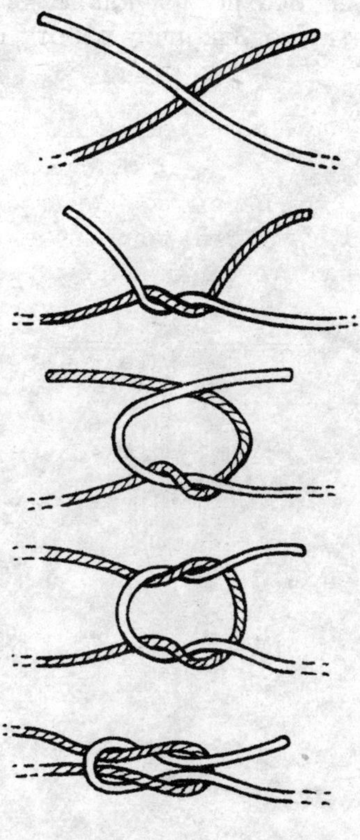

Рис. 3. Порядок выполнения плоского ткацкого узла

положение клубка и вновь наматывайте нить, подложив под витки два пальца. Нить при этом не нужно сильно натягивать. Клубок получится мягким, а нить в нем будет оставаться пушистой даже при длительном хранении в таком виде.

При вязании намного удобнее пользоваться клубком с двумя рабочими концами: основной идет сверху, а запасной — изнутри. Чтобы смотать такой клубок, вам потребуется журнал или небольшая книга в мягком переплете. Конец нити проложите между страницами журнала и сверните его в трубку. Журнал возьмите в левую руку, а правой движением от себя намотайте на него 8—10 витков, располагая их параллельно краю журнала. Все последующие витки располагайте под углом к краю. Закончив работу, снимите клубок с журнала.

ОСНОВЫ ТЕХНИКИ ВЯЗАНИЯ

Первым шагом в изготовлении красивых трикотажных вещей является освоение техники вязания. Начинающая рукодельница должна научиться правильно держать спицы, освоить способы набора начального ряда и вывязывания различных петель. Причем важно не только научиться провязывать те или иные петли, а довести полученные навыки до автоматизма, только тогда вы сможете придерживаться однородной плотности вязания и вязаное полотно у вас будет получаться ровным и красивым.

Набор петель начального ряда

Вязание любого изделия или его детали начинается с набора петель начального ряда. Начальный ряд образует одну из кромок вязаного полотна — чаще всего нижнюю. Чтобы эта кромка была ровной и достаточно прочной, надо научиться набирать петли.

Вариантов набора петель для начала работы немало: из одной или двух нитей; с утолщенным или ажурным краем; с бахромой; из сдвоенных петель и т. д., но из всего разнообразия способов нужно выбрать тот, при котором край изделия будет удачно сочетаться с узором вязки.

При наборе петель начального ряда из одной нити (рис. 4) возьмите конец нити и одну спицу в правую руку, продолжение нити зажмите в левой руке между мизинцем и безымянным пальцами и далее поместите ее на указательном. Введите спицу острием на себя под нить на указательном пальце. Образовавшуюся петлю сбросьте с указательного пальца и затяните на спице. Все остальные петли набирайте точно так же, стараясь

Рис. 4. Набор петель из одной нити

затягивать их с одинаковым усилием. Таким образом попробуйте набрать 20 – 30 петель. Обычно этот способ называют «набор воздушных петель». Его обычно применяют, когда нужно получить очень тонкий край трикотажного полотна. Кроме того, так же набирают дополнительные петли в процессе вязания (например при формировании отверстий для пуговиц или при ступенчатом расширении вязаного полотна).

Самый распространенный способ набора петель начального ряда — из двух нитей (рис. 5). Нить от клубка поместите в левую ладонь. Длина свисающего конца должна быть вдвое больше ширины полотна, для которого вы набираете петли. Обведите нить вокруг большого пальца левой руки против часовой стрелки, затем положите нить на согнутый указательный палец и далее зажмите ее в левой ладони вместе с концом нити. Две спицы, сложенные вместе, введите под нить с внутренней стороны большого пальца, повернув спицу вправо, захватите нить с указательного пальца и протяните в петлю на большом пальце. После этого сбросьте петлю с большого пальца, тут же подведите его под нить и, раздвигая большой и указательный пальцы в противоположные стороны, туго затяните петлю на спицах — образовалась 1-я петля. Теперь, не сбрасывая нитей с пальцев, отведите влево большой палец левой руки, отчего на нем получится петля. Со стороны ладони введите спицы в эту петлю снизу вверх, под переднюю нить, захватите нить с указательного пальца и протяните ее в петлю на большом пальце. Затем повторите те же движения, что и при образовании 1-й петли, — на спицах получилась 2-я петля. Следующие петли выполняйте так же, как 2-ю. Чтобы нижняя цепочка (основание петель) не перекручивалась вокруг спиц, указательным

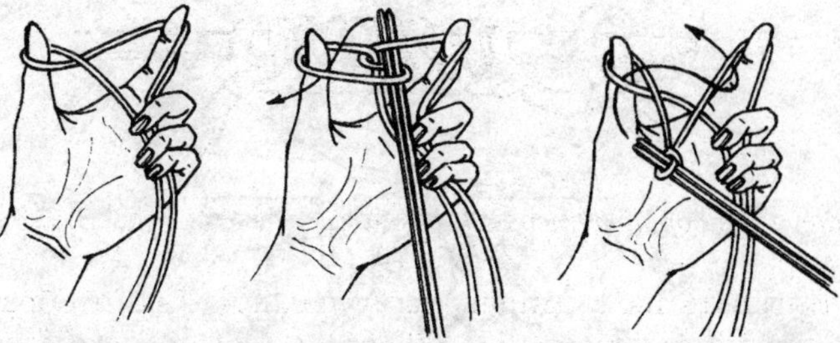

Рис. 5. Порядок набора начального ряда петель из двух нитей

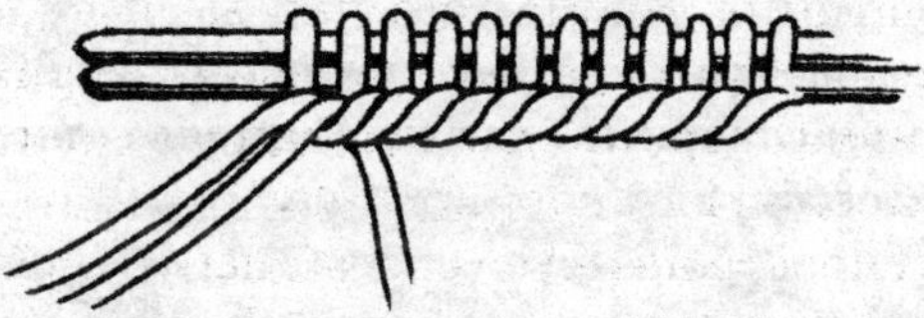

Рис. 6. Наборный ряд с утолщенной нижней цепочкой

пальцем правой руки придерживайте каждую новую петлю. Для тренировки наберите 30 – 40 петель.

Порядок набора петель начального ряда с утолщенной нижней цепочкой (рис. 6) тот же, что и при наборе петель из двух нитей, только конец нити, из которого образуется петля на большом пальце, складывают вдвое (нить, лежащая на указательном пальце, остается прежней толщины). При таком наборе петли начального ряда получаются толщиной в одну нить, а нижняя цепочка — в 2 нити. Набор с утолщенным краем используют при вязании моделей из мохера, для укрепления нижней кромки трикотажного полотна в повседневной одежде и т. д.

Набирая петли начального ряда, старайтесь как можно туже затягивать их на спице, хотя следующий ряд, как и все остальные, вязать нужно значительно слабее.

Техника выполнения петель

После того как начальный ряд набран, одну спицу вытаскивают, а вторую поворачивают таким образом, что-

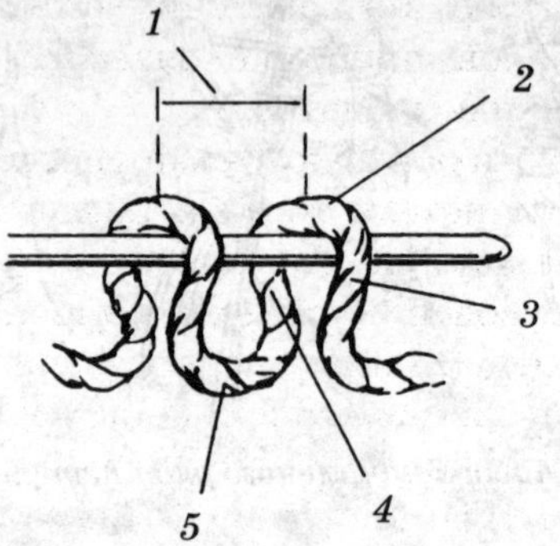

Рис. 7. Элементы петли: 1 – петельный шаг; 2 – дужка петли; 3 – передняя стенка петли; 4 – задняя стенка петли; 5 – протяжка

бы рабочая нить находилась с правой стороны. Спицу с набранными петлями берут в левую руку, свободную – в правую. Они должны помещаться между указательными и большими пальцами. Рабочую нить располагают на указательном пальце левой руки, а чтобы обеспечить ей нужное натяжение, ее необходимо придерживать средним и безымянным пальцами. При вязании полотно придерживают всеми свободными пальцами.

Процесс вязания заключается в том, что все петли с левой спицы провязываются правой спицей и таким образом переснимаются на нее. Различают 2 вида основных петель – лицевые и изнаночные, кроме того, к разряду основных петель причисляют и накиды. Все прочие петли при вязании на спицах представляют собой разновидности или комбинации основных.

Элементы петли указаны на рисунке 7.

Кромочные петли

Первая и последняя петли вязаного полотна называются кромочными. Они отличаются от всех остальных тем, что провязываются через ряд. Первую петлю всегда снимают, не провязывая. Последняя петля каждого ряда, также являющаяся кромочной, всегда провязывается. Кромочные петли никогда не включаются в узор.

В зависимости от того, как снимается первая кромочная петля, боковые кромки вязаного полотна могут быть ровными или зубчатыми.

Ровные кромки образуются в процессе вязания из цепочкообразных петель. Каждая такая петля соответствует по длине двум обычным петлям и охватывает два ряда. Для образования их надо кромочную петлю в начале каждого ряда снимать непровязанной, оставляя рабочую нить за спицей, а последнюю петлю каждого ряда провязывать изнаночной.

Ровные кромки являются наиболее распространенными и используются при выполнении краев полочек, застежек, воротников и т. д.

Зубчатые кромки отличаются большей прочностью и стянутостью. Они применяются в тех случаях, когда кромки в готовом изделии сшиваются. Для образования таких кромок одну петлю в начале каждого ряда надо снять непровязанной, оставляя рабочую нить за левой спицей, а последнюю петлю каждого ряда провязать лицевой. Такой край меньше растягивается в длину.

Лицевые петли

Лицевые петли можно выполнить двумя способами: за переднюю и за заднюю стенки. Классический способ — вывязывание лицевой петли за переднюю стенку (рис. 8). После того как кромочная петля снята, введите правую спицу в следующую петлю слева направо и, захватив рабочую нить с указательного пальца, вытяните новую петлю. Отработанную петлю (ту, через которую вы протягивали нить) снимите с левой спицы. Для закрепления навыка аналогичным образом провяжите все остальные петли с левой спицы. Затем поверните

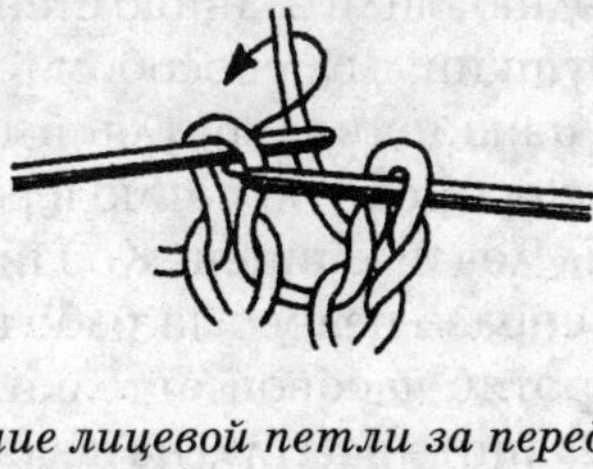

Рис. 8. Выполнение лицевой петли за переднюю стенку

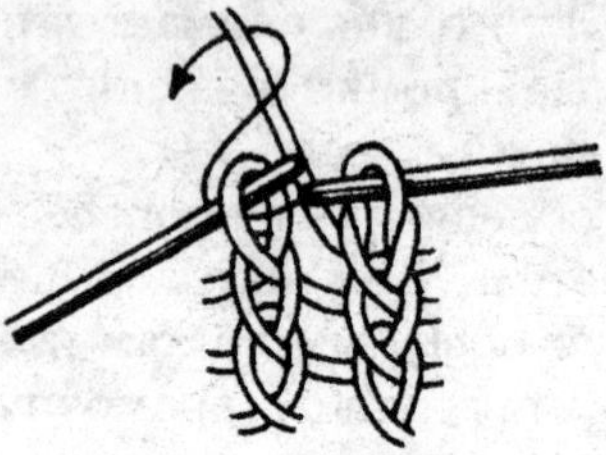

Рис. 9. Выполнение лицевой скрещенной петли

вязание, возьмите его в левую руку, снимите кромочную и провяжите следующий ряд лицевых петель.

Лицевую петлю, провязанную за заднюю стенку, в обиходе нередко называют «бабушкиной» петлей, а вообще она носит название лицевой скрещенной (рис. 9). Положение пальцев и нити при вывязывании скрещенной петли то же, что и при вывязывании обычной лицевой, только кончик правой спицы нужно вводить в петлю на левой спице справа налево. Захватив нить с указательного пальца, вытяните новую петлю, а отработанную снимите с левой спицы. Для закрепления навыка провяжите лицевыми скрещенными 2 ряда.

Внешний вид полотна, связанного только лицевыми петлями за переднюю стенку, отличается от вида полотна, связанного только лицевыми петлями за заднюю стенку. Вязание, выполненное «бабушкиными» петлями, получается в виде перекрещенных столбиков, в то время как лицевые петли, провязанные за заднюю стенку, образуют ровное гладкое полотно.

Изнаночные петли

Изнаночную петлю так же, как и лицевую, можно провязать за переднюю или заднюю стенки, т. е. классическим, или «бабушкиным», способом.

Классическая изнаночная петля выполняется так (рис. 10). Снимите кромочную петлю и расположите рабочую нить перед левой спицей. Кончик павой спицы введите в петлю справа налево за рабочей нитью и обвейте ею нить против часовой стрелки, затем образовавшийся виток втяните в петлю на левой спице и вытя-

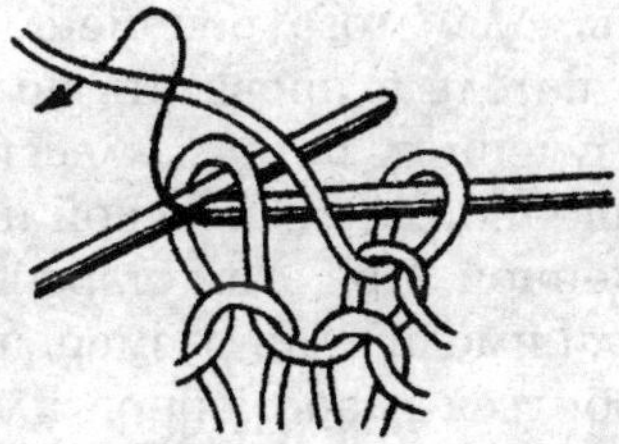

Рис. 10. Выполнение изнаночной петли за переднюю стенку

ните новую петлю. Отработанную петлю снимите с левой спицы. Такая изнаночная соответствует лицевой петле, выполненной классическим способом.

Для закрепления навыка провяжите 2 ряда изнаночными петлями, провязываемыми классическим способом.

«Бабушкина» изнаночная петля (за заднюю стенку) получается перекрещенной, поэтому ее еще называют изнаночной скрещенной (рис. 11). Снимите кромочную петлю и расположите рабочую нить перед левой спицей. Кончик правой спицы введите в петлю справа налево за рабочей нитью, подхватите им нить и протяните через петлю на левой спице, вытягивая новую петлю. Отработанную петлю снимите с левой спицы. Для закрепления навыка провяжите 2 ряда изнаночными скрещенными петлями.

Лицевые и изнаночные петли обратны друг другу, т. е. если перевернуть вязание на другую сторону, лицевая петля выглядит как изнаночная, и наоборот.

Прежде чем переходить к обучению вывязывания других петель и к освоению узорного вязания, освойте как можно лучше технику выполнения лицевой и изна-

Рис. 11. Выполнение изнаночной скрещенной петли

ночной петель. Для этого рекомендуется набрать на спицы 20–30 петель и провязать по нескольку рядов каждой из разученных петель: классической лицевой, лицевой скрещенной, классической изнаночной, изнаночной скрещенной. При этом старайтесь, чтобы вывязываемые петли имели один размер, потому что только так можно добиться равномерной плотности вязания.

Накиды

К основному виду петель можно отнести и накиды — петли, которые образуются не провязыванием петель предыдущего ряда, а накидыванием рабочей нити на правую спицу. Таким образом накид не соединяется с петлями нижнего ряда, поэтому в данном месте вязаного полотна образуется дырочка.

Накид можно выполнить двумя разными способами: накидывая нить движением от себя или к себе (рис. 12). Накид «к себе» применяется чрезвычайно редко, только если это специально оговаривается в каком-либо узоре. При использовании такой разновидности накида, например при вязании английской резинки, петли получаются искаженными. Ажур им также не выполняют, поскольку отверстия получаются слишком большими. Если же по узору требуется большое отверстие, то обычно делают сразу 2–3 накида подряд, обвивая рабочей нитью правую спицу 2–3 раза.

Если после накида по узору предстоит вывязать лицевую петлю, то никаких затруднений с ее провязыванием не возникает. Изнаночную петлю сразу после наки-

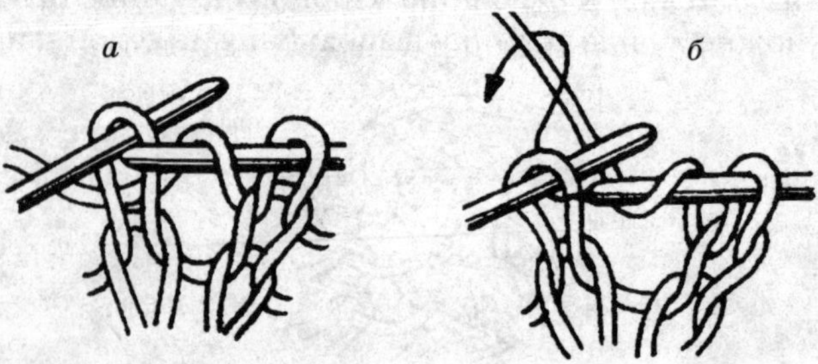

Рис. 12. Выполнение накидов: а – «от себя»; б – «к себе»

да выполнить несколько труднее. Для этого накид обязательно придерживают на спице указательным пальцем правой руки, чтобы он не соскользнул. Если сразу после накида петля снимается, правую спицу вводят в нее справа налево.

Накиды делаются обычно в лицевом ряду, а в следующем, изнаночном, они провязываются изнаночными петлями (в платочной вязке — лицевыми) с образованием в полотне дырочки. Два сделанных подряд накида образуют двойной накид и т. д. Двойной накид в следующем ряду провязывается так: первый накид изнаночной петлей, второй — лицевой.

Приемы вязания

При вязании на спицах узоры образуются путем применения различных способов вывязывания (несколько петель вместе, несколько петель из одной петли и т. п.) или комбинации основных петель.

Провязывание петель вместе

В ажурном вязании, где используется большое количество накидов, чтобы размер полотна всегда оставался одинаковым, накиды непременно сочетают с петлями, провязанными вместе. Чаще всего вместе провязываются две следующие за накидом петли. В зависимости от узора две петли вместе можно провязать лицевой или изнаночной петлями, классическим способом (за передние стенки) или «бабушкиным» (за задние стенки).

Чтобы провязать две петли вместе лицевой классическим способом (рис. 13), нужно кончик правой спицы продеть в обе петли слева направо и, захватив им сверху рабочую нить, протянуть ее через провязываемые петли, после чего последние сбросить.

Две петли вместе лицевой скрещенной провязываются так (рис. 14): кончик правой спицы продеть в обе петли справа налево под левую спицу и, захватив им рабочую нить сверху, протянуть ее через провязываемые петли, которые затем сбросить.

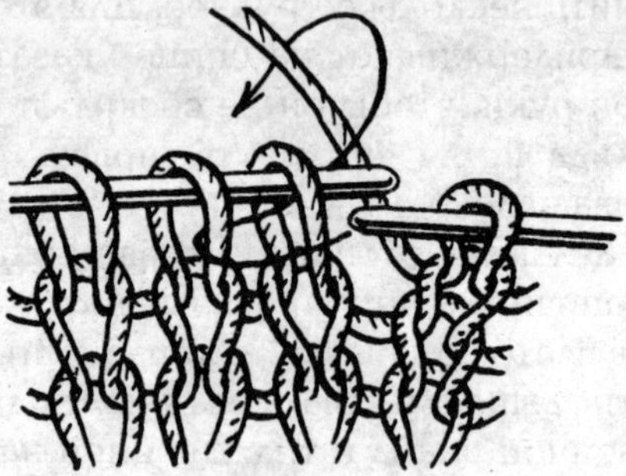

Рис. 13. Провязывание двух петель вместе лицевой за передние стенки

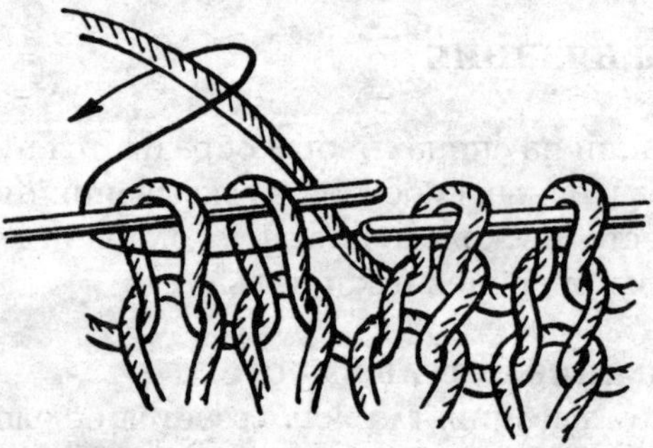

Рис. 14. Провязывание двух петель вместе лицевой скрещенной (за задние стенки)

Прежде чем провязать две петли вместе изнаночной (рис. 15), нужно поместить рабочую нить перед левой спицей. Затем кончик правой спицы продеть в две петли справа налево и, захватив им нить сверху и от себя, протянуть ее через обе петли, после чего провязанные петли сбросить с левой спицы.

Провязывая две петли изнаночной скрещенной (рис. 16), кончик правой спицы проденьте в обе петли слева направо и, захватив им рабочую нить сверху от себя, протянуть ее через провязываемые петли, которые затем сбросить.

Вместе одной петлей можно провязывать не только две, но и большее число петель. Причем техника провязывания будет аналогичной.

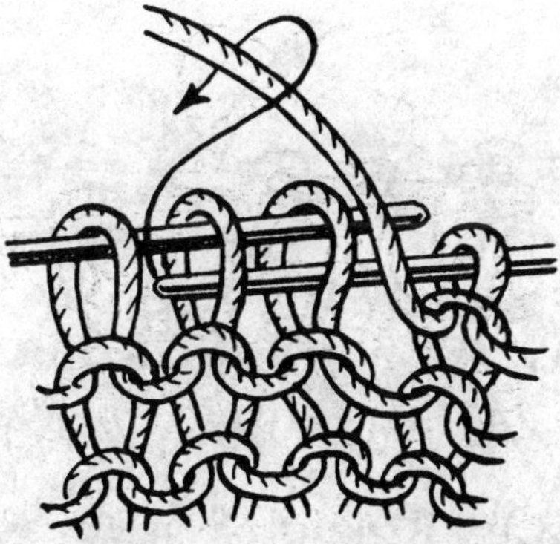

Рис. 15. Провязывание двух петель вместе изнаночной за передние стенки

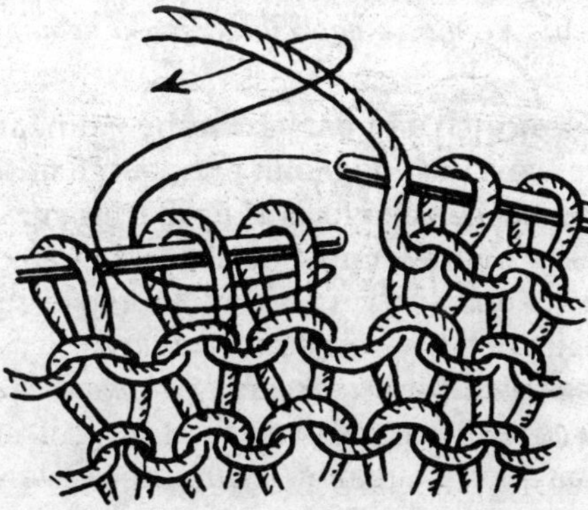

Рис. 16. Провязывание двух петель вместе изнаночной скрещенной (за задние стенки)

При провязывании нескольких петель вместе за передние стенки новая петля будет иметь небольшой наклон вправо. Если петли провязывать за задние стенки, то новая петля будет наклонена влево. Эта закономерность используется в ажурных узорах, что позволяет обозначить их более четко.

Иногда по узору требуется провязать две петли вместе, предварительно повернув первую. Для этого кончик правой спицы вводят в первую петлю слева напра-

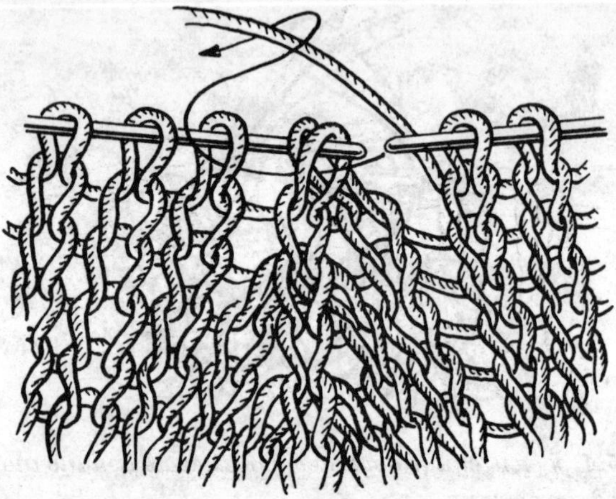

Рис. 17. Провязывание трех петель вместе одной лицевой после перемены местами первой и второй петель

во, переснимают ее на правую спицу и, предварительно повернув так, чтобы передняя стенка стала задней, снова надевают ее на левую спицу. Затем правую спицу продевают в обе петли справа налево и, подцепив ею рабочую нить сверху, вытягивают ее через провязываемые петли, которые затем сбрасывают.

При провязывании вместе трех петель часто первые две петли меняют местами (рис. 17). Для выполнения этого приема кончик правой спицы проденьте в две первые петли, как при вязании двух лицевых петель вместе лицевой (от себя, под спицу, слева направо), снимите их на правую спицу и, развернув последнюю движением против часовой стрелки, снова наденьте на левую спицу, но уже в обратной последовательности. Затем провяжите вместе с третьей петлей лицевой скрещенной.

Такой прием обычно используется при выполнении декоративных убавлений, а также при вывязывании планки V-образного выреза.

Выполнение протяжек

Провязать несколько петель вместе можно и с помощью так называемой протяжки, когда одна петля протя-

Рис. 18. Выполнение двух петель вместе протяжкой (способ 2)

гивается через несколько или несколько петель протягиваются через одну. Две петли вместе протяжкой можно выполнить двумя способами. Способ первый: первую петлю снять на правую спицу, не провязывая, следующую петлю провязать лицевой, затем, введя кончик левой спицы в снятую петлю, протянуть через нее провязанную. Способ второй (рис. 18): кончиком правой спицы поддеть вторую петлю и протянуть через нее первую, которую затем провязать лицевой.

Три петли вместе протяжкой можно провязать так же двумя способами. Во-первых, можно снять первую петлю на правую спицу, не провязывая, две следующие провязать вместе и протянуть новую петлю через снятую, поддев снятую петлю кончиком левой спицы. Во-вторых, можно первые две петли снять на правую спицу, не провязывая, следующую петлю провязать лицевой, затем, введя кончик левой спицы в снятые петли, протянуть через них провязанную.

Снятые петли

В описании техники провязывания петель протяжкой мы столкнулись с понятием «снятая петля». Снятыми петлями называются лицевые или изнаночные петли, которые переснимаются на правую спицу непровязан-

а

б

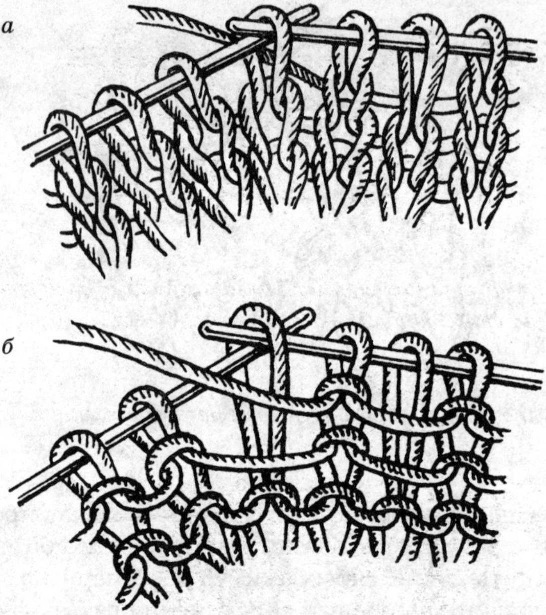

Рис. 19. Выполнение снятых петель : а – нить за работой; б – нить перед работой

ными. Снять петлю, не провязывая, можно, оставляя нить за работой или перед ней (рис. 19). В лицевых рядах петли снимают чаще всего оставляя нить за работой, в изнаночных – наоборот. Но иногда по узору требуется, чтобы в лицевом ряду при снятии петель нить располагалась перед работой, на это обычно дается указание в описании узора.

Чтобы выполнить снятую удлиненную петлю, ее в предыдущем ряду необходимо провязать с накидами (рис. 20). Для этого правую спицу ввести в петлю справа налево за переднюю стенку, сделать два-три накида и протянуть их через провязываемую петлю. В следующем ряду вывязанную таким образом петлю снять на правую спицу непровязанной, спустив все накиды, за счет которых петля удлинится.

Удлиненную петлю можно выполнить не только путем снятия с накидами, но и вывязывая петлю из петли пре-

Рис. 20. Провязывание петли с накидами для последующего выполнения снятой удлиненной петли

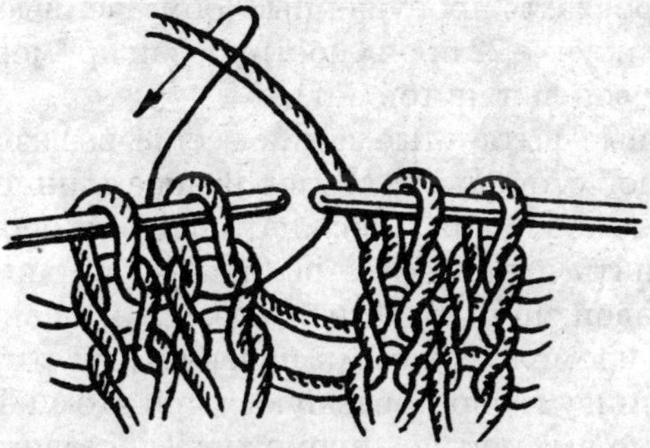

Рис. 21. Выполнение петли из петли предыдущего ряда

дыдущего ряда (рис. 21). Кончик правой спицы ввести в петлю, расположенную на ряд ниже спицы, и, захватив рабочую нить, вытянуть петлю. Петлю, которая находится на спице (над провязанной), сбросить.

Вытянутые (обхватывающие) петли

Если петли вывязывать не из петель, находящихся на левой спице, а из промежутка между ними, то на лицевой стороне получатся длинные петли, охватывающие петли основной вязки (полотна). Это вытянутые, или охватывающие, петли. В зависимости от способа вывязывания вытянутые петли могут располагаться горизонтально и с наклоном влево или вправо по отношению к столбику петель.

Если петля вывязывается при выполнении лицевого ряда, наклон будет вправо, если с изнаночной стороны —

влево. Наклон и длина вытянутой петли определяются расположением промежутка, из которого она вывязывается. Петля может вытягиваться из первого промежутка, т. е. между первой и второй петлями, из второго, третьего и т. д. промежутков как рабочего (провязываемого), так и нижележащих рядов.

Чтобы вывязать лицевую вытянутую петлю, нужно кончик правой спицы ввести в указанный в наименовании петли промежуток, захватить рабочую нить сверху, образовавшуюся при этом на правой спице петлю протянуть через промежуток, оставив на правой спице, после чего провязать пропущенные (обхваченные нитью) петли. На рисунке 22 проиллюстрирован пример выполнения лицевой вытянутой петли.

Изнаночные вытянутые петли всегда вывязываются с изнаночной стороны, хотя узор (в виде длинной петли с наклоном влево) образуется на лицевой стороне. Чтобы выполнить изнаночную вытянутую петлю, нужно кончик правой спицы ввести в указанный в наименовании петли промежуток сзади наперед, захватить рабочую нить снизу и образовавшуюся при этом на правой спице петлю вытянуть из промежутка, оставив на правой спице, после чего провязать пропущенные петли.

При выполнении поперечно вытянутой петли вытянутую петлю не оставляют на правой спице, а переснимают на левую и провязывают ее вместе с первой из пропущенных петель, после чего провязывают остальные пропущенные петли. В результате на лицевой стороне

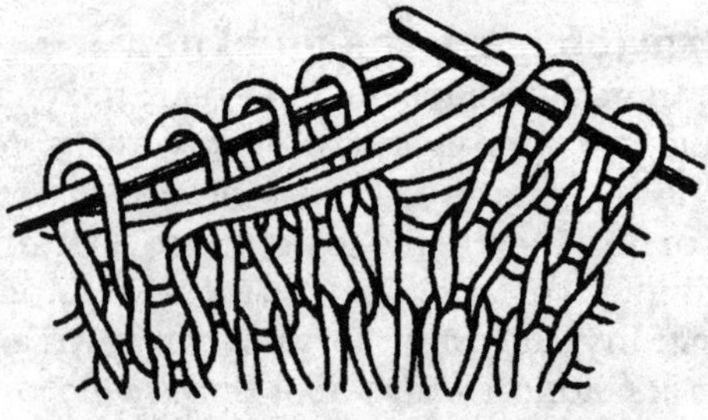

Рис. 22. Выполнение лицевой вытянутой петли из третьего промежутка рабочего ряда

образуется вытянутая петля, расположенная горизонтально, т. е. поперек полотна.

Перемещенные петли

При вязании на спицах очень часто используется прием перемещения петель. Причем перемещение можно выполнять как с наклоном вправо, так и с наклоном влево. Чтобы выполнить две перемещенные лицевые петли с наклоном вправо, нужно провязать вторую петлю лицевой, затем, не снимая провязанной петли, провязать первую лицевой, после чего обе провязанные петли сбросить с левой спицы. Чтобы выполнить две перемещенные петли с наклоном влево, следует провязать лицевой скрещенной вторую петлю, затем, не снимая провязанную петлю со спицы, провязать первую лицевой, после чего обе провязанные петли сбросить с левой спицы.

Относительно друг друга можно перемещать не только две петли, но и четыре, шесть, восемь. Если при этом периодически изменять наклон то в одну, то в другую сторону, столбики петель, изгибаясь через определенные интервалы, будут образовывать на вязаном полотне узоры, напоминающие жгуты, косы и т. п. Если при перемещении петель изменяется очередность провязывания не двух, а большего количества петель, то в работе используется вспомогательная спица, на которую переснимают перемещенные петли и в зависимости от узора располагают их либо перед, либо за работой (рис. 23).

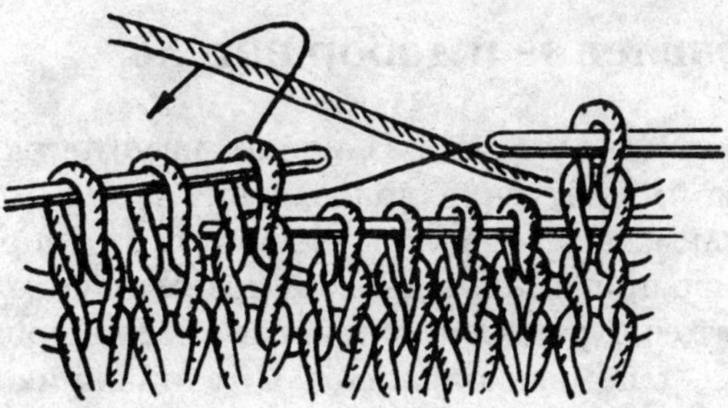

Рис. 23. Размещение перемещенных петель за работой

Рис. 24. Выполнение жгута из шести петель

Чаще всего «жгуты» и «косы» провязывают лицевыми петлями, а в качестве фонового рисунка выступает либо платочная вязка, либо изнаночная гладь (чулочная вязка).

Например, простейший «жгут» из шести петель с наклоном влево провязывается следующим образом (рис. 24): первые три петли снимают на вспомогательную спицу, следующие три провязывают лицевыми, после чего также лицевыми провязывают петли со вспомогательной спицы. Количество перемещаемых петель, их расположение (перед или за работой), а также вид петель, которым их следует провязать (лицевыми или изнаночными), указывается в описании узора и показывается на его графической схеме.

Прибавление и добор петель

Освоив выполнение различного вида петель, можно переходить к обучению прибавления петель. Этот прием необходим, если требуется расширить вязаное полотно, например при вязании деталей модельной одежды.

Достаточно распространенный способ прибавления петель — с помощью накидов. С техникой их выполнения вы уже знакомы. Однако при выполнении накидов на вязаном полотне образуются дырочки. Чтобы вяза-

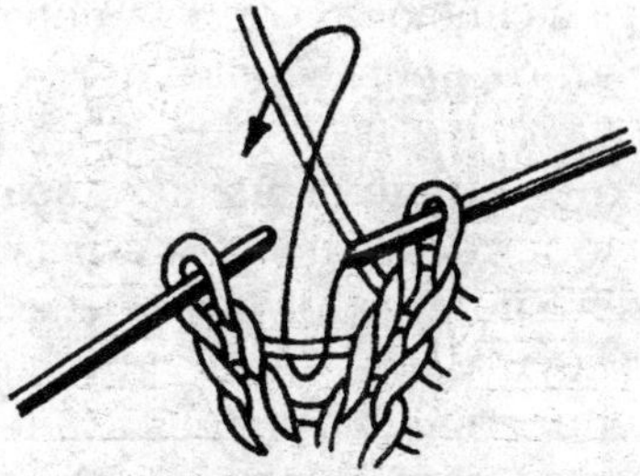

Рис. 25. Вывязывание добавочной петли из протяжки предыдущего ряда

ное полотно не напоминало ажурное, в изнаночном ряду накид нужно провязать за заднюю стенку — это предотвратит образование большого отверстия.

Другой способ расширения вязаного полотна — вывязывание дополнительной петли из петли нижнего ряда. В этом случае провязывают не находящуюся на спице петлю, а ту, которая располагается под ней. В нее вводят правую спицу, захватывают рабочую нить и протягивают в петлю. После этого вязание продолжается обычным способом — следующей провязывается та петля, которая находится на левой спице.

Добавочные петли можно также вывязывать из протяжки предыдущего ряда (рис. 25): кончик правой спицы нужно ввести под протяжку между петлями, захватить им рабочую нить и протянуть ее вверх под протяжкой. При этом вновь образованная петля остается на правой спице.

Увеличить число петель можно, если провязать из одной петли две (рис. 26). При этом одну петлю провязы-

Рис. 26. Вывязывание двух петель из одной

вают сначала за заднюю, а затем за переднюю стенку. Только после этого провязанная петля сбрасывается с левой спицы.

С помощью этого приема можно добавить не одну, а большее число петель. Способы вывязывания из одной петли четного и нечетного количества петель отличаются друг от друга.

Наиболее распространено вывязывание из одной петли нечетного числа петель (рис. 27). Для этого очередную петлю провязывают лицевой, затем, не снимая провязанной петли с левой спицы, делают накид и вновь провязывают эту же петлю лицевой, снова делают накид и еще раз провязывают ту же петлю лицевой. Вывязав таким образом необходимое количество петель, отработанную петлю сбрасывают с левой спицы.

Если необходимо вывязать четное число петель, поступают иначе: из очередной петли вывязывают лицевую, затем из нее же выполняют изнаночную и таким образом чередуют их, пока не получится нужное количество петель. Заканчивают вязание чаще всего выполнением изнаночной петли. Только после этого петля, из которой производилось вывязывание, сбрасывается с левой спицы.

Еще один способ увеличения числа петель — вывязывание добавочных петель из вязаного полотна (рис. 28): кончик правой спицы вводят в петли предыдущих рядов и вывязывают нужное число добавочных петель.

Если необходимо прибавить несколько петель по краю детали, то в этом случае используется дополнительный набор петель. Провязав ряд, левую спицу вво-

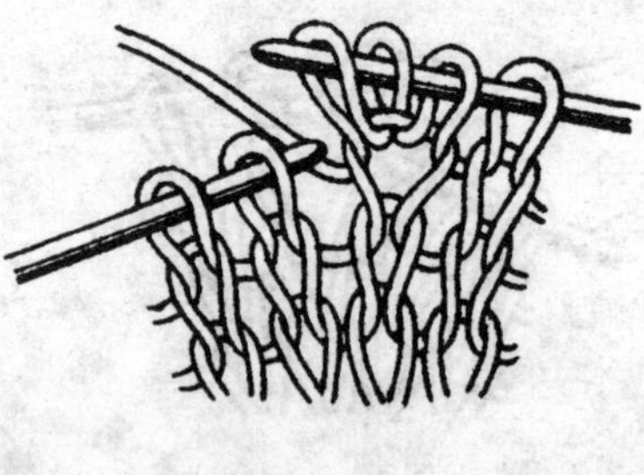

Рис. 27. Вывязывание нечетного количества петель из одной

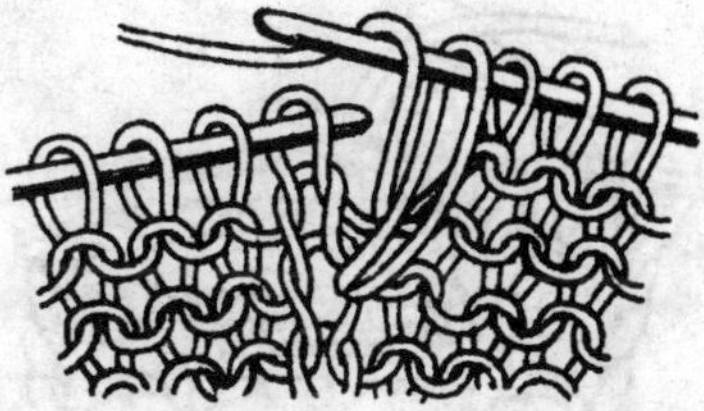

Рис. 28. Вывязывание добавочных петель из полотна

Рис. 29. Дополнительный набор воздушных петель по краю вязаного полотна

дят между кромочной и предпоследней петлями слева направо, захватывают рабочую нить, вытягивают петлю и надевают ее на правую спицу. Следующую петлю вытягивают между вновь образованной и предыдущей. Таким образом получается ступенчатое увеличение полотна на нужную ширину. Дополнительный набор можно выполнить также воздушными петлями (рис. 29).

Аналогичным образом производят набор петель при вывязывании отверстий для пуговиц, выполнении разрезов карманов и т. п.

Убавление и закрытие петель

Способ убавления петель по ходу выполнения определенного узора указывается в описании узора или показывается на его графической схеме. Как правило, в этом случае убавления производятся путем провязывания вместе двух, трех и более петель.

Этот же способ применяется и в том случае, если нужно убавить петли по краям изнаночного полотна (для формирования пройм, оката рукава, выреза горловины

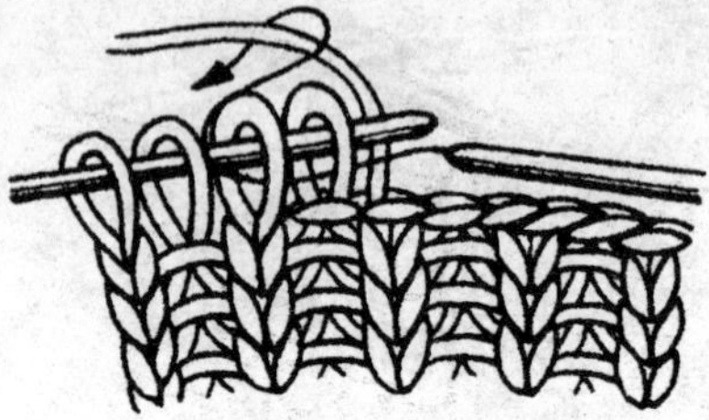

Рис. 30. Закрытие петель способом провязывания двух петель вместе

и т. п.). Если необходимо уменьшить ширину вывязываемого полотна равномерно, то петли убавляют, провязывая в лицевом ряду две и более петель вместе через определенные промежутки.

Если необходимо убавить несколько петель по краю детали (выполнить ступенчатое убавление), то это делают путем закрытия петель. Существует несколько способов закрытия петель.

Способ первый основан на приеме провязывания вместе двух расположенных рядом петель (рис. 30): кромочную и следующую за ней петли провязывают вместе лицевой за заднюю стенку, вновь образованную петлю перемещают на левую спицу и снова провязывают ее вместе со следующей петлей, новую петлю снова перекидывают на левую спицу и т. д. Таким образом поступают до тех пор, пока не окажется закрытым нужное количество петель (при ступенчатом убавлении) или все петли ряда (при завершении вязания детали).

Другим распространенным способом закрытия петель является такой (рис. 31): кромочную снять как обычно, следующую петлю провязать лицевой — таким образом на правой спице образуются две петли; кончик левой спицы ввести в кромочную слева направо и протянуть через нее только что провязанную петлю, на правой спице осталась одна петля; следующую петлю снова провязать, протянуть ее через петлю на правой спице и т. д., пока не будут закрыты нужное количество петель или все петли ряда. Этот способ иногда называют классическим.

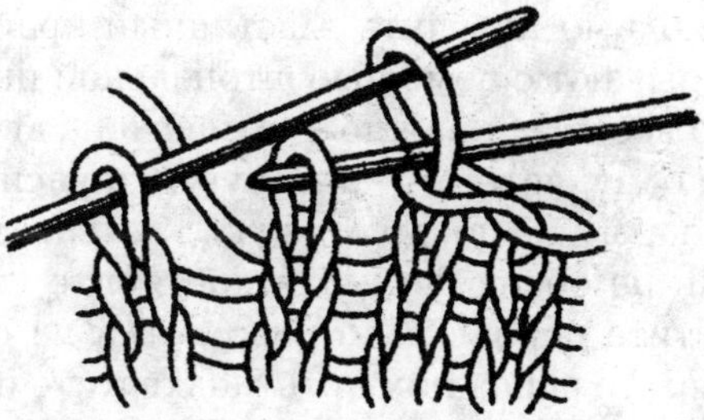

Рис. 31. Классический способ закрытия петель

Следующий способ — закрытие петель без рабочей нити. Переснимите петли на другую спицу, чтобы рабочая нить оказалась в конце ряда, снимите на правую спицу две первые петли, кончиком левой спицы подхватите первую петлю и протяните через нее вторую. Снимите на правую спицу третью петлю и протяните ее через вторую и т. д.

Без использования рабочей нити закрыть петли можно с помощью крючка. В этом случае также нужно перенести петли на другую спицу, чтобы рабочая нить оказалась в конце ряда. Введите крючок в первую петлю на спице, подхватите вторую и протяните ее через первую. Первую петлю спустите со спицы, а вторую с крючка переместите вновь на спицу, теперь она оказалась первой. Снова введите крючок в первую петлю, подхватите вторую и протяните ее и т. д. (рис. 32).

Когда на спице останется всего одна петля, ее вытягивают вверх на 6 – 8 см, разрезают и затягивают.

Рис. 32. Закрытие петель с помощью крючка

Если необходимо получить эластичный край детали, то петли закрывают с помощью штопальной иглы и нити. Для этого все петли нужно перенести на две спицы: нечетные на одну, четные — на другую и расположить обе спицы параллельно друг другу. Захватите иглой первые петли на обеих спицах и протяните через них нить, подхватите первую и вторую петли на одной из спиц и протяните через них нить, подхватите первую и вторую петли на второй спице и протяните через них нить, подхватитс вторую и третью петли на первой спице и протяните через них нить, подхватите вторую и третью петли на второй спице и протяните через них нить и т. д. Таким способом, как правило, закрывают детали, связанные резинкой 1 х 1, при этом лицевые петли помещают на одну спицу, изнаночные — на другую.

Иногда при завершении работы над деталью требуется оставить петли открытыми, чтобы впоследствии детали можно было сшить трикотажным швом. В этом случае вязание заканчивают вспомогательной нитью, в качестве которой можно использовать любую, вплоть до тонкой хлопчатобумажной. Провязав последний ряд основной нитью, ее обрывают, а затем продолжают работу вспомогательной нитью. Следует провязать 4—5 рядов, а затем просто снять полотно со спиц. При соединении открытых петель разных деталей ряды, провязанные вспомогательной нитью, распускают.

Виды вязания на спицах

При вязании на спицах различают плоскостное и круговое вязание.

При плоскостном вязании работа ведется на двух спицах. Сначала провязывается лицевой ряд (на котором хорошо просматривается узор), затем изнаночный (обратный лицевому). Обычно лицевыми считаются все нечетные ряды, а изнаночными — все четные. После провязывания первого ряда работу поворачивают, спицу с нанизанными на нее петлями берут в левую руку, а свободную спицу — в правую, и вязание продолжается.

Изделия трубчатой формы без швов выполняются круговым вязанием. В этом случае в зависимости от размера изделия используют либо пять спиц с двумя рабочими концами (вязальные иголки), либо круговые спицы.

При круговом вязании на вязальных иголках сначала складывают вместе две спицы, набирают на них нужное число петель. Затем одну спицу вытаскивают, набранные петли распределяют на четыре спицы и замыкают в кольцо, провязав первую петлю на первой иголке. Вязание ведется по кругу по часовой стрелке, поэтому при круговом вязании изнаночных рядов не бывает.

При работе круговыми спицами вязание также замыкают в кольцо и вяжут круговыми рядами по часовой стрелке.

Вязать на круговых спицах не очень удобно, особенно если длина лески несколько больше окружности вывязываемой трубчатой детали. В этом случае петли все время приходится передвигать.

При круговом вязании обязательно нужно отметить цветной нитью начало круга, иначе будет просто невозможно подсчитать количество провязанных рядов и не сбиться при вывязывании узора.

На практике часто используется частичное вязание. Под этим термином подразумевается провязывание петель укороченными рядами так, что при этом полотно меняет свою форму в соответствии с выкройкой.

При этом виде вязания провязываются не все петли ряда, а только какая-то их часть. Частичное вязание используется при выполнении горловины, горизонтальных вытачек, воротников, козырьков головных уборов и прочих деталей изделий. Часть петель можно провязывать в любом месте ряда: посередине, по краям или только с одного края. Провязанная часть ряда постепенно становится все больше и больше, тогда как высота непровязанных петель ряда остается на том же уровне.

Чтобы принцип частичного вязания был более понятен, его необходимо рассмотреть на конкретном примере. Допустим, нужно связать козырек округлой формы для шапочки. В этом случае провязывать требуется среднюю часть детали, постепенно исключая из работы некоторое количество петель с краев вязания. Это делается для того, чтобы край вязаного полотна изогнулся в виде дуги.

Для образца на спицы нужно набрать 30 петель и провязать 5 – 6 рядов лицевыми петлями. Продолжая работу далее, необходимо не довязывать по 2 петли.

1-й ряд: вяжут 28 петель (кромочная входит в этот счет), когда на спице остаются всего 2 петли, вязание поворачивают.

2-й ряд: 1-ю петлю снимают, не провязывая, затягивают как можно туже, затем следующие 2 петли провязывают туже, чем обычно, и заканчивают ряд обычным способом, не довязывая до конца ряда 2 петли; всего в этом ряду провязывается 26 петель. Работу поворачивают.

3-й ряд: 1-ю петлю снимают, не провязывая, туго затягивают, следующие 2 петли вяжут туже обычного и далее провязывают остальные петли, за исключением четырех последних. Работу поворачивают.

Вязание укороченными рядами продолжается до тех пор, пока по краям полотна не окажется по 12 непровязанных петель. Средняя часть полотна будет состоять из 6 петель. Теперь ряд нужно провязать до конца, повернуть работу, снять кромочную и провязать еще один полный ряд. Верхний край вязаного полотна приобрел дугообразную форму, необходимую для козырька шапочки.

Еще один вид вязания на спицах – вязание по диагонали. Модели, связанные по диагонали, выглядят очень оригинально. Диагоналевое полотно получается в том случае, если работу начинают с 3 петель, а затем, продолжая вязание лицевой гладью, с краев детали делают прибавления и убавления.

Для образца диагоналевого вязания нужно набрать 3 петли и вязать способом плоскостного вязания, делая прибавления с помощью накидов в каждом лицевом ряду: в начале ряда – после кромочной, в конце ряда – перед ней. Когда на спице окажется 17 – 19 петель, переходят на прибавление петель с одновременным их убавлением: в конце каждого лицевого ряда петли продолжают прибавлять перед кромочной, в то время как в начале каждого лицевого ряда, провязав кромочную, следующие 2 петли провязывают вместе лицевой скрещенной.

Вывязав полотно нужного размера, работу заканчивают следующим образом: в конце каждого ряда (и лицевого, и изнаночного) кромочная и соседняя петли провязываются вместе изнаночной. Последние 2 петли протягивают одну через другую.

Вязание по диагонали можно выполнять не только лицевой гладью. Оригинально выглядят всевозможные вертикальные узоры, цветные полосы, резинки.

КОЛЛЕКЦИЯ УЗОРОВ

Узоры, вывязываемые на спицах, состоят из лицевых и изнаночных петель, накидов, провязанных вместе, перемещенных или скрещенных петель и т. д. Первая и последняя (кромочные) петли вязаного полотна в узор никогда не включаются. Любой узор можно выразить в виде графической и словесной схем. Простые узоры требуют больше словесного описания, в то время как сложные узоры удобнее обозначать графическими схемами. Для каждого узора, представленного в данном разделе этой книги, кроме базовых, дано и словесное описание, и графическая схема (некоторые снабжены цветными иллюстрациями), чтобы вы сами определили, по какому виду схемы вам удобнее работать.

Схема вязания располагается на расчерченном квадратами листе. Схему читают снизу вверх и справа налево. Как правило, в схеме указаны только лицевые ряды. Если не оговорено специально, то все изнаночные ряды вяжутся по рисунку, т. е. изнаночные петли провязываются изнаночными, лицевые — лицевыми. Накид обычно провязывается изнаночной петлей. Для обозначения петель в схемах используются условные обозначения (см. прил. 1).

Рассматривая схему, несложно заметить, что одни и те же значки периодически повторяются. Элемент узора, состоящий из определенного количества петель, называется раппортом. Путем его постоянного повторения и создается узор. На графической схеме раппорт отмечается стрелками или рамкой, в описательных схемах начало и конец раппорта (или только начало) обозначаются звездочкой (*). В этом случае петли, находящиеся до звездочки, провязываются только в начале, а петли после звездочки — только в конце ряда. Дополнительные петли в раппорт не входят и не повторяются.

Описание узора между звездочками повторяют нужное количество раз в зависимости от числа петель на спице.

Дополнительные петли в начале или в конце ряда нужны обычно для симметрии рисунка. Это обязательно указывается при описании узора. Например, раппорт состоит из 9 петель и 1 петля необходима для симметрии узора. В этом случае, для того чтобы связать данным узором какое-либо изделие или его деталь, на спицы необходимо набрать нужное количество раз по 9 петель, 1 петлю для симметрии и 2 кромочные петли .

При описании узора каждый ряд обязательно дается с новой строчки, пока не будут записаны все ряды раппорта. Если начинается повторение узора, об этом обязательно сообщается особо, например: «9-й ряд – узор повторить с 1-го ряда» или «продолжить вязание, начиная со 2-го ряда».

Чтобы вывязать деталь нужной формы и размера, необходимо овладеть навыками расчета плотности вязания. Число петель начального ряда зависит от толщины нити, номера спиц, ширины детали и выбранного рисунка. Рассчитать, сколько петель необходимо набрать, можно, если из выбранной пряжи связать нужным рисунком небольшой образец и определить плотность вязания по вертикали и горизонтали. Под плотностью вязания подразумевается число петель и рядов в одном сантиметре. Это дает возможность рассчитать количество петель и рядов, необходимых для выполнения детали в точном соответствии с выкройкой.

Для вывязывания образца нужно набрать на спицы 20 – 30 петель и провязать выбранным узором 10 – 15 рядов (или один раппорт). Измерив длину полученного полотна и разделив его на количество петель, получают число петель в 1 см (расчет производится до десятых долей). Теперь несложно рассчитать, сколько петель потребуется для набора, чтобы связать отдельную деталь в соответствии с выкройкой (не следует забывать о раппорте и кромочных петлях). При описании работы над моделью плотность обычно указывается из расчета образца размером 10 х 10 см, поскольку в 1 см, как правило, укладывается дробное число петель или рядов.

Базовые узоры

Основными узорами, на которых основываются многие другие, являются чулочная и платочная вязки.

Чулочная вязка представляет собой ровную гладь, которая особенно оттеняет рельефность выпуклых и ажурных узоров. Ее можно выполнять как в плоскостном вязании, так и по кругу. Если вязание ведется по кругу, то все петли вязки — лицевые. В плоскостном вязании чулочная вязка выполняется иначе.

1-й ряд: все лицевые.

2-й ряд: все изнаночные.

Вязание продолжается чередованием рядов 1 и 2.

Лицевая сторона чулочной вязки называется лицевой гладью, а изнаночная — изнаночной гладью. Последняя по своему внешнему виду несколько похожа на платочную вязку, однако здесь отсутствуют «грядки», что позволяет вязанию выглядеть ровнее.

Минусом чулочной вязки является то, что если таким образом вяжется все полотно, его край закручивается. Но этот недостаток опытные рукодельницы превратили в достоинство и вывязывают таким образом рулики, предназначенные для отделки изделия. Если полотно выполняется чулочной вязкой и при этом желательно избежать скручивания, рекомендуется первые 1—2 ряда провязать каким-либо двусторонним узором.

Платочная вязка представляет собой только лицевые петли как в лицевых, так и в изнаночных рядах. Известны также и другие названия платочной вязки: «рябушка», репсовое вязание, «грядки», «веревочка». Платочная вязка выглядит одинаково как с лицевой, так и с изнаночной стороны. Такое вязание может выполняться не из лицевых, а из изнаночных петель. В этом случае структура полотна будет более рыхлой.

Чулочная и платочная вязки могут выступать как самостоятельные узоры, а также в качестве фона для различных рельефных узоров, чаще всего «жгутов», «кос» и т. п.

К фоновым узорам можно также отнести «жемчужный» узор.

1-й ряд: *1 лиц., 1 изн.*; повторять от * до *.

2-й и все четные ряды: вязать по рисунку.

3-й ряд: *1 изн., 1 лиц.*; повторять от * до *.

Продолжить вязание, чередуя ряды с 1-го по 4-й.

Из лицевых и изнаночных петель выполняются всевозможные резинки. Они предназначаются в основном для отделки изделия, хотя иногда таким образом вяжется и все полотно детали. Резинки отличаются от чулочной или платочной вязки прежде всего тем, что способны растягиваться, а затем возвращаться в прежнее состояние. Если резинку выполняют «бабушкиными» петлями, а не классическими, она становится более прочной и пружинистой. Если пряжа очень пушистая, то для вязания резинки рекомендуется использовать спицы на номер или полномера меньше, чем для основной работы. Резинки могут вывязываться чередованием 1 лицевой и 1 изнаночной (1 х 1), 2 лицевых и 2 изнаночных (2 х 2), 2 лицевых и 1 изнаночной (2 х 1) и т. п. Иногда резинки вяжут скрещенными петлями.

Рельефные узоры

Узоры, выполняемые путем сочетания лицевых и изнаночных петель, перемещенных петель и небольшого количества накидов, а также с одинаковым числом петель во всех рядах называются рельефными.

Узор 1: шахматка

Число петель кратно 6 (рис. 33).

1 и 3-й ряды: *3 лиц., 3 изн.*; повторять от * до *.

2-й и все четные ряды: вязать по рисунку.

5 и 7-й ряды: *3 изн., 3 лиц.*; повторять от * до *.

Продолжить вязание, начиная с 1-го ряда.

Аналогично можно связать «шахматку», клетки которой состоят из любого числа петель и рядов. Наиболее часто применяют «шахматку» 2 х 2, 4 х 4 и т. д.

Рис. 33. Схема узора 1

Узор 2: большая стрелка

Число петель кратно 18 (рис. 34).

1-й ряд: *1 лиц., 6 изн., 1 лиц., 2 изн., 1 лиц., 6 изн., 1 лиц.*; повторять от * до *.

2-й ряд: *1 изн., 5 лиц., 2 изн., 2 лиц., 2 изн., 5 лиц., 1 изн.*; повторять от * до *.

3-й ряд: *1 лиц., 4 изн., 3 лиц., 2 изн., 3 лиц., 4 изн., 1 лиц.*; повторять от * до *.

4-й ряд: *1 изн., 3 лиц., 4 изн., 2 лиц., 4 изн., 3 лиц., 1 изн.*; повторять от * до *.

5-й ряд: *1 лиц., 2 изн., 5 лиц., 2 изн., 5 лиц., 2 изн., 1 лиц.*; повторять от * до *.

6-й ряд: *1 изн., 1 лиц., 6 изн., 2 лиц., 6 изн., 1 лиц., 1 изн.*; повторять от * до *.

7-й ряд: *1 изн., 7 лиц., 2 изн., 7 лиц., 1 изн.*; повторять от * до *.

8-й ряд: *1 лиц., 6 изн., 4 лиц., 6 изн., 1 лиц.*; повторять от * до *.

9-й ряд: *1 изн., 5 лиц., 2 изн., 2 лиц., 2 изн., 5 лиц., 1 изн.*; повторять от * до *.

10-й ряд: *1 лиц., 4 изн., 3 лиц., 2 изн., 3 лиц., 4 изн., 1 лиц.*; повторять от * до *.

11-й ряд: *1 изн., 3 лиц., 4 изн., 2 лиц., 4 изн., 3 лиц., 1 изн.*; повторять от * до *.

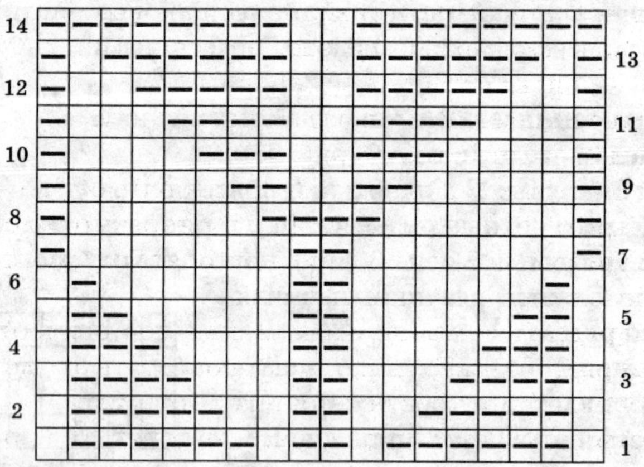

Рис. 34. Схема узора 2

12-й ряд: *1 лиц., 2 изн., 5 лиц., 2 изн., 5 лиц., 2 изн., 1 лиц.*; повторять от * до *.

13-й ряд: *1 изн., 1 лиц., 6 изн., 2 лиц., 6 изн., 1 лиц., 1 изн.*; повторять от * до *.

14-й ряд: *8 лиц., 2 изн., 8 лиц.*; повторять от * до *.

Продолжить вязание, начиная с 1-го ряда.

Узор 3: рельефный ромбик

Число петель кратно 6 плюс 1 петля для симметрии узора (рис. 35).

1 и 13-й ряды: *3 изн., 1 лиц., 2 изн.*; повторять от * до *; закончить: 1 изн.

2-й и все четные ряды: вязать по рисунку.

3 и 11-й ряды: *2 изн., 1 лиц., 1 изн., 1 лиц., 1 изн.*; повторять от * до *; закончить: 1 изн.

5 и 9-й ряды: *1 изн., 1 лиц., 3 изн., 1 лиц.*; повторять от * до *; закончить: 1 изн.

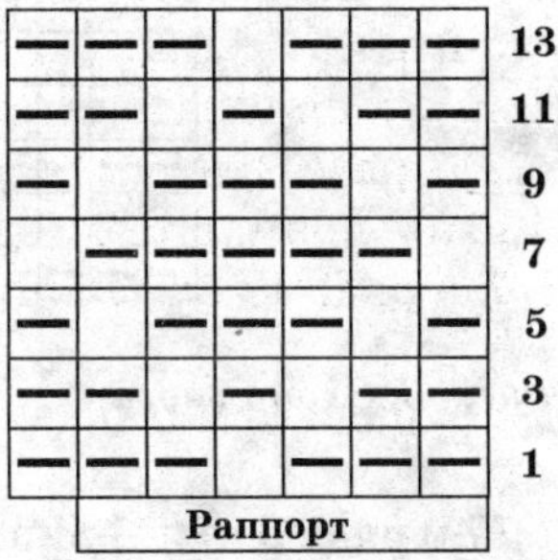

Рис. 35. Схема узора 3

7-й ряд: *1 лиц., 5 изн.*; повторять от * до *; закончить: 1 лиц.

Продолжить вязание, начиная с 1-го ряда.

Узор 4: рельефный «узелок»

Число петель кратно 11 (рис. 36).

1 и 5-й ряды: все петли изнаночные.

2-й и все четные ряды: вязать по рисунку.

3, 7 и 31-й ряды: все петли лицевые.

9-й ряд: *3 лиц., 3 изн., 5 лиц.*; повторять от * до *.

11-й ряд: *2 лиц., 5 изн., 4 лиц.*; повторять от * до *.

13-й ряд: *1 лиц., 3 изн., 1 лиц., 3 изн., 3 лиц.*; повторять от * до *.

15-й ряд: *3 изн., 3 лиц., 3 изн., 2 лиц.*; повторять от * до *.

17-й ряд: *7 лиц., 3 изн., 1 лиц.*; повторять от * до *.

19-й ряд: *8 лиц., 3 изн.*; повторять от * до *.

21-й ряд: *1 изн., 8 лиц., 2 изн.*; повторять от * до *.

23-й ряд: *2 изн., 3 лиц., 3 изн., 2 лиц., 1 изн.*; повторять от * до *.

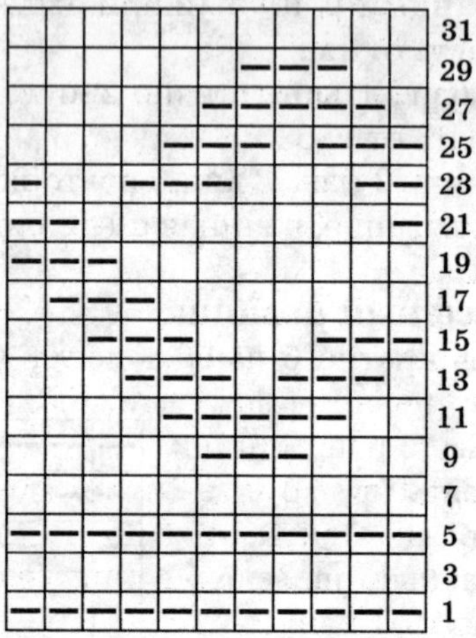

Рис. 36. Схема узора 4

25-й ряд: *3 изн., 1 лиц., 3 изн., 4 лиц.*; повторять от * до *.
27-й ряд: *1 лиц., 5 изн., 5 лиц.*; повторять от * до *.
29-й ряд: *2 лиц., 3 изн., 6 лиц.*; повторять от * до *.
Продолжить вязание, начиная с 1-го ряда.

Узор 5: крест

Число петель кратно 12 плюс 1 петля для симметрии узора (рис. 37).

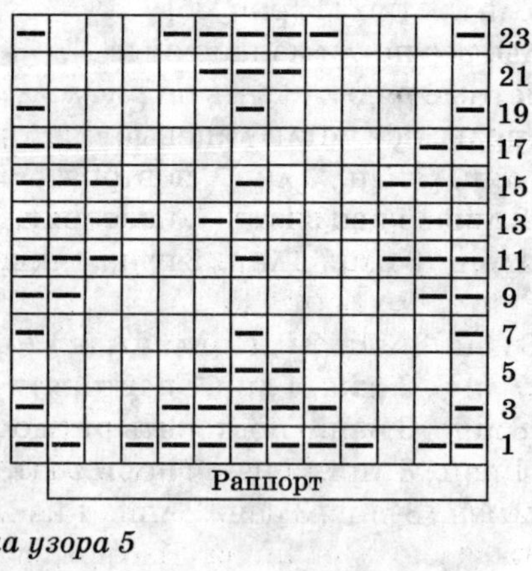

Рис. 37. Схема узора 5

1-й ряд: *2 изн., 1 лиц., 7 изн., 1 лиц., 1 изн.*; повторять от * до *; закончить: 1 изн.

2-й и все четные ряды: вязать по рисунку.

3 и 23-й ряды: *1 изн., 3 лиц., 5 изн., 3 лиц.*; повторять от * до *; закончить: 1 изн.

5 и 21-й ряды: *5 лиц., 3 изн., 4 лиц.*; повторять от * до *; закончить: 1 лиц.

7 и 19-й ряды: *1 изн., 5 лиц.*; повторять от * до *; закончить: 1 изн.

9 и 17-й ряды: *2 изн., 9 лиц., 1 изн.*; повторять от * до *; закончить: 1 изн.

11 и 15-й ряды: *3 изн., 3 лиц., 1 изн., 3 лиц., 2 изн.*; повторять от * до *; закончить: 1 изн.

13-й ряд: *4 изн., 1 лиц., 3 изн., 1 лиц., 3 изн.*; повторять от * до *; закончить: 1 изн.

Продолжить вязание, начиная с 1-го ряда.

Узор 6: «жемчужные» ромбы

Число петель кратно 13 (рис. 38, см. цветное фото 3).

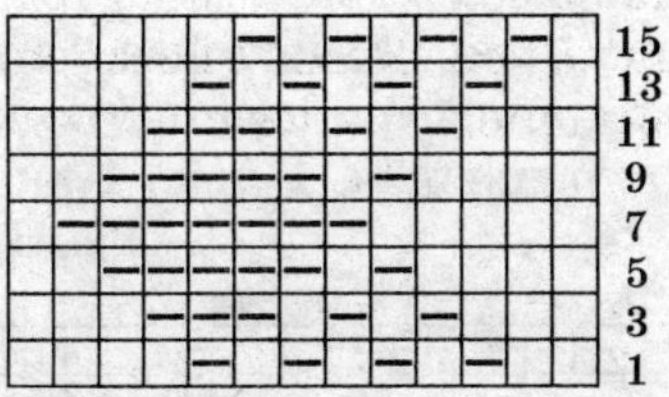

Рис. 38. Схема узора 6

1 и 13-й ряды: *2 лиц., [1 изн., 1 лиц.] повторить 4 раза, 3 лиц.*; повторять от * до *.

2-й и все четные ряды: вязать по рисунку.

3 и 11-й ряды: *3 лиц., 1 изн., 1 лиц., 1 изн., 1 лиц., 3 изн., 3 лиц.*; повторять от * до *.

5 и 9-й ряды: *4 лиц., 1 изн., 1 лиц., 5 изн., 2 лиц.*; повторять от * до *.

7-й ряд: *5 лиц., 7 изн., 1 лиц.*; повторять от * до *.

15-й ряд: *[1 лиц., 1 изн.] повторить 4 раза, 5 лиц.*; повторять от * до *.

Продолжить вязание, начиная с 1-го ряда.

Узор 7: рельефные полоски

Число петель кратно 10 плюс 5 петель для симметрии узора (рис. 39).

1-й ряд: *1 изн., 1 лиц. скрещенная, 1 изн., 1 лиц. скрещенная, 1 изн., 4 лиц., 1 изн.*; повторять от * до *; закончить: 1 изн., 1 лиц. скрещенная, 1 изн., 1 лиц. скрещенная, 1 изн.

2-й и все четные ряды: вязать по рисунку.

3 и 15-й ряды: *1 изн., 1 лиц. скрещенная, 1 изн., 1 лиц. скрещенная, 1 изн., 3 лиц., 1 изн., 1 лиц.*; повторять от * до *; закончить: 1 изн., 1 лиц. скрещенная, 1 изн., 1 лиц. скрещенная, 1 изн.

5 и 13-й ряды: *1 изн., 1 лиц. скрещенная, 1 изн., 1 лиц. скрещенная, 1 изн., 2 лиц., 1 изн., 2 лиц.*; повторять от * до *; закончить: 1 изн., 1 лиц. скрещенная, 1 изн., 1 лиц. скрещенная, 1 изн.

7 и 11-й ряды: *1 изн., 1 лиц. скрещенная, 1 изн., 1 лиц. скрещенная, 1 изн., 1 лиц., 1 изн., 3 лиц.*; повторять от * до *; закончить: 1 изн., 1 лиц. скрещенная, 1 изн., 1 лиц. скрещенная, 1 изн.

9-й ряд: *1 изн., 1 лиц. скрещенная, 1 изн., 1 лиц. скрещенная, 2 изн., 4 лиц.*; повторять от * до *; закончить: 1 изн., 1 лиц. скрещенная, 1 изн., 1 лиц. скрещенная, 1 изн.

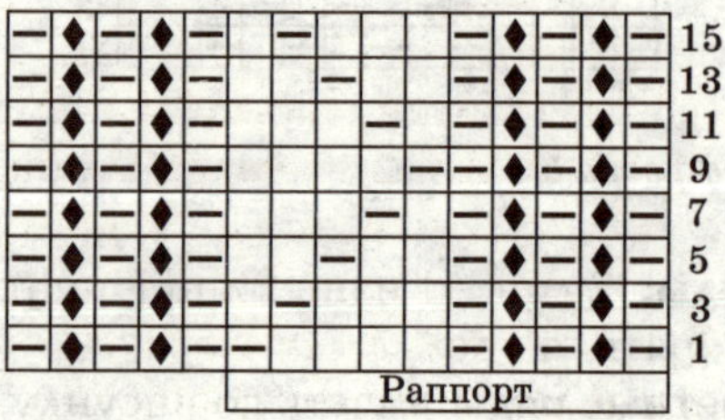

Рис. 39. Схема узора 7

Продолжить вязание, начиная с 1-го ряда.

Узор 8: «жгуты» и «жемчужные» полоски

Число петель кратно 12 плюс 5 петель для симметрии узора (рис. 40, см. цветное фото 4).

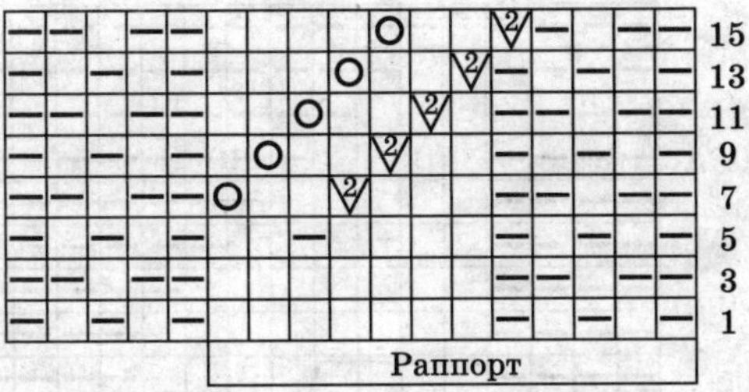

Рис. 40. Схема узора 8

1 и 5-й ряды: *[1 изн., 1 лиц.] повторить 3 раза, 6 лиц.*; повторять от * до *; закончить: [1 изн., 1 лиц.] повторить 2 раза, 1 изн.

2-й и все четные ряды: вязать по рисунку.

3-й ряд: *[2 изн., 1 лиц.] повторить 2 раза, 6 лиц.*; повторять от * до *; закончить: 2 изн., 1 лиц., 2 изн.

7-й ряд: *[2 изн., 1 лиц.] повторить 2 раза, 2 лиц., 2 вместе изнаночной, 2 лиц., 1 накид*; повторять от * до *; закончить: 2 изн., 1 лиц., 2 изн.

9-й ряд: *[1 изн., 1 лиц.] повторить 3 раза, 1 лиц., 2 вместе изнаночной, 2 лиц., 1 накид, 1 лиц.*; повторять от * до *; закончить: [1 изн., 1 лиц.] повторить 2 раза, 1 изн.

11-й ряд: *[2 изн., 1 лиц.] повторить 2 раза, 2 вместе изнаночной, 2 лиц., 1 накид, 2 лиц.*; повторять от * до *; закончить: 2 изн., 1 лиц., 2 изн.

13-й ряд: *[1 изн., 1 лиц.] повторить 2 раза, 1 изн., 2 вместе изнаночной, 2 лиц., 1 накид, 3 лиц.*; повторять от * до *; закончить: [1 изн., 1 лиц.] повторить 2 раза, 1 изн.

15-й ряд: *2 изн., 1 лиц., 1 изн., 2 вместе изнаночной, 2 лиц., 1 накид, 4 лиц.*; повторять от * до *; закончить: 2 изн., 1 лиц., 2 изн.

Продолжить вязание, начиная с 1-го ряда.

Узор 9: «завиток»

Число петель кратно 13 плюс 3 петли для симметрии узора (рис. 41).

1-й ряд: все петли изнаночные.

2-й и все четные ряды: вязать по рисунку.

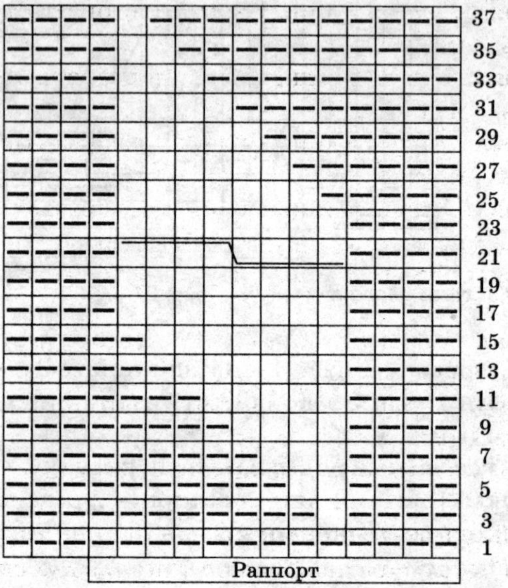

Рис. 41. Схема узора 9

3-й ряд: *4 изн., 1 лиц., 8 изн.*; повторять от * до *; закончить: 3 изн.

5-й ряд: *4 изн., 2 лиц., 7 изн.*; повторять от * до *; закончить: 3 изн.

7-й ряд: *4 изн., 3 лиц., 6 изн.*; повторять от * до *; закончить: 3 изн.

9-й ряд: *4 изн., 4 лиц., 5 изн.*; повторять от * до *; закончить: 3 изн.

11-й ряд: *4 изн., 5 лиц., 4 изн.*; повторять от * до *; закончить: 3 изн.

13-й ряд: *4 изн., 6 лиц., 3 изн.*; повторять от * до *; закончить: 3 изн.

15-й ряд: *4 изн., 7 лиц., 2 изн.*; повторять от * до *; закончить: 3 изн.

17, 19 и 23-й ряды: *4 изн., 8 лиц., 1 изн.*; повторять от * до *; закончить: 3 изн.

21-й ряд: *4 изн., 4 снять на дополнительную спицу перед работой, 4 лиц., 4 лиц. с дополнительной спицы, 1 изн.*; повторять от * до *; закончить: 3 изн.

25-й ряд: *5 изн., 7 лиц., 1 изн.*; повторять от * до *; закончить: 3 изн.

27-й ряд: *6 изн., 6 лиц., 1 изн.*; повторять от * до *; закончить: 3 изн.

29-й ряд: *7 изн., 5 лиц., 1 изн.*; повторять от * до *; закончить: 3 изн.

31-й ряд: *8 изн., 4 лиц., 1 изн.*; повторять от * до *; закончить: 3 изн.

33-й ряд: *9 изн., 3 лиц., 1 изн.*; повторять от * до *; закончить: 3 изн.

35-й ряд: *10 изн., 2 лиц., 1 изн.*; повторять от * до *; закончить: 3 изн.

37-й ряд: *11 изн., 1 лиц., 1 изн.*; повторять от * до *; закончить: 3 изн.

Продолжить вязание, начиная с 1-го ряда.

Узор 10: узорные полоски

Число петель кратно 18 плюс 9 петель для симметрии узора (рис. 42, см. цветное фото 5).

1-й ряд: *9 лиц., 3 изн., 1 лиц., 1 изн., 1 лиц., 3 изн.*; повторять от * до *; закончить: 9 лиц.

2-й и все четные ряды: вязать по рисунку.

3 и 19-й ряды: *4 лиц., 1 изн., 4 лиц., 2 изн., 1 лиц., 1 изн., 1 лиц., 1 изн., 1 лиц., 2 изн.*; повторять от * до *; закончить: 4 лиц., 1 изн., 4 лиц.

5 и 17-й ряды: *[3 лиц., 3 изн.] повторить 2 раза, 1 лиц., 1 изн., 1 лиц., 3 изн.*; повторять от * до *; закончить: 3 лиц., 3 изн., 3 лиц.

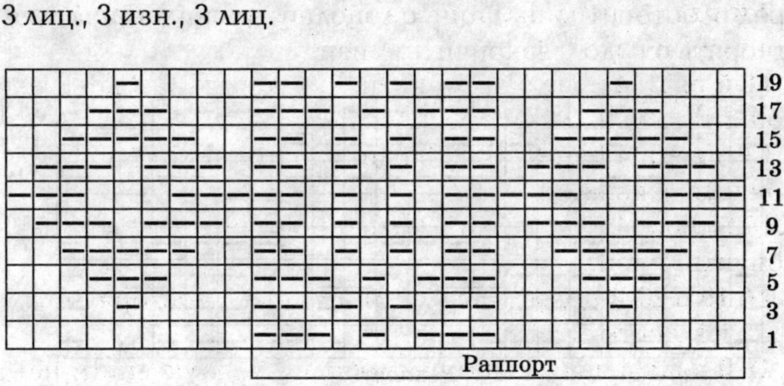

Рис. 42. Схема узора 10

7 и 15-й ряды: *2 лиц., 5 изн., 2 лиц., 2 изн., [1 лиц., 1 изн.] повторить 2 раза, 1 лиц., 2 изн.*; повторять от * до *; закончить: 2 лиц., 5 изн., 2 лиц.

9 и 13-й ряды: *[1 лиц., 3 изн.] повторить 2 раза, 1 лиц., 2 изн., [1 лиц., 1 изн.] повторить 2 раза, 1 лиц., 2 изн.*; повторять от * до *; закончить: [1 лиц., 3 изн.] повторить 2 раза, 1 лиц.

11-й ряд: *3 изн., 3 лиц., 5 изн., [1 лиц., 1 изн.] повторить 2 раза, 1 лиц., 2 изн.*; повторять от * до *; закончить: 3 изн., 3 лиц., 3 изн.

Продолжить вязание, начиная с 1-го ряда.

Узор 11: витые ромбы и полоски

Число петель кратно 21 плюс 1 петля для симметрии узора (рис. 43).

1-й ряд: *1 изн., 1 снять на дополнительную спицу за работой, 1 лиц., 1 лиц. с дополнительной спицы, 6 изн., 4 лиц., 6 изн., 1 снять на дополнительную спицу перед работой, 1 лиц., 1 лиц. с дополнительной спицы*; повторять от * до *; закончить: 1 изн.

2-й и все четные ряды: вязать по рисунку.

3-й ряд: *1 изн., 1 снять на дополнительную спицу за работой, 1 лиц., 1 лиц. с дополнительной спицы, 5 изн., 1 снять на дополнительную спицу за работой, 2 лиц., 1 изн. с дополнительной спицы, 2 снять на дополнительную спицу перед работой, 1 изн., 2 лиц. с дополнительной спицы, 5 изн., 1 снять на дополнительную спицу перед работой, 1 лиц., 1 лиц. с дополнительной спицы*; повторять от * до *; закончить: 1 изн.

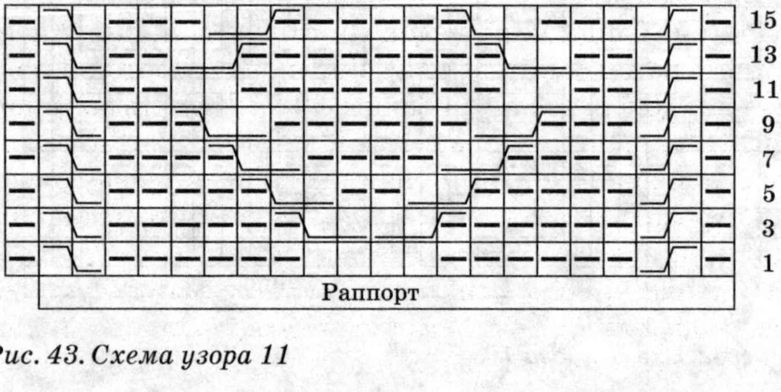

Рис. 43. Схема узора 11

5-й ряд: *1 изн., 1 снять на дополнительную спицу за работой, 1 лиц., 1 лиц. с дополнительной спицы, 4 изн., 1 снять на дополнительную спицу за работой, 2 лиц., 1 изн. с дополнительной спицы, 2 изн., 2 снять на дополнительную спицу перед работой, 1 изн., 2 лиц. с дополнительной спицы, 4 изн., 1 снять на дополнительную спицу перед работой, 1 лиц., 1 лиц. с дополнительной спицы*; повторять от * до *; закончить: 1 изн.

7-й ряд: *1 изн., 1 снять на дополнительную спицу за работой, 1 лиц., 1 лиц. с дополнительной спицы, 3 изн., 1 снять на дополнительную спицу за работой, 2 лиц., 1 изн. с дополнительной спицы, 4 изн., 2 снять на дополнительную спицу перед работой, 1 изн., 2 лиц. с дополнительной спицы, 3 изн., 1 снять на дополнительную спицу перед работой, 1 лиц., 1 лиц. с дополнительной спицы*; повторять от * до *; закончить: 1 изн.

9-й ряд: *1 изн., 1 снять на дополнительную спицу за работой, 1 лиц., 1 лиц. с дополнительной спицы, 2 изн., 1 снять на дополнительную спицу за работой, 2 лиц., 1 изн. с дополнительной спицы, 6 изн., 2 снять на дополнительную спицу перед работой, 1 изн., 2 лиц. с дополнительной спицы, 2 изн., 1 снять на дополнительную спицу перед работой, 1 лиц., 1 лиц. с дополнительной спицы*; повторять от * до *; закончить: 1 изн.

11-й ряд: *1 изн., 1 снять на дополнительную спицу за работой, 1 лиц., 1 лиц. с дополнительной спицы, 2 изн., 2 лиц., 8 изн., 2 лиц., 2 изн., 1 снять на дополнительную спицу перед работой, 1 лиц., 1 лиц. с дополнительной спицы*; повторять от * до *; закончить: 1 изн.

13-й ряд: *1 изн., 1 снять на дополнительную спицу за работой, 1 лиц., 1 лиц. с дополнительной спицы, 2 изн., 2 снять на дополнительную спицу перед работой, 1 изн., 2 лиц. с дополнительной спицы, 6 изн., 1 снять на дополнительную спицу за работой, 2 лиц., 1 изн. с дополнительной спицы, 2 изн., 1 снять на дополнительную спицу перед работой, 1 лиц., 1 лиц. с дополнительной спицы*; повторять от * до *; закончить: 1 изн.

15-й ряд: *1 изн., 1 снять на дополнительную спицу за работой, 1 лиц., 1 лиц. с дополнительной спицы, 3 изн., 2 снять на дополнительную спицу перед работой, 1 изн.,

2 лиц. с дополнительной спицы, 4 изн., 1 снять на дополнительную спицу за работой, 2 лиц., 1 изн. с дополнительной спицы, 3 изн., 1 снять на дополнительную спицу перед работой, 1 лиц., 1 лиц. с дополнительной спицы*; повторять от * до *; закончить: 1 изн.

Продолжить вязание, начиная с 1-го ряда.

Узор 12: узорный бордюр

Число петель кратно 36 (рис. 44, см. цветное фото 9). Таким узором можно вязать и детали целиком, но он будет смотреться гораздо эффектнее, если его использовать как элемент; например, такой бордюр можно пустить по середине рукава или спинки, вывязать им планку застежки и т. п.

1-й ряд: *2 петли снять на вспомогательную спицу перед работой, 1 лиц., 2 лиц. со вспомогательной спицы, 2 изн., 3 петли снять на вспомогательную спицу перед работой, 3 лиц., 3 лиц. со вспомогательной спицы, 2 изн., 1 накид, 3 лиц., 2 вместе изнаночной, 1 изн., 1 накид, 3 лиц., 2 вместе изнаночной, 1 изн., 3 петли снять на вспомогательную спицу перед работой, 3 лиц., 3 лиц. со вспомогательной спицы, 2 изн., 1 петлю снять на вспомогательную спицу за работой, 2 лиц., 1 лиц. со вспомогательной спицы*; повторять от * до *.

2-й и все четные ряды: вязать по рисунку.

3-й ряд: *2 петли снять на вспомогательную спицу перед работой, 1 лиц., 2 лиц. со вспомогательной спицы, 2 изн., 3 лиц., 1 накид, [3 лиц., 2 вместе изнаночной, 1 изн., 1 накид] повторить 2 раза, 3 лиц., 2 вместе изнаночной, 1 изн., 5 лиц., 2 изн., 1 петлю снять на вспомогательную спицу за работой, 2 лиц., 1 лиц. со вспомогательной спицы*; повторять от * до *.

5-й ряд: *2 петли снять на вспомогательную спицу перед работой, 1 лиц., 2 лиц. со вспомогательной спицы,

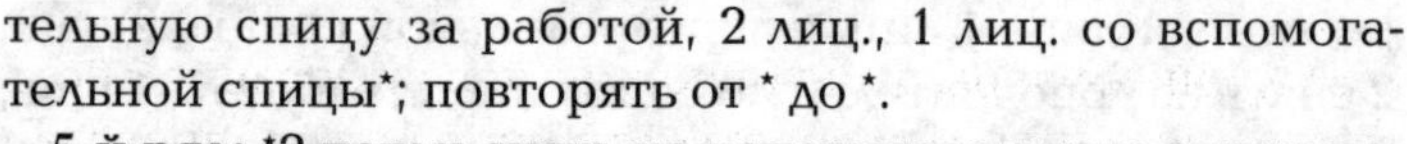

Рис. 44. Схема узора 12

2 изн., 3 лиц., 1 изн., 1 накид, [3 лиц., 2 вместе изнаночной, 1 изн., 1 накид] повторить 2 раза, 3 лиц., 2 вместе изнаночной, 1 изн., 4 лиц., 2 изн., 1 петлю снять на вспомогательную спицу за работой, 2 лиц., 1 лиц. со вспомогательной спицы*; повторять от * до *.

7-й ряд: *2 петли снять на вспомогательную спицу перед работой, 1 лиц., 2 лиц. со вспомогательной спицы, 2 изн., 4 лиц., 1 изн., 1 накид, [3 лиц., 2 вместе изнаночной, 1 изн., 1 накид] повторить 2 раза, 3 лиц., 2 вместе изнаночной, 1 изн., 3 лиц., 2 изн., 1 петлю снять на вспомогательную спицу за работой, 2 лиц., 1 лиц. со вспомогательной спицы*; повторять от * до *.

9-й ряд: *2 петли снять на вспомогательную спицу перед работой, 1 лиц., 2 лиц. со вспомогательной спицы, 2 изн., 5 лиц., 1 изн., 1 накид, [3 лиц., 2 вместе изнаночной, 1 изн., 1 накид] повторить 2 раза, 3 лиц., 2 вместе изнаночной, 3 лиц., 2 изн., 1 петлю снять на вспомогательную спицу за работой, 2 лиц., 1 лиц. со вспомогательной спицы*; повторять от * до *.

11-й ряд: *2 петли снять на вспомогательную спицу перед работой, 1 лиц., 2 лиц. со вспомогательной спицы, 2 изн., 6 лиц., 1 изн., 1 накид, [3 лиц., 2 вместе изнаночной, 1 изн., 1 накид] повторить 2 раза, 2 лиц., 2 вместе лицевой скрещенной, 3 лиц., 2 изн., 1 петлю снять на вспомогательную спицу за работой, 2 лиц., 1 лиц. со вспомогательной спицы*; повторять от * до *.

Продолжить вязание, начиная с 1-го ряда.

Ажурные узоры

Ажурные узоры выполняются с использованием большого числа накидов и соответственно петель, провязанных вместе. Для ажурного вязания подходит не всякая пряжа. Обычно применяется одноцветная и ровная пряжа, поскольку меланж, узелки и утолщения на нити не позволяют четко обрисовать узор. Не годится и пушистая пряжа, например мохер, т. к. ворсинки закрывают вывязанные отверстия, и рисунок теряет четкость. Расход пряжи на выполнение ажуров небольшой.

Узор 13: ажурные полоски

Число петель кратно 15 (рис. 45, см. цветное фото 6).

1 и 3-й ряды: *1 лиц., 1 изн., 2 вместе изнаночной, 4 лиц., 1 накид, 4 лиц., 2 изн., 1 лиц.*; повторять от * до *.

2 и 4-й ряды: *1 лиц., 1 изн., 2 вместе лицевой скрещенной, 4 лиц., 1 накид, 4 лиц., 2 изн., 1 лиц.*; повторять от * до *.

Продолжить вязание, начиная с 1-го ряда.

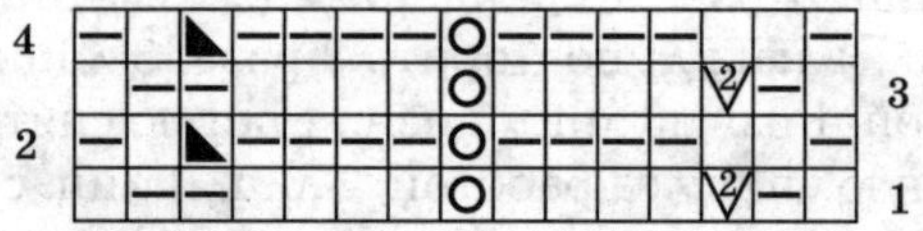

Рис. 45. Схема узора 13

Узор 14: ажурные стрелочки

Число петель кратно 13 (рис. 46).

1-й ряд: *2 вместе лицевой, 4 лиц., 1 накид, 1 лиц., 1 накид, 4 лиц., 2 вместе лицевой скрещенной*; повторять от * до *.

2-й и все четные ряды: вязать по рисунку, накиды провязывать изнаночными.

3-й ряд: *2 вместе лицевой, 3 лиц., 1 накид, 3 лиц., 1 накид, 3 лиц., 2 вместе лицевой скрещенной*; повторять от * до *.

5-й ряд: *2 вместе лицевой, 2 лиц., 1 накид, 5 лиц., 1 накид, 2 лиц., 2 вместе лицевой скрещенной*; повторять от * до *.

7-й ряд: *2 вместе лицевой, 1 лиц., 1 накид, 7 лиц., 1 накид, 1 лиц., 2 вместе лицевой скрещенной*; повторять от * до *.

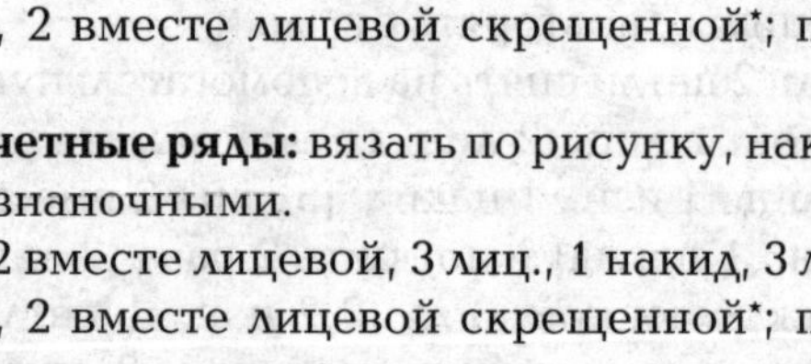

Рис. 46. Схема узора 14

9-й ряд: *2 вместе лицевой, 1 накид, 9 лиц., 1 накид, 2 вместе лицевой скрещенной*; повторять от * до *.

11-й ряд: все петли изнаночные.

Продолжить вязание, начиная с 1-го ряда.

Узор 15: «ажурная фантазия»

Число петель кратно 16 плюс 16 петель для симметрии узора (рис. 47).

1-й ряд: 5 лиц., 1 накид, 2 вместе лицевой скрещенной, *1 лиц., 2 вместе лицевой, 1 накид, 3 лиц., 2 вместе лицевой, 1 накид, 1 лиц., 1 накид, 2 вместе лицевой скрещенной, 3 лиц., 1 накид, 2 вместе лицевой скрещенной*; повторять от * до *; закончить: 1 лиц., 2 вместе лицевой, 1 накид, 3 лиц., 2 вместе лицевой, 1 накид, 1 лиц.

2-й и все четные ряды: все петли изнаночные.

3-й ряд: 1 лиц., 1 накид, 2 вместе лицевой скрещенной, 3 лиц., 1 накид, *3 вместе лицевой, 1 накид, 3 лиц., 2 вместе лицевой, 1 накид, 3 лиц., 1 накид, 2 вместе лицевой скрещенной, 3 лиц., 1 накид*; повторять от * до *; закончить: 3 вместе лицевой, 1 накид, 3 лиц., 2 вместе лицевой, 1 накид, 2 лиц.

5-й ряд: 2 лиц., 1 накид, 2 вместе лицевой скрещенной, 3 лиц., *4 лиц., 2 вместе лицевой, 1 накид, 5 лиц., 1 накид, 2 вместе лицевой скрещенной, 3 лиц.*; повторять от * до *; закончить: 4 лиц., 2 вместе лицевой, 1 накид, 3 лиц.

7-й ряд: 3 лиц., 1 накид, 2 вместе лицевой скрещенной, 2 лиц., *3 лиц., 2 вместе лицевой, 1 накид, 7 лиц., 1 накид,

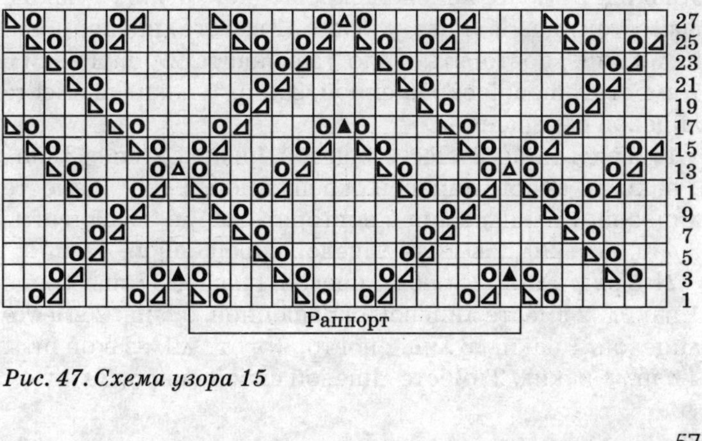

Рис. 47. Схема узора 15

2 вместе лицевой скрещенной, 2 лиц.*; повторять от * до *; закончить: 3 лиц., 2 вместе лицевой, 1 накид, 4 лиц.

9-й ряд: 4 лиц., 1 накид, 2 вместе лицевой скрещенной, 1 лиц., *2 лиц., 2 вместе лицевой, 1 накид, 9 лиц., 1 накид, 2 вместе лицевой скрещенной, 1 лиц.*; повторять от * до *; закончить: 2 лиц., 2 вместе лицевой, 1 накид, 5 лиц.

11-й ряд: 2 лиц., 2 вместе лицевой, 1 накид, 1 лиц., 1 накид, 2 вместе лицевой скрещенной, *1 лиц., 2 вместе лицевой, 1 накид, 1 лиц., 1 накид, 2 вместе лицевой скрещенной, 5 лиц., 2 вместе лицевой, 1 накид, 1 лиц., 1 накид, 2 вместе лицевой скрещенной*; повторять от * до *; закончить: 1 лиц., 2 вместе лицевой, 1 накид, 1 лиц., 1 накид, 2 вместе лицевой скрещенной, 3 лиц.

13-й ряд: 1 лиц., 2 вместе лицевой, 1 накид, 3 лиц., 1 накид, *3 вместе лицевой скрещенной, 1 накид, 3 лиц., 1 накид, 2 вместе лицевой скрещенной, 3 лиц., 2 вместе лицевой, 1 накид, 3 лиц., 1 накид*; повторять от * до *; закончить: 3 вместе лицевой скрещенной, 1 накид, 3 лиц., 1 накид, 2 вместе лицевой скрещенной, 2 лиц.

15-й ряд: 2 вместе лицевой, 1 накид, 3 лиц., 2 вместе лицевой, 1 накид, *1 лиц., 1 накид, 2 вместе лицевой скрещенной, 3 лиц., 1 накид, 2 вместе лицевой скрещенной, 1 лиц., 2 вместе лицевой, 1 накид, 3 лиц., 2 вместе лицевой, 1 накид*; повторять от * до *; закончить: 1 лиц., 1 накид, 2 вместе лицевой скрещенной, 3 лиц., 1 накид, 2 вместе лицевой скрещенной, 1 лиц.

17-й ряд: 4 лиц., 2 вместе лицевой, 1 накид, 1 лиц., *2 лиц., 1 накид, 2 вместе лицевой скрещенной, 3 лиц., 1 накид, 3 вместе лицевой, 1 накид, 3 лиц., 2 вместе лицевой, 1 накид, 1 лиц.*; повторять от * до *; закончить: 2 лиц., 1 накид, 2 вместе лицевой скрещенной, 3 лиц., 1 накид, 2 вместе лицевой скрещенной.

19-й ряд: 3 лиц., 2 вместе лицевой, 1 накид, 2 лиц., *3 лиц., 1 накид, 2 вместе лицевой скрещенной, 7 лиц., 2 вместе лицевой, 1 накид, 2 лиц.*; повторять от * до *; закончить: 3 лиц., 1 накид, 2 вместе лицевой скрещенной, 4 лиц.

21-й ряд: 2 лиц., 2 вместе лицевой, 1 накид, 3 лиц., *4 лиц., 1 накид, 2 вместе лицевой скрещенной, 5 лиц., 2 вместе лицевой, 1 накид, 3 лиц.*; повторять от * до *; закончить: 4 лиц., 1 накид, 2 вместе лицевой скрещенной, 3 лиц.

23-й ряд: 1 лиц., 2 вместе лицевой, 1 накид, 4 лиц., *5 лиц., 1 накид, 2 вместе лицевой скрещенной, 3 лиц., 2 вместе лицевой, 1 накид, 4 лиц.*; повторять от * до *; закончить: 5 лиц., 1 накид, 2 вместе лицевой скрещенной, 2 лиц.

25-й ряд: 2 вместе лицевой, 1 накид, 1 лиц., 1 накид, 2 вместе лицевой скрещенной, 2 лиц., *3 лиц., 2 вместе лицевой, 1 накид, 1 лиц., 1 накид, 2 вместе лицевой скрещенной, 1 лиц., 2 вместе лицевой, 1 накид, 1 лиц., 1 накид, 2 вместе лицевой скрещенной, 2 лиц.*; повторять от * до *; закончить: 3 лиц., 2 вместе лицевой, 1 накид, 1 лиц., 1 накид, 2 вместе лицевой скрещенной, 1 лиц.

27-й ряд: 4 лиц., 1 накид, 2 вместе лицевой скрещенной, 1 лиц., *2 лиц., 2 вместе лицевой, 1 накид, 3 лиц., 1 накид, 3 вместе лицевой скрещенной, 1 накид, 3 лиц., 1 накид, 2 вместе лицевой скрещенной, 1 лиц.*; повторять от * до *; закончить: 2 лиц., 2 вместе лицевой, 1 накид, 3 лиц., 1 накид, 2 вместе лицевой скрещенной.

Продолжайте вязание, начиная с 1-го ряда.

Узор 16: «лепестки»

Число петель кратно 13 плюс 1 петля для симметрии узора (рис. 48, см. цветное фото 7).

1-й ряд: *1 изн., 2 вместе изнаночной, 2 лиц., 1 накид, 1 лиц., 1 накид, 5 лиц., 2 вместе изнаночной*; повторять от * до *; закончить: 1 изн.

2-й и все четные ряды: вязать по рисунку.

3-й ряд: *1 изн., 2 вместе изнаночной, 1 лиц., 1 накид, 3 лиц., 1 накид, 4 лиц., 2 вместе изнаночной*; повторять от * до *; закончить: 1 изн.

5-й ряд: *2 изн., 6 лиц., 1 накид, 3 лиц., 2 вместе изнаночной*; повторять от * до *; закончить: 1 изн.

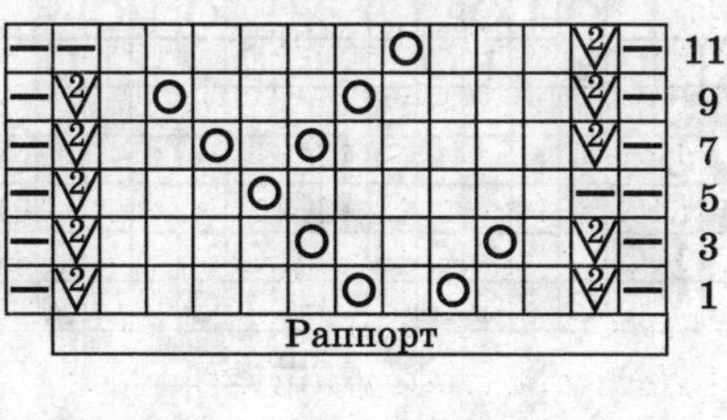

Рис. 48. Схема узора 16

7-й ряд: *1 изн., 2 вместе изнаночной, 5 лиц., 1 накид, 1 лиц., 1 накид, 2 лиц., 2 вместе изнаночной*; повторять от * до *; закончить: 1 изн.

9-й ряд: *1 изн., 2 вместе изнаночной, 4 лиц., 1 накид, 3 лиц., 1 накид, 1 лиц., 2 вместе изнаночной*; повторять от * до *; закончить: 1 изн.

11-й ряд: *1 изн., 2 вместе изнаночной, 3 лиц., 1 накид, 6 лиц., 1 изн.*; повторять от * до *; закончить: 1 изн.

Продолжить вязание, начиная с 1-го ряда.

Узор 17: «листочки с шишечками»

Число петель кратно 8 плюс 9 петель для симметрии узора (рис. 49).

1-й ряд: 2 лиц., 2 вместе лицевой, *1 накид, 1 лиц., 1 накид, 2 вместе лицевой с протяжкой, 3 лиц., 2 вместе лицевой*; повторять от * до *; закончить: 1 накид, 1 лиц., 1 накид, 2 вместе лицевой с протяжкой, 2 лиц.

2-й и все четные ряды: вязать по рисунку, накиды провязывать изнаночными.

3 и 25-й ряды: 1 лиц., 2 вместе лицевой, 1 накид, *3 лиц., 1 накид, 2 вместе лицевой с протяжкой, 1 лиц., 2 вместе лицевой, 1 накид*; повторять от * до *; закончить: 3 лиц., 1 накид, 2 вместе лицевой с протяжкой, 1 лиц.

5 и 27-й ряды: 2 вместе лицевой, 1 накид, 1 лиц., *4 лиц., 1 накид, 2 вместе лицевой с протяжкой, 1 накид, 1 лиц.*;

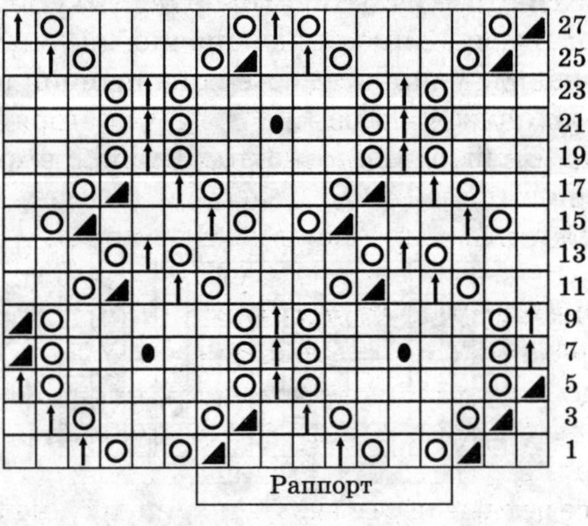

Рис. 49. Схема узора 19

повторять от * до *; закончить: 4 лиц., 1 накид, 2 вместе лицевой с протяжкой.

7-й ряд: 2 вместе лицевой с протяжкой, 1 накид, 1 лиц., *1 лиц., 1 шишечка, 2 лиц., 1 накид, 2 вместе лицевой с протяжкой, 1 накид, 1 лиц.*; повторять от * до *; закончить: 1 лиц., 1 шишечка, 2 лиц., 1 накид, 2 вместе лицевой.

9-й ряд: 2 вместе лицевой с протяжкой, 1 накид, 1 лиц., *4 лиц., 1 накид, 2 вместе лицевой с протяжкой, 1 накид, 1 лиц.*; повторять от * до *; закончить: 4 лиц., 1 накид, 2 вместе лицевой.

11 и 17-й ряды: 2 лиц., 1 накид, *2 вместе лицевой с протяжкой, 1 лиц., 2 вместе лицевой, 1 накид, 3 лиц., 1 накид*; повторять от * до *; закончить: 2 вместе лицевой с протяжкой, 1 лиц., 2 вместе лицевой, 1 накид, 2 лиц.

13-й ряд: 3 лиц., *1 накид, 2 вместе лицевой с протяжкой, 1 накид, 5 лиц.*; повторять от * до *; закончить: 1 накид, 2 вместе лицевой с протяжкой, 1 накид, 3 лиц.

15-й ряд: 1 лиц., 1 накид, 2 вместе лицевой с протяжкой, *3 лиц., 2 вместе лицевой, 1 накид, 1 лиц., 1 накид, 2 вместе лицевой с протяжкой*; повторять от * до *; закончить: 3 лиц., 2 вместе лицевой, 1 накид, 1 лиц.

19 и 23-й ряды: 3 лиц., *1 накид, 2 вместе лицевой с протяжкой, 1 накид, 5 лиц.*; повторять от * до *; закончить: 1 накид, 2 вместе лицевой с протяжкой, 1 накид, 3 лиц.

21-й ряд: 3 лиц., *1 накид, 2 вместе лицевой с протяжкой, 1 накид, 2 лиц., 1 шишечка, 2 лиц.*; повторять от * до *; закончить: 1 накид, 2 вместе лицевой с протяжкой, 1 накид, 3 лиц.

Продолжить вязание, начиная с 1-го ряда.

Узор 18: ажурные стрелки

Число петель кратно 15 (рис. 50).

1-й ряд: *2 изн., 2 вместе лицевой, 1 накид, 1 лиц., 1 накид, 6 лиц., 2 вместе лицевой скрещенной, 2 изн.*; повторять от * до *.

2-й и все четные ряды: вязать по рисунку, накиды провязывать изнаночными.

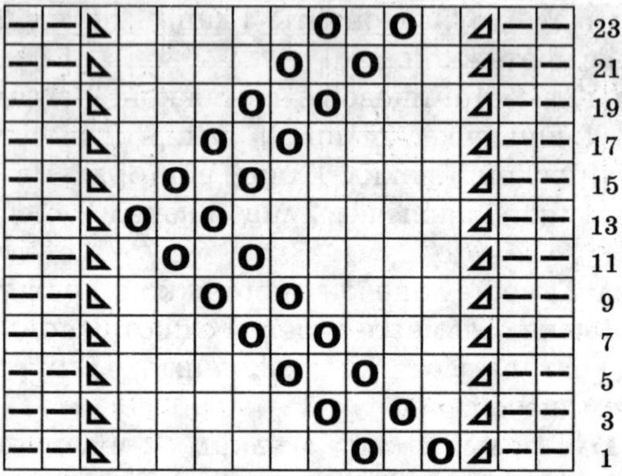

Рис. 50. Схема узора 18

3 и 23-й ряды: *2 изн., 2 вместе лицевой, 1 лиц., 1 накид, 1 лиц., 1 накид, 5 лиц., 2 вместе лицевой скрещенной, 2 изн.*; повторять от * до *.

5 и 21-й ряды: *2 изн., 2 вместе лицевой, 2 лиц., 1 накид, 1 лиц., 1 накид, 4 лиц., 2 вместе лицевой скрещенной, 2 изн.*; повторять от * до *.

7 и 19-й ряды: *2 изн., 2 вместе лицевой, 3 лиц., 1 накид, 1 лиц., 1 накид, 3 лиц., 2 вместе лицевой скрещенной, 2 изн.*; повторять от * до *.

9 и 17-й ряды: *2 изн., 2 вместе лицевой, 4 лиц., 1 накид, 1 лиц., 1 накид, 2 лиц., 2 вместе лицевой скрещенной, 2 изн.*; повторять от * до *.

11 и 15-й ряды: *2 изн., 2 вместе лицевой, 5 лиц., 1 накид, 1 лиц., 1 накид, 1 лиц., 2 вместе лицевой скрещенной, 2 изн.*; повторять от * до *.

13-й ряд: *2 изн., 2 вместе лицевой, 6 лиц., 1 накид, 1 лиц., 1 накид, 2 вместе лицевой скрещенной, 2 изн.*; повторять от * до *.

Продолжить вязание, начиная с 1-го ряда.

Узор 19: ажурные «елочки»

Число петель кратно 23 (рис. 51, см. цветное фото 8).

1-й ряд: *5 лиц., 2 вместе лицевой скрещенной, 1 накид, 1 лиц., 1 накид, 2 лиц., 3 вместе (2 петли снять, 1 лиц. и протянуть ее через снятые), 2 лиц., 1 накид,

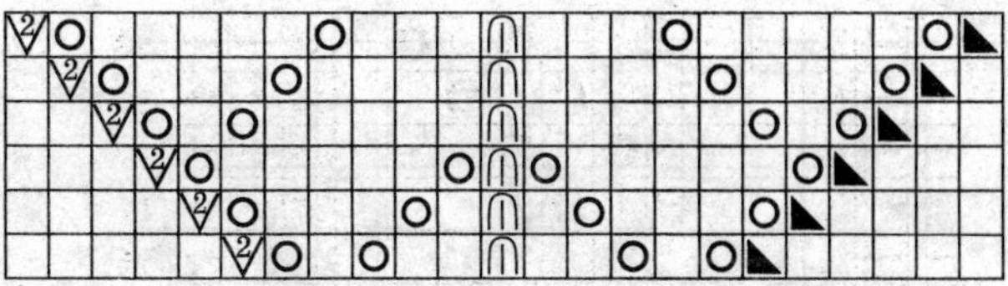

Рис. 51. Схема узора 19

1 лиц., 1 накид, 2 вместе изнаночной, 5 лиц.*; повторять от * до *.

2-й и все четные ряды: вязать по рисунку.

3-й ряд: *4 лиц., 2 вместе лицевой скрещенной, 1 накид, 3 лиц., 1 накид, 1 лиц., 3 вместе (2 петли снять, 1 лиц. и протянуть ее через снятые), 1 лиц., 1 накид, 3 лиц., 1 накид, 2 вместе изнаночной, 4 лиц.*; повторять от * до *.

5-й ряд: *3 лиц., 2 вместе лицевой скрещенной, 1 накид, 5 лиц., 1 накид, 3 вместе (2 петли снять, 1 лиц. и протянуть ее через снятые), 1 накид, 5 лиц., 1 накид, 2 вместе изнаночной, 3 лиц.*; повторять от * до *.

7-й ряд: *2 лиц., 2 вместе лицевой скрещенной, 1 накид, 1 лиц., 1 накид, 5 лиц., 3 вместе (2 петли снять, 1 лиц. и протянуть ее через снятые), 5 лиц., 1 накид, 1 лиц., 1 накид, 2 вместе изнаночной, 2 лиц.*; повторять от * до *.

9-й ряд: *1 лиц., 2 вместе лицевой скрещенной, 1 накид, 3 лиц., 1 накид, 4 лиц., 3 вместе (2 петли снять, 1 лиц. и протянуть ее через снятые), 4 лиц., 1 накид, 3 лиц., 1 накид, 2 вместе изнаночной, 1 лиц.*; повторять от * до *.

11-й ряд: *2 вместе лицевой скрещенной, 1 накид, 5 лиц., 1 накид, 3 лиц., 3 вместе (2 петли снять, 1 лиц. и протянуть ее через снятые), 3 лиц., 1 накид, 5 лиц., 1 накид, 2 вместе изнаночной*; повторять от * до *.

Продолжить вязание, начиная с 1-го ряда.

Узор 20: ажурный «листочек»

Число петель кратно 11 плюс 2 петли для симметрии узора (рис. 52).

1-й ряд: *4 лиц., 2 вместе лицевой, 1 накид, 1 лиц., 1 накид, 2 вместе лицевой скрещенной, 2 лиц.*; повторять от * до *; закончить: 2 лиц.

2-й и все четные ряды: вязать по рисунку.

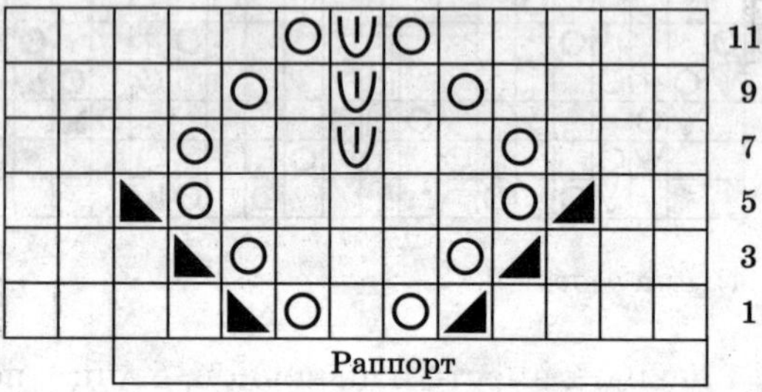

Рис. 52. Схема узора 20

3-й ряд: *3 лиц., 2 вместе лицевой, 1 накид, 3 лиц., 1 накид, 2 вместе лицевой скрещенной, 1 лиц.*; повторять от * до *; закончить: 2 лиц.

5-й ряд: *2 лиц., 2 вместе лицевой, 1 накид, 5 лиц., 1 накид, 2 вместе лицевой скрещенной*; повторять от * до *; закончить: 2 лиц.

7-й ряд: *3 лиц., 1 накид, 2 лиц., 3 вместе (1 петлю снять, 2 вместе лицевой и протянуть ее через снятую), 2 лиц., 1 накид, 1 лиц.*; повторять от * до *; закончить: 2 лиц.

9-й ряд: *4 лиц., 1 накид, 1 лиц., 3 вместе (1 петлю снять, 2 вместе лицевой и протянуть ее через снятую), 1 лиц., 1 накид, 2 лиц.*; повторять от * до *; закончить: 2 лиц.

11-й ряд: *5 лиц., 1 накид, 3 вместе (1 петлю снять, 2 вместе лицевой и протянуть ее через снятую), 1 накид, 3 лиц.*; повторять от * до *; закончить: 2 лиц.

Продолжить вязание, начиная с 1-го ряда.

Узор 21: ажурная гладь

Число петель кратно 4 плюс 4 петли для симметрии узора (рис. 53).

1, 2 и 8-й ряды: 1 изн., 1 лиц., *1 лиц., 2 изн., 1 лиц.*; повторять от * до *; закончить: 1 лиц., 1 изн.

3-й ряд: 2 вместе лицевой, 1 накид, *1 накид, 2 вместе лицевой скрещенной, 2 вместе лицевой, 1 накид*; повторять от * до *; закончить: 1 накид, 2 вместе лицевой скрещенной.

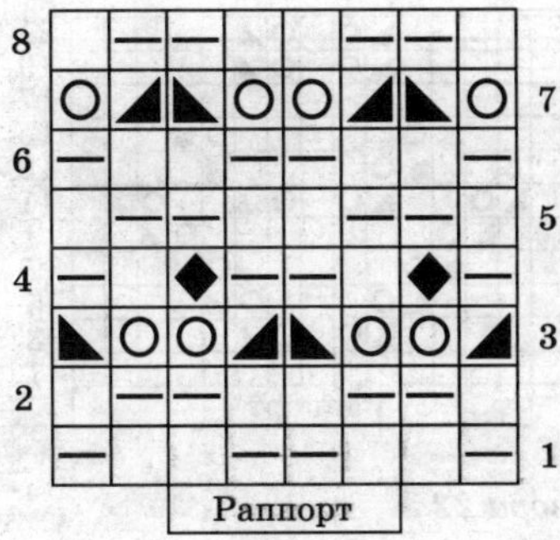

Рис. 53. Схема узора 21

4-й ряд: 1 лиц., 1 изн., *1 изн. скрещенная, 2 лиц., 1 изн.*; повторять от * до *; закончить: 1 изн. скрещенная, 1 лиц.

5 и 6-й ряды: 1 лиц., 1 изн., *1 изн., 2 лиц., 1 изн.*; повторять от * до *; закончить: 1 изн., 1 лиц.

7-й ряд: 1 накид, 2 вместе лицевой скрещенной, *2 вместе лицевой, 2 накида, 2 вместе лицевой скрещенной*; повторять от * до *; закончить: 2 вместе лицевой, 1 накид.

Продолжить вязание, начиная с 1-го ряда.

Узор 22: ажурная «галочка»

Число петель кратно 14 плюс 1 петля для симметрии узора (рис. 54).

1 и 17-й ряды: все петли лицевые.

2-й и все четные ряды: вязать по рисунку.

3, 19 и 21-й ряды: *5 лиц., 2 вместе лицевой, 1 накид, 1 лиц., 1 накид, 2 вместе лицевой скрещенной, 4 лиц.*; повторять от * до *; закончить: 1 лиц.

5 и 13-й ряды: *4 лиц., 2 вместе лицевой, 1 накид, 3 лиц., 1 накид, 2 вместе лицевой скрещенной, 3 лиц.*; повторять от * до *; закончить: 1 лиц.

7 и 15-й ряды: *3 лиц., 2 вместе лицевой, 1 накид, 5 лиц., 1 накид, 2 вместе лицевой скрещенной, 2 лиц.*; повторять от * до *; закончить: 1 лиц.

9-й ряд: *2 лиц., 2 вместе лицевой, 1 накид, 7 лиц., 1 накид, 2 вместе лицевой скрещенной, 1 лиц.*; повторять от * до *; закончить: 1 лиц.

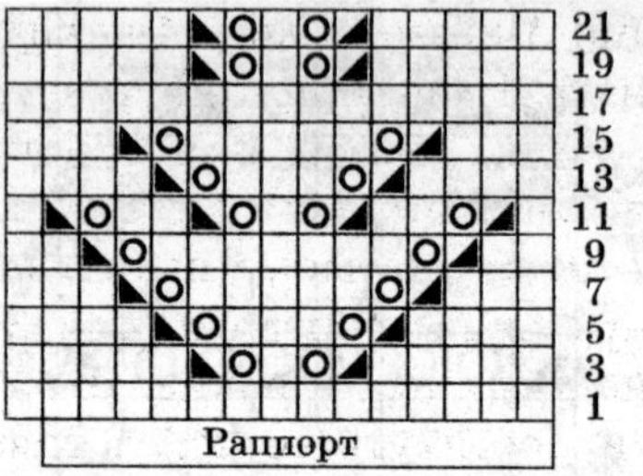

Рис. 54. Схема узора 22

11-й ряд: *1 лиц., 2 вместе лицевой, 1 накид, 2 лиц., 2 вместе лицевой, 1 накид, 1 лиц., 1 накид, 2 вместе лицевой скрещенной, 2 лиц., 1 накид, 2 вместе лицевой скрещенной*; повторять от * до *; закончить: 1 лиц.

Продолжить вязание, начиная с 1-го ряда.

Узор 23: ажурная плетенка

Число петель кратно 15 (рис. 55).

1 и 13-й ряды: *3 петли снять на вспомогательную спицу за работой, 3 лиц., 3 лиц. со вспомогательной спицы, 1 накид, 3 вместе (2 петли снять, 1 лиц. и протянуть ее через снятые), 1 накид, 3 петли снять на вспомогательную спицу за работой, 3 лиц., 3 лиц. со вспомогательной спицы *; повторять от * до *.

2-й и все четные ряды: вязать по рисунку.

3-й ряд: *3 лиц., 1 накид, 3 лиц., 1 накид, 3 вместе (2 петли снять, 1 лиц. и протянуть ее через снятые), 1 накид, 3 лиц., 1 накид, 3 лиц.*; повторять от * до *.

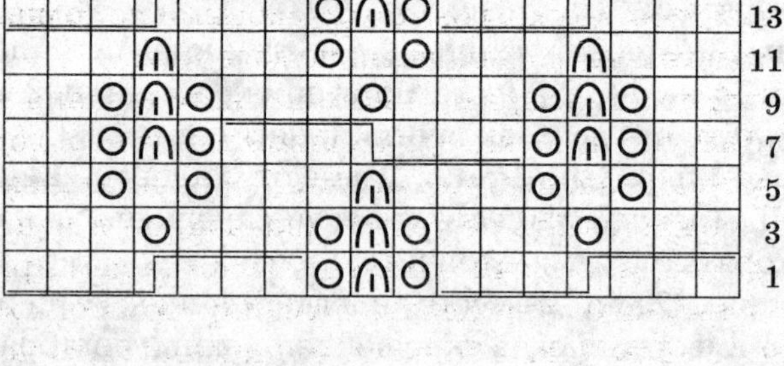

Рис. 55. Схема узора 23

5-й ряд: *2 лиц., 1 накид, 1 лиц., 1 накид, 3 лиц., 3 вместе (2 петли снять, 1 лиц. и протянуть ее через снятые), 3 лиц., 1 накид, 1 лиц., 1 накид, 2 лиц.*; повторять от * до *.

7-й ряд: *2 лиц., 1 накид, 3 вместе (2 петли снять, 1 лиц. и протянуть ее через снятые), 1 накид, 3 петли снять на вспомогательную спицу перед работой, 3 лиц., 3 лиц. со вспомогательной спицы, 1 накид, 3 вместе (2 петли снять, 1 лиц. и протянуть ее через снятые), 1 накид, 2 лиц.*; повторять от * до *.

9-й ряд: *2 лиц., 1 накид, 3 вместе (2 петли снять, 1 лиц. и протянуть ее через снятые), 1 накид, 3 лиц., 1 накид, 3 лиц., 1 накид, 3 вместе (2 петли снять, 1 лиц. и протянуть ее через снятые), 1 накид, 2 лиц.*; повторять от * до *.

11-й ряд: *3 лиц., 3 вместе (2 петли снять, 1 лиц. и протянуть ее через снятые), 3 лиц., 1 накид, 1 лиц., 1 накид, 3 лиц., 3 вместе (2 петли снять, 1 лиц. и протянуть ее через снятые), 3 лиц.*; повторять от * до *.

Продолжить вязание, начиная с 1-го ряда.

Многоцветные узоры

Разноцветные узоры эффектны, но более трудоемки в исполнении, чем одноцветные. Начинающим рукодельницам нужно проявить предельную внимательность и аккуратность, поскольку малейшая неточность может исказить общий рисунок и испортить вид изделия. Многоцветные узоры лучше всего выглядят на лицевой глади, хотя бывают и исключения. Важное условие — все виды пряжи, из которых вывязывается многоцветный узор, должны быть одинаковыми по толщине и приблизительно одинаковыми по качеству.

Самый простой вариант многоцветного вязания — горизонтальные полоски. Для их выполнения необходимо 2–3 мотка разноцветной пряжи. Горизонтальные полоски можно вязать не только лицевой, но и изнаночной гладью, и платочной вязкой. Прежде чем приступать к вязанию, определите толщину полосок; желательно, чтобы они состояли из четного количества рядов, иначе всякий раз после провязывания очередной полоски нить придется обрывать. Допустим, ширина одной полоски — 4 ряда. Провязав 4 ряда нитками одного цвета, клубок убирают в сторону, не обрывая нить, а 5-й ряд вяжут нитками другого цвета, при этом кромочную петлю не снимают, как при обычной работе, а провязывают нитками другого цвета. При таком вязании с левой стороны полотна получаются протяжки цветных нитей. Они должны быть такой же длины, что и высота полоски контрастного цвета. Такие протяжки считаются выполненными правильно, в противном случае они будут или стягивать вязаное полотно, или висеть слишком свободно.

Нужно обратить внимание на еще один немаловажный момент: с лицевой стороны граница между цветными полосками проходит очень четко, тогда как с изнаночной имеются дополнительные узкие полоски одного цвета в другом. Лучше всего, конечно, горизонтальные полоски выглядят с лица изделия. Поэтому и вводить новый цвет рекомендуется в лицевых рядах. В конце вязания нити обрываются, а затем аккуратно заправляются крючком.

Вертикальные полоски выполнять гораздо труднее, чем горизонтальные. Если полоски узкие и используются нитки всего двух цветов, то допустимо провязывать петли попеременно нитью то одного, то другого цвета. Например, ширина вертикальных полосок — 2 петли. Для образца на спицы нужно набрать число петель, кратное 2 (плюс 2 кромочные). Лицевые ряды вяжутся лицевыми петлями, изнаночные — изнаночными. Провязав 2 петли нитью одного цвета, клубок убирают в сторону и включают в работу нить другого цвета, которой также провязывают 2 петли. Затем в работу снова вводится нить от первого клубка. С изнаночной стороны полотна при этом получится протяжка (рис. 56). Чтобы протяжки не стягивали полотно, они должны проходить по изнанке свободно, но не свисать при этом, иначе при использовании изделия плотность вязания увеличится, а в местах перекрещивания цветных нитей образуются дырочки.

Довязав до конца ряда, деталь поворачивают и продолжают работу с двумя клубками, размещая петли та-

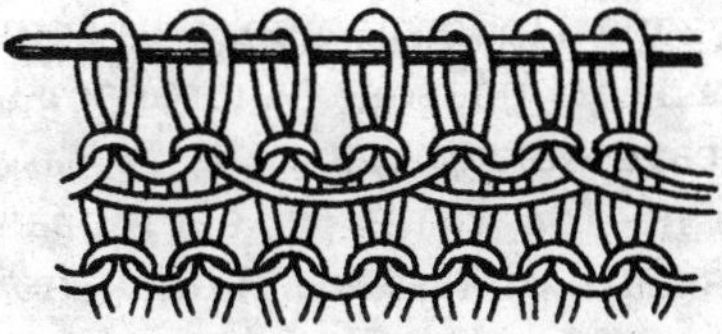

Рис. 56. Образование протяжки при многоцветном вязании

ким образом, чтобы получались ровные вертикальные полоски.

Если они довольно широкие, то целесообразно не протягивать нити за вязанием другого цвета, а выполнять каждую вертикальную полоску от своего клубка. Чтобы в местах сопряжения разноцветных полос вязаное полотно не расходилось, нити разных цветов следует скручивать (перекрещивать) друг с другом (рис. 57).

Аналогично вертикальным полосам можно выполнять цветные квадраты, треугольники и т. д. Чтобы не запутаться, рекомендуется предварительно составить схему вязания, используя бумагу в клетку. Каждый цвет можно обозначить цветным карандашом или условными значками. В многоцветном вязании рекомендуется строго придерживаться схемы, причем как в лицевых, так и в изнаночных рядах.

Самым сложным видом многоцветного вязания является орнамент — рисунок, состоящий из повторяющих-

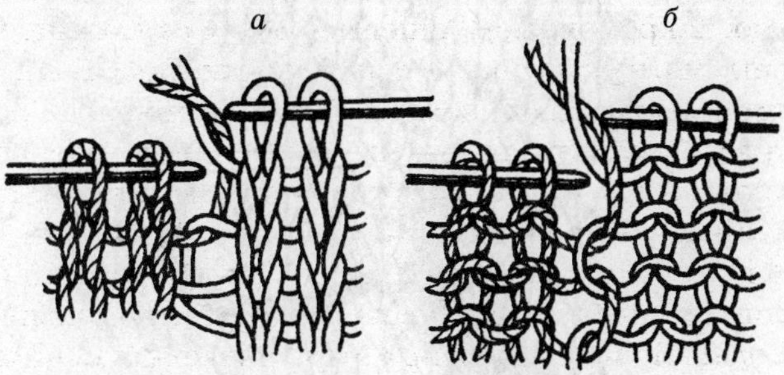

Рис. 57. Перекрещивание нитей при вязании разноцветных вертикальных полос: а – вид с лицевой стороны; б – вид с изнаночной стороны

ся элементов узора. Простой орнамент состоит из основного и отделочного цветов. Многоцветный орнамент принято называть жаккардовым.

Чем больше цветов нитей задействовано в вязании, тем сложнее вязать орнамент. На изнаночной стороне образуются протяжки. Чтобы при соединении нитей не было отверстий, закончив вязать одним цветом, отработанную нить располагают поверх той, которой начинают выполнять следующий цветной участок.

Если протяжки получаются слишком длинными, то на обратной стороне вязания они выглядят очень некрасиво, кроме того, существенно возрастает опасность стягивания полотна во время работы. Избежать этого можно, если закреплять слишком длинные протяжки в процессе вязания. Для этого периодически перед выполнением очередной петли на рабочую нить сверху накладывают нерабочую, но в вязание ее не включают. Образовавшиеся длинные протяжки после завершения работы над деталью можно пришить, захватывая иглой только некоторые волокна нитей и не прошивая полотно насквозь.

Сложные орнаменты порой включают в себя вкрапления по 1 – 2 петли нитей другого цвета. В этом случае целесообразно заменить этот цвет основным и только после окончания работы выполнить на нужных местах вышивку, имитирующую провязанные петли (рис. 58).

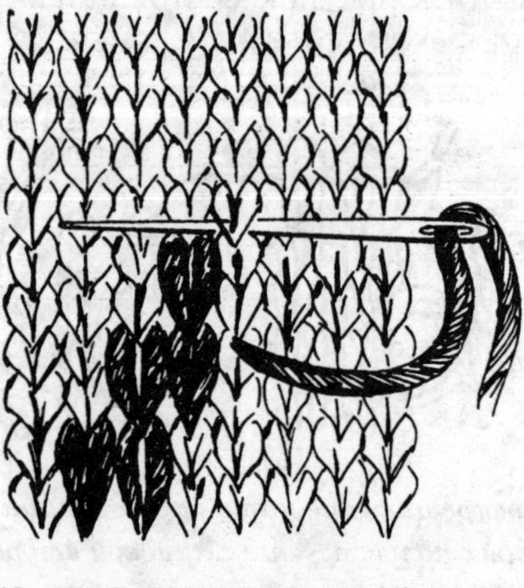

Рис. 58. Вышивка, имитирующая провязанные петли

Если в работе используется большое количество клубков, чтобы нити не переплетались между собой, необходимо каждый клубок положить в отдельный полиэтиленовый мешочек. Кроме того, при плоскостном вязании после провязывания ряда поворачивать полотно нужно не в одном и том же направлении, а то в одну сторону, то в другую. Например, провязав лицевой ряд, полотно поворачивают по часовой стрелке, а после того, как закончили изнаночный, — против часовой стрелки.

Узор 24: зигзаги

Число петель кратно 7 плюс 3 петли для симметрии узора (рис. 59, см. цветное фото 10). Узор в виде зигзагов с меланжевыми полосками выполняется из пряжи 3-х цветов.

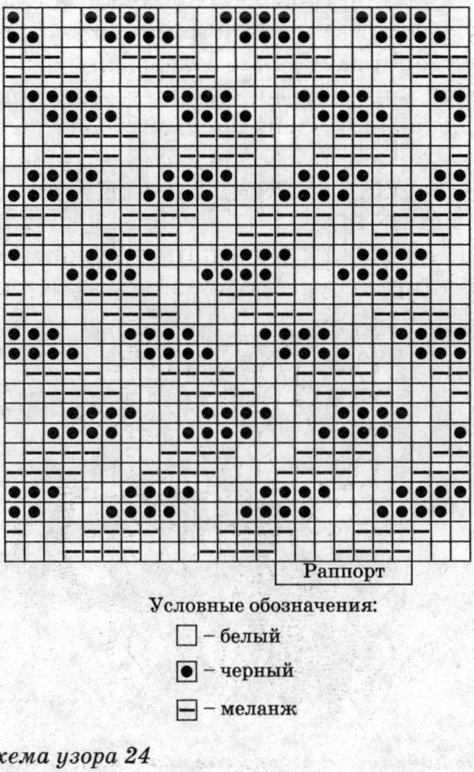

Условные обозначения:

□ – белый

● – черный

– – меланж

Рис. 59. Схема узора 24

Узор 25: «яблоки»

На рисунке 60 показан мотив узора «яблоки». При вязании пуловера, свитера или кофточки этот мотив можно использовать как отдельное украшение однотонной вещи, либо связать отдельную деталь с множеством таких мотивов, либо всю вещь выполнить с таким рисунком. Для вязания узора вам потребуется пряжа четырех цветов: основного (фонового), красного или желтого (для самого фрукта), зеленого (для листочка) и коричневого (для черешка яблока).

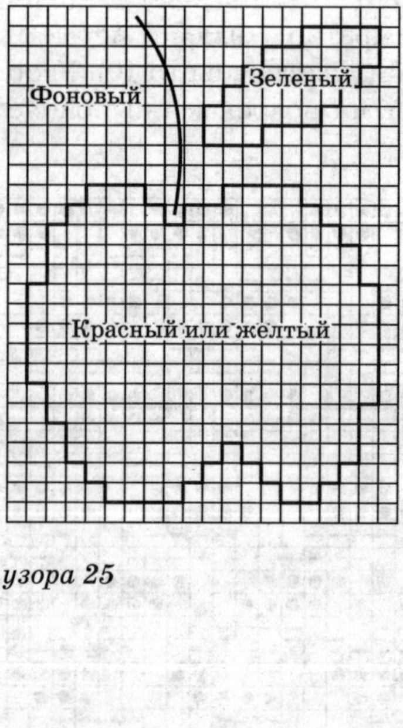

Рис. 60. Схема узора 25

МОДЕЛИ ДЛЯ ВЯЗАНИЯ

Освоив все виды петель, отработав навыки прибавления, убавления и закрытия петель, можно браться и за выполнение вязаных изделий. Возможно, некоторые из предложенных в этом разделе моделей на первый взгляд вам покажутся сложными. В этом случае попробуйте для начала связать то, что вы сочтете приемлемым для вашего уровня мастерства.

Пуловер с вышивкой

В таком пуловере (рис. 61) даже в самый ненастный день вам будет тепло и уютно.

Размеры: 34 – 36 (38 – 40).

Вам потребуются:

— основная пряжа (49 % шерсти, 16 % мохера, 26 % полиамида, 9 % акрила, 85 м / 50 г) – 400 г;

— отделочная пряжа (100 % полиамида, 50 г / 49 м) – 100 г;

— спицы № 7.

Узор:

Лицевая гладь: лицевые ряды – лицевые петли, изнаночные ряды – изнаночные петли.

Плотность вязания: 11 петель и 16 рядов = 10 х 10 см.

Спинка (рис. 62 а): отделочной пряжей набрать 52 (56) петли и вязать лицевой гладью. Начиная с 9-го ряда вязать лицевой гладью основной пряжей, закрывая с обеих сторон в каждом 6-м ряду 5 раз по 1 петле, – всего должно остаться 42 (46) петли. Через 27 см от начального ряда прибавить с обеих сторон по 1 петле, затем в каждом 6-м ряду 2 раза по 1 петле – должно получиться 48 (52) петель. Через 37 см от наборного края закрыть с обеих сторон для пройм в каждом 2-м ряду 1 раз 3 пет-

Рис. 61. Пуловер с вышивкой

ли и 1 раз 2 петли. Через 55 (56) см от начального ряда закрыть для плечевых скосов в каждом 2-м ряду 2 раза по 3 петли и 2 раза по 1 петле. Оставшиеся петли перенести на вспомогательную спицу.

Перед (рис. 62 а): вязать так же, как и спинку.

Рукава (рис. 62 б): отделочной пряжей набрать 38 (40) петель и вязать лицевой гладью. Начиная с 9-го ряда вязать лицевой гладью основной пряжей, закрывая с обеих сторон в каждом 10-м ряду 3 раза по 1 петле, — всего должно остаться 32 (34) петли. Через 28 см от начального ряда прибавить с обеих сторон по 1 петле, затем в каждом 12-м ряду 3 раза по 1 петле. Через 55 см от начального ряда для формирования оката рукава закрыть с обеих сторон детали в каждом 2-м ряду 1 раз 3 петли, 6 раз по 2 петли, 2 раза по 1 петле, а в следующем ряду закрыть все оставшиеся петли. Второй рукав вязать так же, как и первый.

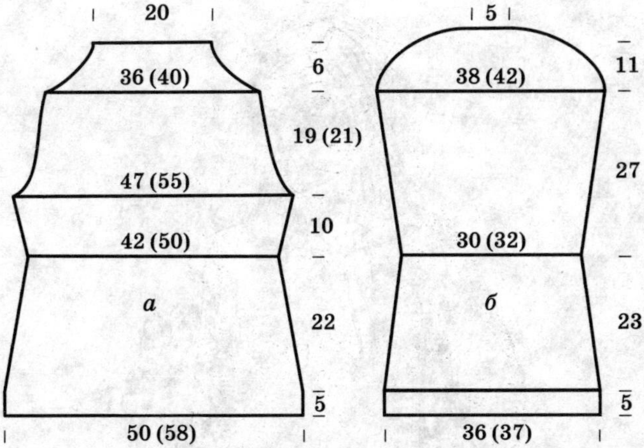

Рис. 62. Выкройки пуловера: а – перед и спинка; б – рукав

Сборка: выполнить 1 плечевой шов. Петли по вырезу горловины перенести со вспомогательных спиц на рабочую и связать лицевой гладью отделочной пряжей небольшой воротник-стойку. В 12-м ряду все петли закрыть. Сшить второе плечо и выполнить боковые швы. Сшить рукава и втачать их. По нижним краям изделия и рукавов выполнить вышивку «зигзаг» отделочной нитью.

Пуловер с ажурными рукавами

Такой нарядный пуловер (рис. 63) подойдет для прохладного лета, ранней осени и поздней весны.

Размеры: 36 – 38.

Вам потребуются:

— гладкая пряжа (65 % хлопка, 35 % вискозы; 85 м / 50 г) — 400 г;

— пряжа букле (100 % микроволокна; 70 м / 50 г) — 200 г;

— спицы № 4,5 и № 7;

— крючок № 3,5.

Узоры:

Ажурный узор: вязать по схеме 1 (рис. 64 а), на которой приведены только лицевые ряды, в изнаночных рядах вязать по рисунку, накиды и лицевые скрещенные

Рис. 63. Пуловер с ажурными рукавами

провязывать изнаночными. Каждый ряд начинать с 1 кромочной петли, повторять нужное количество раз раппорт и заканчивать петлей после раппорта и 1 кромочной. Сначала провязать 1 раз с 1-го по 26-й ряд, а затем 3 раза с 19-го по 26-й ряд.

Лицевая гладь: лицевые ряды — лицевые петли, изнаночные ряды — изнаночные петли.

Узор с «шишечками»: вязать по схеме 2 (рис. 64 б), на которой приведены только лицевые ряды, в изнаночных рядах все петли и накиды провязывать изнаночными, 2 накида подряд провязывать как 1 изнаночную и 1 изнаночную скрещенную. Каждый ряд начинать с 1 кромочной петли, повторять нужное количество раз раппорт и заканчивать 1 кромочной петлей. Вязать чередованием рядов с 1-го по 12-й.

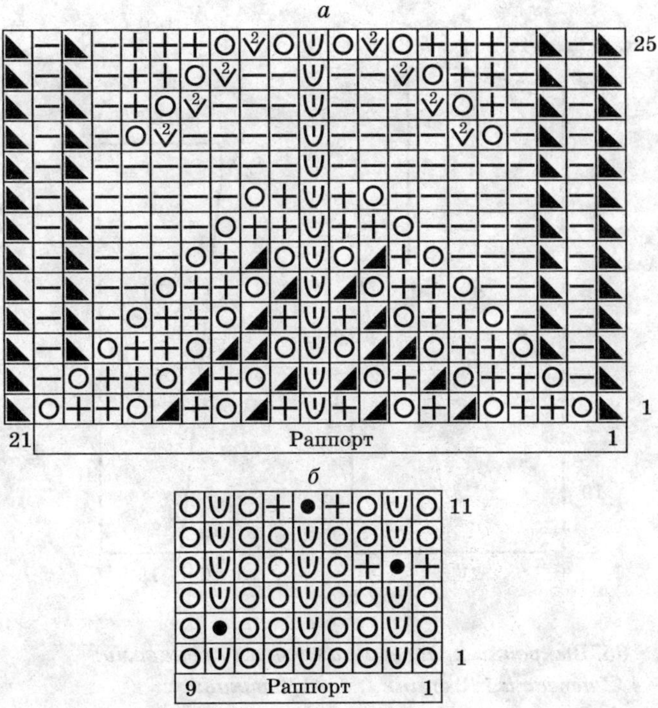

Рис. 64. Схемы для вязания пуловера с ажурными рукавами: а – схема ажурного узора (схема 1); б – схема узора с «шишечками» (схема 2)

Плотность вязания: 21,5 петли и 26 рядов ажурного узора = 10 х 10 см; 20,5 петли и 27 рядов лицевой глади = = 10 х 10 см; 11,5 петли и 16 рядов узора с «шишечками» = = 10 х 10 см.

Спинка (рис. 65 а): гладкой пряжей набрать 103 петли и провязать 1 изнаночный ряд изнаночными петлями. Этот ряд не учитывается при дальнейшем счете. Затем связать для планки 19 см (50 рядов) ажурным узором. После этого вязать лицевой гладью, при этом равномерно убавить в 1-м ряду 15 петель – всего должно остаться 88 петель. Одновременно от планки для приталивания закрыть с обеих сторон детали в каждом 4-м ряду 3 раза по 1 петле – должно остаться 82 петли. Через 6 см (16 ря-

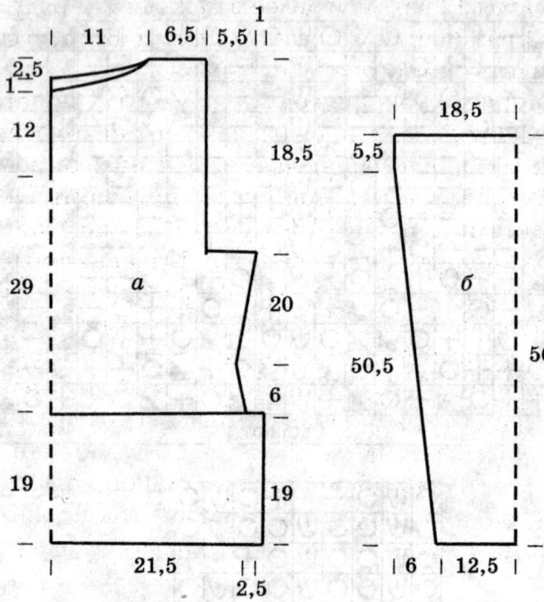

Рис. 65. Выкройки пуловера с ажурными рукавами: а – 1/2 переда и 1/2 спинки; б – 1/2 рукава

дов) от планки прибавить с обеих сторон по 1 петле и в каждом 8-м ряду 5 раз по 1 петле — всего должно получиться 94 петли. Через 26 см (70 рядов) от планки для формирования пройм закрыть с обеих сторон детали 11 петель — должно остаться 72 петли. Через 42 см (114 рядов) от планки для формирования выреза горловины закрыть средние 36 петель и обе стороны закончить раздельно. Для закругления выреза закрыть с внутреннего края в каждом 2-м ряду 1 раз 3 петли и 1 раз 2 петли. Через 44,5 см (120 рядов) от планки закрыть оставшиеся 13 петель плеча в одном ряду. Вторую сторону закончить симметрично.

Перед (рис. 65 а): вязать как спинку, но с разрезом горловины и более глубоким вырезом. Для этого через 29 см (78 рядов) от планки разделить работу посередине и обе стороны вязать раздельно. Через 41 см (110 рядов) от планки закрыть для закругления горловины с внутреннего края 12 петель и далее в каждом 2-м ряду 1 раз 4 петли, 1 раз 3 петли и 2 раза по 2 петли. Вторую сторону закончить симметрично.

Рукава (рис. 65 б): пряжей букле набрать 29 петель и провязать 1 изнаночный ряд изнаночными петлями. Затем вязать узором с «шишечками». Начиная от подготовительного ряда для скосов рукава прибавить с обеих сторон детали в каждом 10-м ряду 7 раз по 1 петле — всего должно получиться 43 петли. Прибавляемые петли включать в узор. Через 56 см (90 рядов) от наборного края все петли закрыть. Второй рукав вязать точно так же, как и первый.

Сборка: выполнить плечевые швы; обвязать края разреза и вырез горловины гладкой пряжей крючком 1 круговым рядом столбиков без накида. Из двойной нити гладкой пряжи скрутить 2 шнурка длиной по 40 см, закрепить их в углах выреза горловины, концы завязать. Пришить рукава, выполнить боковые швы и швы рукавов.

Пуловер с узором «коса в косе»

Изюминка пуловера, показанного на цветной фотографии 11, — оригинальный узор и широкий вырез горловины.

Размеры: 40 – 42.

Вам потребуются:

– пряжа (100 % хлопка; 120 м / 50 г) – 750 г;

– спицы № 3 и № 3,5;

– круговые спицы № 3,5 длиной 40 см.

Узоры:

Резинка:

1-й ряд: *2 лиц., 2 изн.*; повторять от * до *.

2-й ряд: вязать по рисунку.

Продолжать вязание чередованием рядов 1 и 2.

Лицевая гладь: лицевые ряды — лицевые петли, изнаночные ряды — изнаночные петли.

Узор «коса в косе»: вязать по схеме (рис. 66), на которой приведены только лицевые ряды, в изнаночных рядах вязать по рисунку.

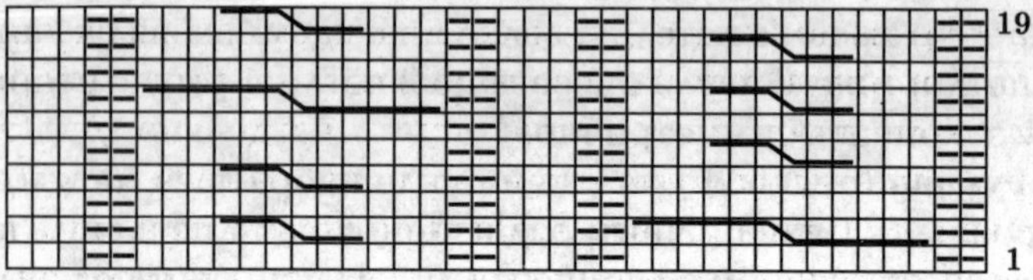

Рис. 66. Схема узора «коса в косе» для вязания пуловера

Плотность вязания: 22 петли и 32 ряда = 10 х 10 см.

Спинка (рис. 67 а): на спицы № 3 набрать 126 петель и провязать 7 см резинкой, в последнем ряду равномерно прибавить 28 петель. Перейти на спицы № 3,5 и распределить петли следующим образом: 1 кромочная петля, 11 петель лицевой глади, 130 петель узора по схеме, 11 петель лицевой глади и 1 кромочная петля. На высоте 38 см от начала вязания для формирования пройм закрыть с обеих сторон детали в каждом 2-м ряду 2 раза по 2 пет-

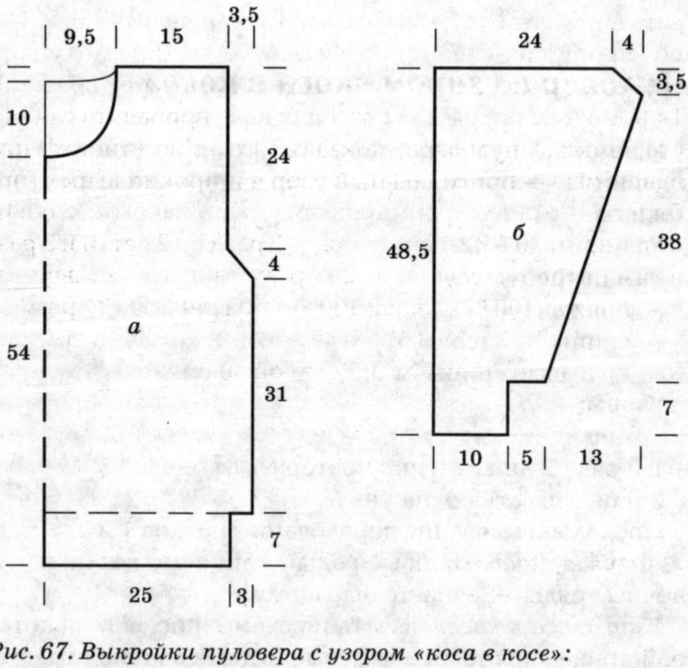

Рис. 67. Выкройки пуловера с узором «коса в косе»:
а – 1/2 переда и 1/2 спинки; б – 1/2 рукава

ли и 4 раза по 1 петле. На высоте 64 см от начала вязания для формирования выреза горловины закрыть средние 32 петли и обе стороны закончить раздельно. Для закругления выреза закрыть с внутреннего края в каждом 2-м ряду 2 раза по 5 петель. На высоте 66 см от начала вязания оставшиеся петли плеча закрыть в одном ряду. Второе плечо закончить симметрично.

Перед (рис. 67 а): вязать как спинку, но с более глубоким вырезом горловины. Для его формирования на высоте 54 см от начала вязания закрыть средние 12 петель и обе стороны закончить раздельно. Для закругления выреза закрыть с внутренней стороны в каждом 2-м ряду 2 раза по 3 петли, 4 раза по 2 петли и 6 раз по 1 петле. На высоте 66 см от начала оставшиеся петли закрыть в одном ряду. Второе плечо закончить симметрично.

Рукава (рис. 67 б): на спицы № 3 набрать 50 петель и провязать 7 см резинкой, в последнем ряду равномерно прибавить 35 петель. Перейти на спицы № 3,5 и распределить петли следующим образом: 1 кромочная петля, с 34-й по 38-ю петлю раппорта узора по схеме, 2 раза раппорт узора по схеме, 1-я и 2-я петли раппорта узора по схеме, 1 кромочная петля. Для скосов рукава прибавить с обеих сторон детали в каждом 4-м ряду 29 раз по 1 петле. Прибавляемые петли включать в узор. На высоте 45 см от наборного края для формирования оката закрыть с обеих сторон детали в каждом 2-м ряду 3 раза по 2 петли и 3 раза по 1 петле; в следующем 2-м ряду закрыть оставшиеся петли. Второй рукав вязать точно так же, как и первый.

Сборка: детали наколоть на выкройку, увлажнить и дать им высохнуть. Выполнить плечевые и боковые швы, сшить рукава и втачать их. По краю выреза горловины на круговые спицы набрать 120 петель, провязать 1 круговой ряд изнаночными петлями, а затем 5 см — лицевыми.

Классический пуловер

Классический пуловер, например такой, который показан на рисунке 68, должен присутствовать в гардеробе каждой женщины.

Рис. 68. Классический пуловер

Размеры: 38 – 40.

Вам потребуются:

– пряжа (100 % мериносовой шерсти; 70 м/ 50 г) – 800 г;

– спицы № 5,5;

– спицы № 6;

– круговые спицы № 5,5 длиной 40 см.

Узоры:

Платочная вязка А: лицевые и изнаночные ряды – лицевые петли.

Платочная вязка В: лицевые и изнаночные ряды – изнаночные петли.

«Жемчужный» узор:

1-й ряд: *1 лиц., 1 изн.*; повторять от * до *.

2-й и все четные ряды: вязать по рисунку.

3-й ряд: *1 изн., 1 лиц.*; повторять от * до *.

Продолжить вязание, чередуя ряды с 1-го по 4-й.

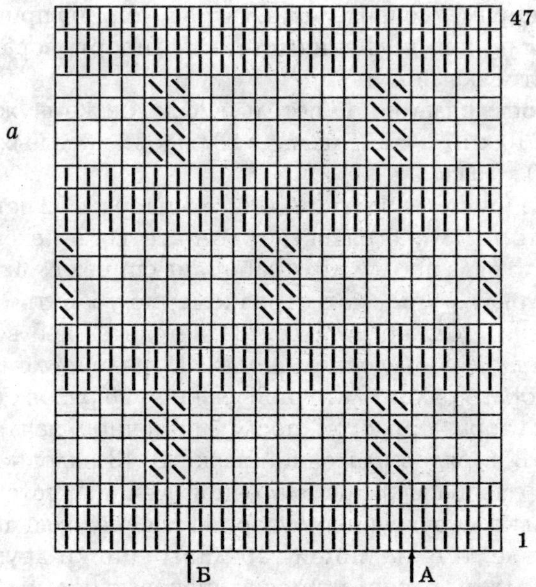

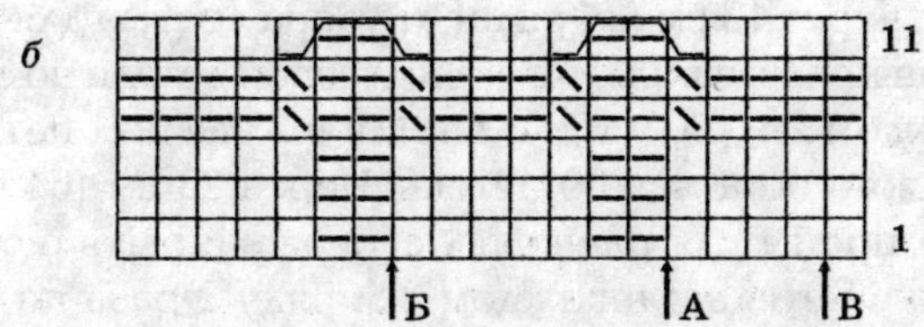

Рис. 69. Схемы узоров для вязания пуловера: а – схема узора «соты» (схема 1); б – схема структурного узора (схема 2)

Узор «соты»: вязать по схеме 1 (рис. 69 а), на которой показаны только лицевые ряды, в изнаночных рядах петли вязать по рисунку и согласно условным обозначениям. Каждый ряд начинать с 1 кромочной петли, затем вязать петли перед стрелкой А, повторять нужное количество раз раппорт (петли между стрелками) и заканчивать петлями после стрелки Б и кромочной. В высоту связать 1 раз с 1-го по 48-й ряд.

Структурный узор: вязать по схеме 2 (рис. 69 б), на которой указаны только лицевые ряды, в изнаночных рядах петли вязать по рисунку и согласно условным обозначениям. Распределение узора в ширину приведено в описании выполнения деталей, раппорт узора обозначен стрелками А и Б.

Плотность вязания: 17 петель и 26 рядов жемчужного узора = 10 x 10 см; 17,5 петли и 28 рядов остальных узоров = 10 x 10 см.

Спинка (рис. 70 а): на спицы № 5,5 набрать 92 петли и провязать 14 см (48 рядов) узором «соты» по схеме 1. После 6-го ряда продолжить работу на спицах № 6. В последнем ряду узора «соты» равномерно убавить 3 петли — всего должно остаться 89 петель. Далее вязать в следующей последовательности: 13 рядов «жемчужного» узора, 5 рядов платочной вязки А, 28 рядов структурного узора, при этом после кромочной начать от стрелки В, 6 рядов платочной вязки В, 13 рядов «жемчужного» узора, 5 рядов платочной вязки А, затем вязать только структурным узором, распределяя петли как прежде, т. е. на линии середины спинки друг над другом должны располагаться одинаковые петли. Одновременно через 13 см (34 ряда) от узора «соты» для формирования пройм закрыть с обеих сторон детали по 3 петли и в каждом 2-м ряду 1 раз 2 петли и 5 раз по 1 петле — всего должно остаться 69 петель. Через 23 см (64 ряда) от начала пройм для плечевых скосов закрыть с обеих сторон по 6 петель и в каждом 2-м ряду 2 раза по 6 петель. Одновременно с 1-й плечевой убавкой для формирования выреза горловины закрыть средние 23 петли и обе стороны закончить раздельно. Для закругления выреза закрыть с внутреннего края в каждом 2-м ряду 1 раз 3 петли и 1 раз 2 петли. На высоте 25 см от начала пройм оставшиеся петли плеча закрыть в одном ряду. Вторую сторону закончить симметрично первой.

Перед (рис. 70 а): вязать как спинку, но с более глубоким вырезом горловины. Для этого через 20 см (56 рядов) от начала пройм закрыть средние 13 петель и обе стороны закончить раздельно. Для закругления выреза закрыть с внутреннего края в каждом 2-м ряду 2 раза по 3 петли и 2 раза по 2 петли. Плечевой скос с внешнего края выполнить на той же высоте, что и на спинке. Вторую сторону закончить симметрично первой.

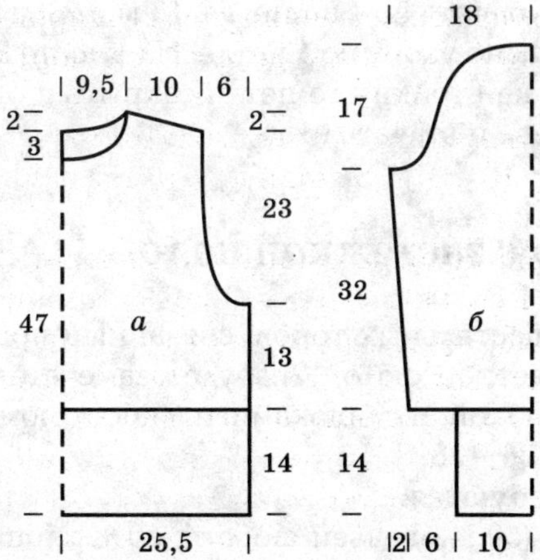

Рис. 70. Выкройки пуловера: а – 1/2 переда и 1/2 спинки; б – 1/2 рукава

Рукава (рис. 70 б): на спицы № 5,5 набрать 33 петли и провязать для манжеты 14 см (40 рядов) структурным узором, при этом после кромочной начать от стрелки В. В последнем ряду равномерно прибавить 24 петли, вывязав их скрещенными из протяжек, — всего должно получиться 57 петель. Продолжить работу жемчужным узором на спицах № 6. Для скосов прибавить с обеих сторон в 21-м ряду от манжеты по 1 петле, затем в каждом 20-м ряду еще 2 раза по 1 петле — всего должно получиться 63 петли. Прибавляемые петли включать в узор. Через 32 см (84 ряда) от манжеты для формирования оката закрыть с обеих сторон по 3 петли и в каждом 2-м ряду 1 раз 2 петли, 7 раз по 1 петле, в каждом 4-м ряду 3 раза по 1 петле, в каждом 2-м ряду 6 раз по 1 петле и 1 раз 2 петли. В следующем ряду закрыть оставшиеся 17 петель. Второй рукав вязать точно так же, как и первый.

Сборка: детали наколоть на выкройку, увлажнить и оставить до полного высыхания. Выполнить боковые и плечевые швы. По краю горловины набрать на круговые спицы 82 петли. Вязать по кругу воротник-стойку жемчужным узором, при этом в 4-м и 6-м рядах на участках плеч убавить по 1 петле, а в 16-м и 20-м рядах прибавить согласно узору по 1 петле. На высоте 8 см (24 ряда) воротника-стойки все петли закрыть в одном ряду. Сшить рукава и втачать их.

Пуловер с застежкой поло

Пуловер пастельных тонов, связанный простым узором (см. цветное фото 12), будет замечательно смотреться и с юбкой, и с брюками, и с костюмом.

Размеры: 36 – 38.

Вам потребуются:

– пряжа (50 % овечьей шерсти, 50 % хлопка; 140 м / 50 г) – 500 г;

– пуговицы в тон – 3 штуки;

– спицы № 3.

Узоры:

Резинка:

1-й ряд: *1 лиц., 1 изн.*; повторять от * до *.

2-й ряд: вязать по рисунку.

Продолжать вязание чередованием рядов 1 и 2.

Основной узор: вязать по схеме (рис. 71).

Плотность вязания: 28 петель и 35 рядов = 10 х 10 см.

Спинка (рис. 72 а): набрать 139 петель и вязать основным узором по схеме. На высоте 37 см для формирования пройм закрыть с обеих сторон детали в каждом 2-м ряду 1 раз 5 петель, 1 раз 4 петли, 1 раз 3 петли, 2 раза по 2 петли и 2 раза по 1 петле. На высоте 58 см для формирования выреза горловины закрыть средние 35 петель и

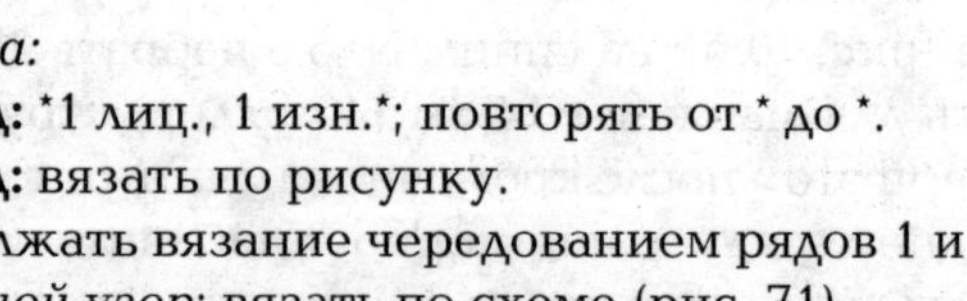

Рис. 71. Схема основного узора для вязания пуловера с застежкой поло

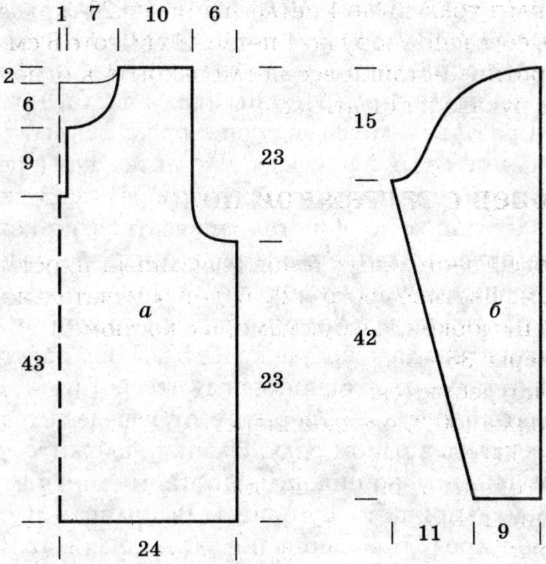

Рис. 72. Выкройки пуловера с застежкой поло: а – 1/2 переда и 1/2 спинки; б – 1/2 рукава

обе стороны закончить раздельно. Для закругления выреза закрыть с внутреннего края в каждом 2-м ряду 2 раза по 2 петли и 1 раз 1 петлю. В следующем ряду закрыть оставшиеся петли плеча. Вторую сторону закончить симметрично первой.

Перед (рис. 72 а): вязать как спинку, но с разрезом для застежки. Для этого на высоте 43 см закрыть средние 5 петель и обе стороны закончить раздельно. На высоте 52 см для закругления выреза горловины закрыть с внутреннего края в каждом 2-м ряду 1 раз 8 петель, 1 раз 4 петли, 1 раз 3 петли, 1 раз 2 петли и 3 раза по 1 петле. На высоте 60 см закрыть оставшиеся петли в одном ряду. Вторую сторону закончить симметрично.

Рукава (рис. 72 б): набрать 51 петлю и вязать основным узором. Для скосов прибавить с обеих сторон детали в каждом 4-м ряду 26 раз по 1 петле и в каждом 6-м ряду 6 раз по 1 петле, включая прибавляемые петли в узор. На высоте 42 см для формирования оката закрыть с обеих сторон детали в каждом 2-м ряду 1 раз 4 петли, 1 раз 3 петли, 1 раз 2 петли и 5 раз по 1 петле, затем в каждом 4-м ряду 5 раз по 1 петле и в каждом 2-м ряду 2 раза по 1 петле, 1 раз 3 петли, 1 раз 4 петли, 1 раз 5 петель и 1 раз 7 петель. В следующем ряду закрыть оставшиеся петли. Второй рукав вязать так же, как и первый.

Сборка: по вертикальным краям разреза застежки набрать для планок по 26 петель и вязать резинкой. При этом на правой планке в 5-м ряду сделать 3 отверстия для пуговиц, для чего закрыть по 2 петли, а в следующем ряду набрать над закрытыми местами по 2 петли. Верхнее отверстие должно располагаться на расстоянии 4 петли от края, расстояние между отверстиями должно составлять 6 петель. Через 2 см от начала планок все петли закрыть в одном ряду. Планки наложить друг на друга и пришить по нижним коротким сторонам. К левой планке пришить пуговицы. Выполнить плечевые швы. По вырезу горловины (не затрагивая верхних коротких краев планок) набрать 118 петель и провязать 9 см резинкой, после чего свободно закрыть все петли в одном ряду. Выполнить боковые швы, сшить рукава и втачать их.

Пушистый пуловер

Пуловер, показанный на цветной фотографии 13, связан из пушистой мохеровой пряжи, однако рельефный рисунок вязки просматривается четко.

Размеры: 40 – 42.

Вам потребуются:

– пряжа (80 % мохера, 20 % дралона; 125 м / 50 г) – 450 г;

– спицы № 2,5 и № 3;

– круговые спицы № 3;

– 3 английские булавки (для выполнения Х-образного узора).

Узоры:

Резинка 1:

1-й ряд: *1 лиц., 1 изн.*; повторять от * до *.

2-й ряд: вязать по рисунку.

Продолжать вязание чередованием рядов 1 и 2.

Резинка 2:

1-й ряд: *2 изн., 1 лиц. скрещенная*; повторять от * до *.

2-й ряд: вязать по рисунку, скрещенные петли провязывать изнаночными скрещенными.

Продолжать вязание чередованием рядов 1 и 2.

Х-образный узор: вязать по схеме 1 (рис. 73 а), на которой указаны только лицевые ряды, в изнаночных рядах все петли вязать по рисунку.

а

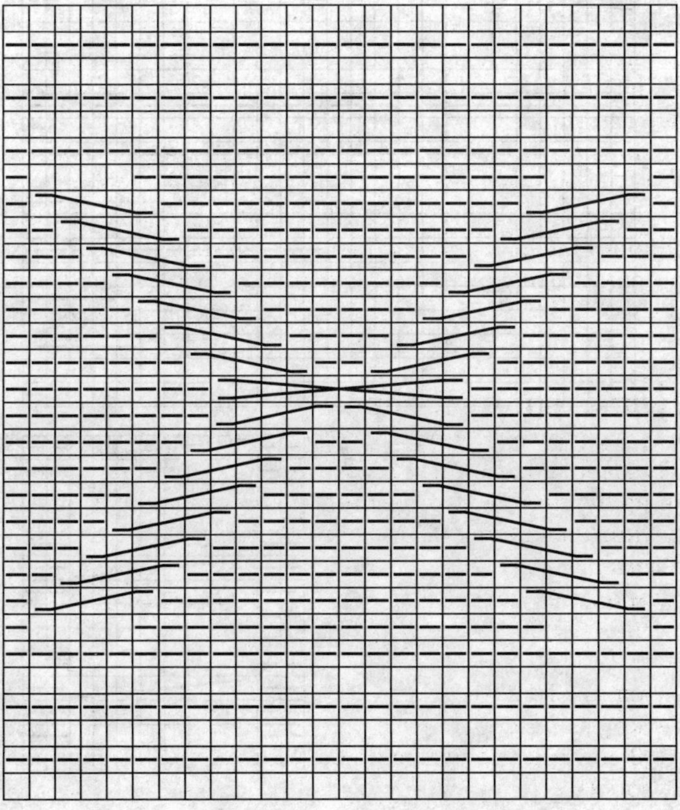

Рис. 73 (начало). Схемы узоров для вязания пушистого пуловера: а – схема Х-образного узора (схема 1)

б

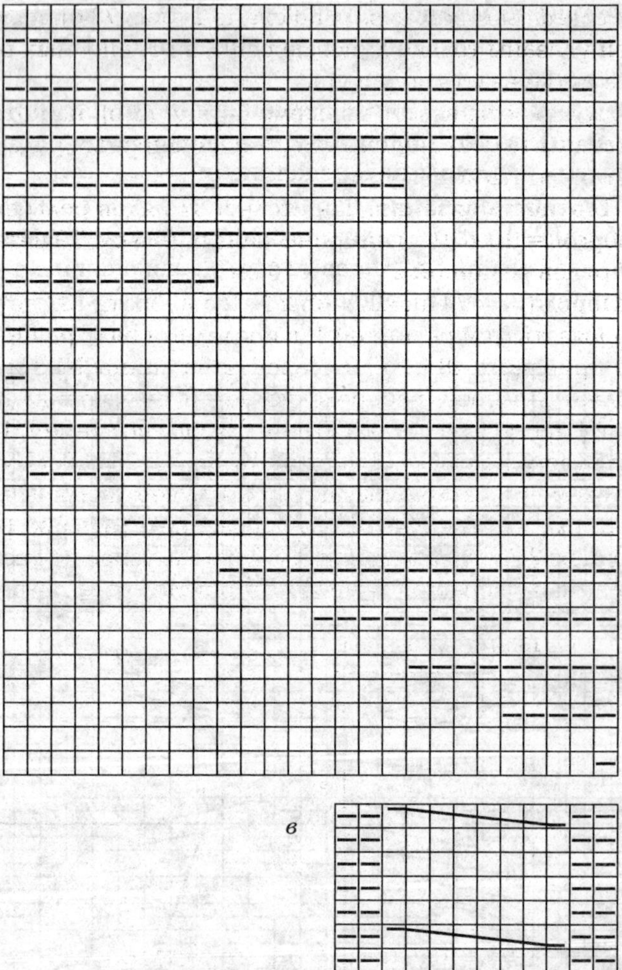

в

Рис. 73 (продолжение). Схемы узоров для вязания пушистого пуловера: б – схема рельефного узора (схема 2); в – схема «косы» (схема 3)

Рельефный узор: вязать по схеме 2 (рис. 73 б), на которой указаны только лицевые ряды, в изнаночных рядах все петли вязать по рисунку.

Узор «коса»: вязать по схеме 3 (рис. 73 в), на которой указаны только лицевые ряды, в изнаночных рядах все петли вязать по рисунку.

Плотность вязания: 25 петель и 37 рядов рельефным узором = 10 х 10 см; ширина «косы» = 3 см; 29 петель и 37 рядов резинкой 2 = 10 х 10 см.

Перед (рис. 74 а): на спицы № 2,5 набрать 132 петли и провязать 8 см резинкой 1, в последнем ряду равномерно прибавить 48 петель. Перейти на спицы № 3 и продолжить работу, распределив петли следующим образом: 1 кромочная петля, [26 петель узора по схеме 1, 12 петель узора по схеме 3] повторить 4 раза, 26 петель узора по схеме 1 и 1 кромочная петля. Когда вертикальный раппорт схемы 1 закончится, петли распределить так: 1 кромочная, 26 петель резинки 2, [12 петель узора по схеме 3, 26 петель узора по схеме 2] повторить 3 раза, 12 петель

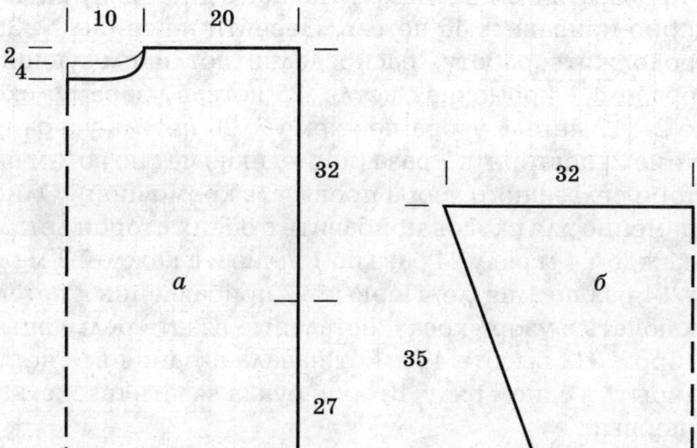

Рис. 74. Выкройки пушистого пуловера: а – 1/2 переда и 1/2 спинки; б – 1/2 рукава

узора по схеме 3, 26 петель резинки 2 и 1 кромочная петля. На высоте 61 см от начала вязания для формирования выреза горловины закрыть средние 18 петель и обе стороны закончить раздельно. Для закругления выреза с внутренней стороны закрыть в каждом 2-м ряду 1 раз 5 петель, 1 раз 4 петли, 2 раза по 3 петли, 2 раза по 2 петли и 1 раз 1 петлю. На высоте 6 см от начала выреза оставшиеся петли плеча закрыть в одном ряду. Второе плечо закончить симметрично.

Спинка (рис. 74 а): вязать так же, как и перед, но вырез горловины оформить иначе. Для его формирования на высоте 65 см от начала вязания закрыть средние 44 петли и обе стороны закончить раздельно. Для закругления выреза с внутренней стороны закрыть в каждом 2-м ряду 1 раз 3 петли и 2 раза по 2 петли. На высоте 2 см от начала выреза оставшиеся петли плеча закрыть в одном ряду. Второе плечо закончить симметрично.

Рукава (рис. 74 б): на спицы № 2,5 набрать 56 петель и провязать 7 см резинкой 1, в последнем ряду равномерно прибавить 46 петель. Перейти на спицы № 3 и продолжить работу, распределив петли следующим образом: 1 кромочная петля, 25 петель узора по схеме 2, [12 петель узора по схеме 3, 26 петель узора по схеме 2] повторить 2 раза (последнюю петлю во 2-м повторе рельефного узора провязать кромочной). Одновременно для скосов прибавить с обеих сторон детали в каждом 4-м ряду 24 раза по 1 петле и в каждом 2-м ряду 14 раз по 1 петле. Первые 12 прибавленных петель включать в узор «коса», остальные вязать рельефным узором. На высоте 42 см от начала вязания все петли закрыть в одном ряду. Второй рукав вязать так же, как и первый.

Сборка: выполнить боковые и плечевые швы, сшить рукава и втачать их. По краю горловины на круговые спицы набрать 138 петель и провязать 8 см резинкой 1, после чего все петли свободно закрыть в одном ряду. Полученную бейку загнуть на изнаночную сторону, сложив ее вдвое, и пришить. Увлажнить изделие и дать ему высохнуть.

Платье в резинку

Для теплых летних дней свяжите из хлопчатобумажной пряжи платье простого кроя (рис. 75).

Размеры: 44 – 46.

Вам потребуются:

– пряжа (100 % хлопка; 120 м / 50 г) – 900 г;

– спицы № 4;

– крючок № 3,5.

Узоры:

Изнаночная гладь: лицевые ряды – изнаночные петли; изнаночные ряды – лицевые петли.

Резинка-«ребрышки»:

1-й ряд: *2 лиц., 1 накид, 1 изн.*; повторять от * до *.

Рис. 75. Платье в резинку

2-й ряд: *1 лиц., 2 вместе изнаночной, 1 изн.*; повторять от * до *.

Продолжать вязание чередованием рядов 1 и 2.

Плотность вязания: 20 петель и 24 ряда = 10 х 10 см.

Спинка (рис. 76 а): набрать 150 петель и вязать, распределив петли следующим образом: 1 кромочная петля, 1 петля изнаночной глади, [3 петли резинки, 6 петель изнаночной глади] повторить 16 раз, 3 петли резинки, 1 кромочная петля. На высоте 11 см в каждой из 16 полос изнаночной глади убавить в каждом 26-м ряду 4 раза по 1 петле и в следующем 30-м ряду еще по 1 петле. Одновременно на высоте 67 см от начала вязания для формирования пройм закрыть с обеих сторон детали в каждом 2-м ряду 1 раз 4 петли, 1 раз 2 петли и 1 раз 1 петлю. На высоте 13 см от начала пройм для формирования выреза горловины закрыть средние 28 петель и обе стороны закончить раздельно. Для закругления выреза с внутренней стороны закрыть в каждом 2-м ряду 1 раз 2 пет-

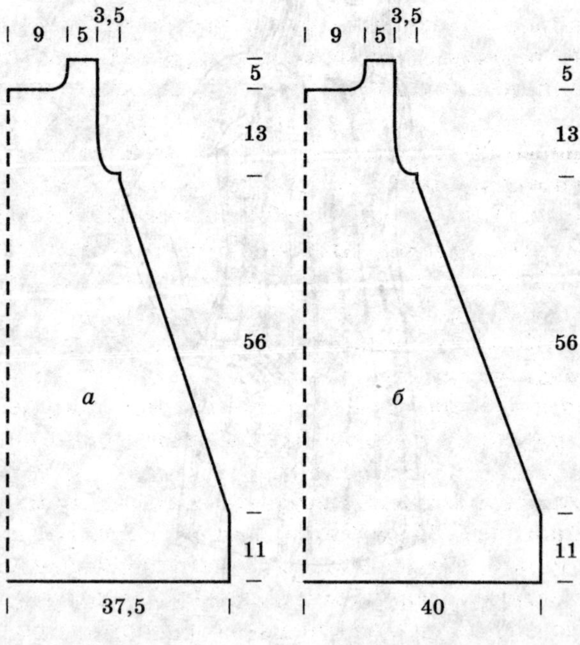

Рис. 76. Выкройки платья: а – 1/2 спинки; б – 1/2 переда

ли и 2 раза по 1 петле. На высоте 5 см от начала горловины оставшиеся петли плеча закрыть в одном ряду. Второе плечо закончить симметрично.

Перед (рис. 76 б): набрать 160 петель и вязать, распределив петли следующим образом: 1 кромочная петля, 6 петель изнаночной глади, [3 петли резинки, 6 петель изнаночной глади] повторить 16 раз, 3 петли резинки, 5 петель изнаночной глади, 1 кромочная петля. На высоте 11 см в каждой из 18 полос изнаночной глади убавить в каждом 26-м ряду 4 раза по 1 петле и в следующем 30-м ряду еще по 1 петле. Одновременно выполнить проймы и вырез горловины так же, как на спинке.

Сборка: выполнить боковые и плечевые швы. Низ платья, проймы и вырез горловины обвязать крючком 1 рядом столбиков без накида.

Жилет-шазюбль

Длинный жилет-шазюбль (см. цветное фото 14) прекрасно подойдет для межсезонья, когда днем стоит теплая погода, а по утрам и вечерам достаточно прохладно.

Размеры: 40 – 42.

Вам потребуются:

– пряжа (100 % мериносовой шерсти; 125 м / 50 г) – 800 г;

– пуговицы в тон – 5 штук;

– спицы № 4;

– крючок № 3,5.

Узоры:

Основные узоры: вязать по схемам 1, 2 и 3 (рис. 77). Распределение узоров в высоту указано в описании деталей.

Плотность вязания: 22 петли и 37 рядов = 10 х 10 см.

Спинка (рис. 78): набрать 132 петли и провязать подготовительный ряд изнаночными петлями. Продолжить работу, чередуя узоры в следующей последовательности: узор по схеме 1 – 8 вертикальных раппортов (по 6 рядов), *узор по схеме 2 – 1 вертикальный раппорт (14 ря-

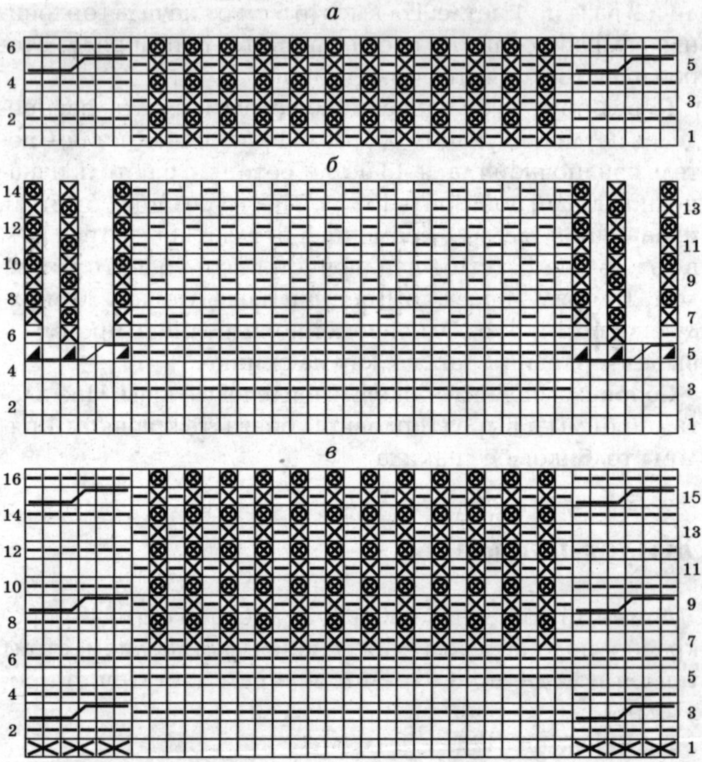

Рис. 77. Схемы основных узоров для вязания жилета-шазюбля: а – схема 1; б – схема 2; в – схема 3

дов), узор по схеме 2 с 11-го по 14-й ряд — 6 раз, узор по схеме 3 — 1 вертикальный раппорт (16 рядов), узор по схеме 3 с 11-го по 16-й ряд — 6 раз*; повторять от * до *. На высоте 86 см (315 рядов) от начала вязания для формирования выреза горловины закрыть средние 34 петли и обе стороны закончить раздельно. Для закругления выреза с внутренней стороны закрыть в каждом 2-м ряду 1 раз 7 петель и 1 раз 3 петли. На высоте 88 см от начала вязания оставшиеся петли плеча закрыть в одном ряду. Второе плечо закончить симметрично.

Левая полочка (рис. 78): набрать 70 петель и провязать подготовительный ряд изнаночными петлями.

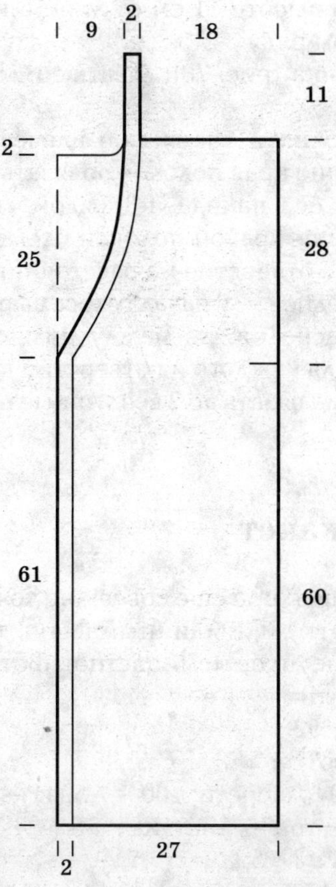

Рис. 78. Выкройка 1/2 спинки и полочки жилета-шазюбля

Продолжить работу, чередуя узоры в той же последовательности, что и на спинке. На высоте 61 см (221 ряд) от начала вязания для скоса выреза горловины с левой стороны 2 петли перед последними 7-ю петлями провязать вместе. Аналогичное убавление повторить в каждом 4-м ряду еще 24 раза. *Внимание*: внутри узора по схеме 2 убавления выполнять перед 4-мя последними петлями. На высоте 88 см (323 ряда) от начала вязания закрыть 38 петель плеча, а к оставшимся 7-ми петлям набрать еще 1 кромочную и продолжить вязать «косу» для планки. На высоте 11 см от линии плеча все петли закрыть в одном ряду.

Правая полочка (рис. 78): вязать симметрично левой полочке.

Сборка: выполнить боковые и плечевые швы. Края пройм и передние края полочек обвязать крючком 1 рядом столбиков без накида и 1 рядом «рачьего шага». При обвязывании правой полочки сделать 5 отверстий для пуговиц (1-е отверстие на расстоянии 13 см от нижнего края, последнее — у начала скоса выреза горловины, остальные 3 расположить между ними с одинаковым интервалом). Для каждого из отверстий вместо 2-х столбиков без накида вязать по 2 воздушные петли. Пришить пуговицы.

Мужской жакет

В начале осени, когда еще совсем не хочется «влезать» в тяжелую куртку или длинный плащ, толстый жакет с объемным рисунком (см. цветное фото 15) придется как нельзя кстати.

Размеры: 50 – 52.

Вам потребуются:

— пряжа (100 % шерсти; 100 м / 50 г) — 850 г;
— пуговицы в тон — 6 штук;
— спицы № 4 и № 5;
— длинные круговые спицы № 4.

Узоры:

Резинка:

1-й ряд: *2 лиц., 2 изн.*; повторять от * до *.

2-й ряд: вязать по рисунку.

Продолжить вязание чередованием рядов 1 и 2.

Узор из «кос»: вязать по схеме (рис. 79), на которой указаны только лицевые ряды, в изнаночных рядах все петли вязать по рисунку.

Плотность вязания: 26 петель и 25 рядов = 10 х 10 см.

Левая полочка (рис. 80 а): на спицы № 4 набрать 66 петель и провязать 7 см резинкой. С левого края на резинке на расстоянии 2 см от нижнего края вывязать ниж-

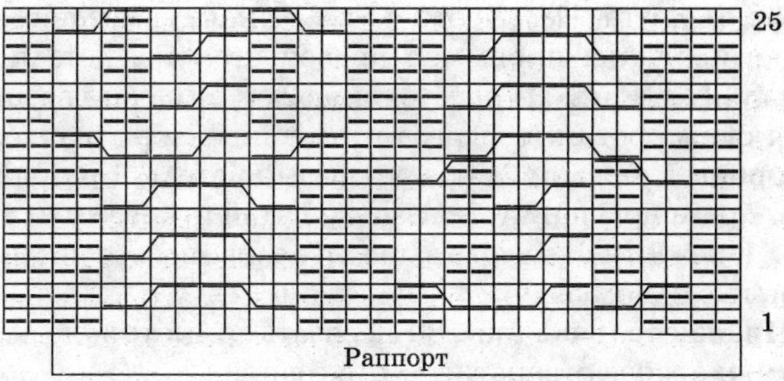

Рис. 79. Схема узора из «кос» для вязания мужского жакета

нее отверстие для пуговицы (2-ю и 3-ю петли перед кромочной провязать вместе и сделать накид). В последнем ряду резинки равномерно прибавить 22 петли. Перейти на спицы № 5 и продолжить работу, распределив петли следующим образом: 1 кромочная петля, узор из «кос» — 3 раппорта, 2 петли после раппорта (по схеме), 1 кромочная петля. С левого края продолжать выполнять отверстия для пуговиц, располагая их на расстоянии 11 см

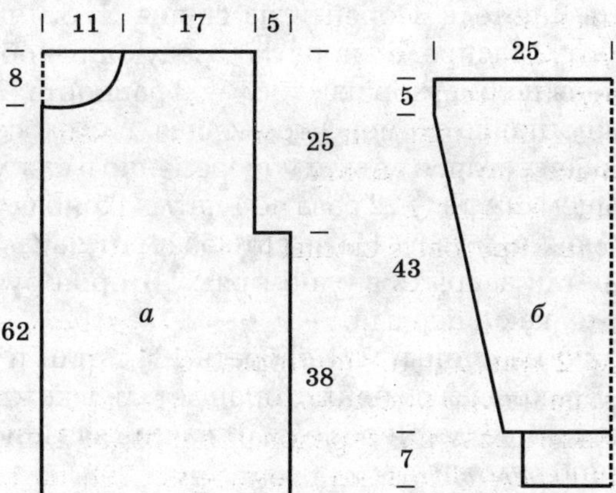

Рис. 80. Выкройки мужского жакета: а – полочка и 1/2 спинки; б – 1/2 рукава

друг от друга. На высоте 45 см от начала вязания для формирования проймы с правой стороны детали закрыть 14 петель. На расстоянии 62 см от начала вязания для формирования выреза горловины закрыть с левой стороны в каждом 2-м ряду 1 раз 10 петель, 1 раз 4 петли, 2 раза по 3 петли, 2 раза по 2 петли и 4 раза по 1 петле. Через 8 см от начала выреза горловины все петли закрыть в одном ряду.

Правая полочка (рис. 80 а): вязать симметрично левой полочке и без отверстий для пуговиц.

Спинка (рис. 80 а): на спицы № 4 набрать 132 петли и провязать 7 см резинкой, в последнем ряду равномерно прибавить 40 петель. Перейти на спицы № 5 и продолжить работу, распределив петли следующим образом: 1 кромочная петля, узор из «кос» — 6 раппортов, 2 петли после раппорта (по схеме), 1 кромочная петля. На высоте 45 см от начала вязания для формирования пройм закрыть с обеих сторон детали 14 петель. Через 25 см от начала пройм закрыть все петли в одном ряду.

Рукава (рис. 80 б): на спицы № 45 набрать 80 петель и провязать 7 см резинкой, в последнем ряду равномерно прибавить 8 петель. Перейти на спицы № 5 и продолжить работу, распределив петли следующим образом: 1 кромочная петля, узор из «кос» — 3 раппорта, 2 петли после раппорта (по схеме), 1 кромочная. Для скосов прибавить с обеих сторон детали попеременно в каждом 4-м и следующем 6-м ряду 22 раза по 1 петле. Прибавляемые петли включать в узор. На высоте 55 см от начала вязания все петли закрыть в одном ряду. Второй рукав вязать так же, как и первый.

Воротник: на спицы № 4 набрать 124 петли и вязать резинкой, закрывая с обеих сторон детали в каждом 2-м ряду 6 раз по 1 петле. Через 6 см от начала вязания работу временно отложить.

Сборка: выполнить плечевые швы, по вырезу горловины на круговые спицы равномерно набрать петли и для бейки провязать 2 ряда попеременно 1 лицевой и 1 изнаночной, после чего все петли закрыть в одном ряду. Воротник вшить в горловину под бейку. На круговые спицы по передним краям полочек и коротким сторонам воротника равномерно набрать петли, присоединив их к оставленным петлям воротника, и провязать для бейки 2 ряда попеременно 1 лицевой и 1 изнаночной. Выполнить боковые швы, сшить рукава и втачать их. Пришить пуговицы.

Мужской пуловер

Удобный пуловер с застежкой поло (рис. 81) подойдет и для работы, и для отдыха.

Размеры: 48 – 50.

Вам потребуются:

– пряжа (100 % хлопка; 120 м / 50 г) – 900 г;

– белая пряжа для отделки (100 % хлопка; 120 м / 50 г) – 50 г;

– пуговицы в тон – 3 штуки;

– спицы № 3 и № 3,5.

Рис. 81. Мужской пуловер

Узоры:

Резинка:

1-й ряд: *2 лиц., 2 изн.*; повторять от * до *.

2-й ряд: вязать по рисунку.

Лицевая гладь: лицевые ряды — лицевые петли; изнаночные ряды — изнаночные петли.

Узор «оригинальные косички»:

1 и 5-й ряды: *1 изн., 4 лиц., 4 изн., 4 лиц., 1 изн.*; повторять от * до *.

2 и 4-й ряды: *1 лиц., 4 изн., 4 лиц., 4 изн., 1 лиц.*; повторять от * до *.

3-й ряд: *1 изн., 2 петли снять на вспомогательную спицу за работой, 2 лиц., 2 лиц. со вспомогательной спицы, 4 изн., 2 петли снять на вспомогательную спицу за работой, 2 лиц., 2 лиц. со вспомогательной спицы, 1 изн.*; повторять от * до *.

6-й ряд: *1 лиц., 4 изн., 2 петли снять на вспомогательную спицу перед работой, 2 лиц., 2 лиц. со вспомогательной спицы, 4 изн., 1 лиц.*; повторять от * до *.

Продолжить вязание, начиная с 1-го ряда.

Плотность вязания: 30 петель и 32 ряда = 10 х 10 см.

Спинка (рис. 82 а): на спицы № 3 белой пряжей набрать 170 петель и провязать 3 ряда резинкой, поменять

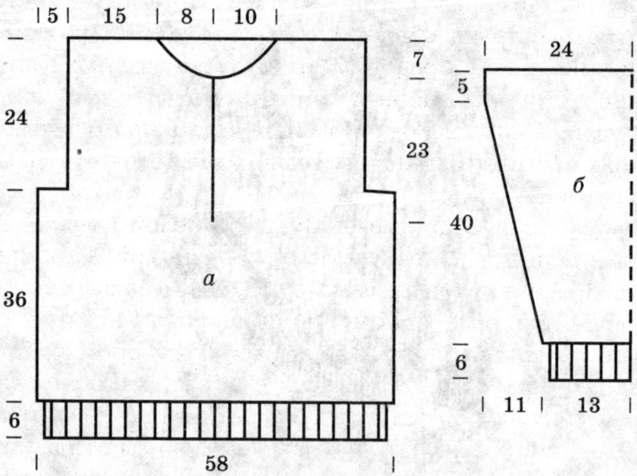

Рис. 82. Выкройки пуловера: а – спинка и перед; б – 1/2 рукава

нить на основную и продолжить работу. На высоте 6 см поменять спицы на № 3,5 и вязать узором «оригинальные косички». На высоте 36 см от резинки для формирования пройм закрыть с обеих сторон детали по 16 петель. Через 24 см от пройм все петли закрыть в одном ряду.

Перед (82 а): вязать как спинку, но с разрезом для застежки и вырезом горловины. На высоте 30 см от резинки для разреза застежки петли разделить (левая часть — 88 петель, правая — 82 петли) и обе стороны закончить раздельно. При выполнении левой части по краю разреза застежки сделать 3 отверстия для пуговиц: 1-е в 13-м ряду от начала раздельного вязания, 2-е — через 28 рядов после 1-го, 3-е — через 28 рядов после 2-го. Для выполнения отверстия, недовязав в лицевом ряду последние 10 петель, закрыть 3 петли и провязать оставшиеся 7 петель по рисунку. В следующем ряду над закрытыми петлями набрать 3 воздушные петли и продолжить вязание. Одновременно на высоте 36 см от резинки для формирования проймы с правой стороны детали закрыть 16 петель. Через 23 см от начала раздельного вязания для формирования выреза горловины закрыть с внутреннего края в каждом 2-м ряду 1 раз 12 петель, 1 раз 4 петли, 1 раз 3 петли, 3 раза по 2 петли и 5 раз по 1 петле. На высоте 66 см оставшиеся петли плеча закрыть в одном ряду. При выполнении правой части в начале вязания с внутренней стороны набрать дополнительно 6 воздушных петель и вязать аналогично левой части, но провязывая планку застежки лицевой гладью и не делая отверстий для пуговиц.

Рукава (рис. 82 б): на спицы № 3 белой пряжей набрать 72 петли и провязать 3 см резинкой. Поменять нить на основную и продолжить работу. На высоте 6 см от начала работы равномерно прибавить 14 петель, перейти на спицы № 3,5 и далее вязать узором «оригинальные косички». Для скосов прибавить с обеих сторон детали в каждом 4-м ряду 30 раз по 1 петле, прибавляемые петли включать в узор. Через 45 см от резинки все петли закрыть в одном ряду. Второй рукав вязать аналогично.

Воротник: на спицы № 3,5 белой пряжей набрать 133 петли и провязать 3 ряда резинкой. Перейти на основную нить и продолжить работу, одновременно делая убавления: в каждом 4-м ряду с обеих сторон детали закрыть 6 раз по 1 петле. Через 9 см от начала вязания все петли закрыть в одном ряду.

Сборка: выполнить 2 внутренние планки-застежки. Для левой планки на спицы № 3,5 белой нитью набрать 14 петель и связать лицевой гладью прямоугольное полотно (высотой 23 см), делая отверстия для пуговиц аналогично тому, как это было сделано при вязании детали переда. Правую планку выполнить аналогично левой, но без отверстий для пуговиц. Для канта на спицы № 3,5 белой нитью набрать 70 петель и, провязав лицевой гладью 5 рядов, закрыть все петли в одном ряду. Всего связать 2 канта. Внутренние планки застежки пришить потайным швом под края разреза, совмещая отверстия для пуговиц, которые затем следует обметать вручную основной нитью. Края разреза и край горловины обшить белым кантом. Выполнить боковые и плечевые швы, сшить рукава и втачать их. Воротник пришить к краю выреза горловины. Пришить пуговицы.

Костюм для девочки-подростка

Комплект из короткого джемпера и юбки для девочки (см. цветное фото 16) предназначен для теплых летних дней. Отделка яркими желтыми, голубыми и красными полосками и рисунок, имитирующий волны, придают модели индивидуальность. Размер рассчитан на девочку в возрасте 11 – 12 лет.

Вам потребуются:

— пряжа белого цвета (50 % хлопка, 50 % полиэстера; 125 м / 50 г) — 300 г;

— пряжа красного, голубого и желтого цветов (50 % хлопка, 50 % полиэстера; 125 м / 50 г) — по 50 г;

— эластичная тесьма;

— спицы № 3 и № 4;

— круговые спицы № 3.

Узор:

Узор «волны»:

1 и 3-й ряды: все петли изнаночные.

2-й и все четные ряды: вязать по рисунку.

5 и 7-й ряды: *3 лиц., 1 накид, 5 лиц., 2 вместе лицевой, 2 вместе лицевой скрещенной, 5 лиц., 1 накид*; повторять от * до *; закончить: 3 лиц.

Продолжить вязание, начиная с 1-го ряда.

Плотность вязания: 25 петель и 48 рядов = 10 х 10 см.

Передняя деталь юбки (рис. 83 а): на спицы № 4 красной пряжей набрать 107 петель и провязать 4 ряда узором «волны». Продолжить вязание, чередуя цвета в следующей последовательности: 4 ряда белой пряжей, 4 ряда голубой пряжей, 4 ряда белой пряжей, 4 ряда желтой пряжей. Далее работу продолжить белыми нитками. Через 136 рядов (17 раппортов) переменить спицы на № 3 и убавить петли в одном ряду, провязывая по 2 петли вместе лицевой. Оставшиеся петли перенести на вспомогательную спицу.

Задняя деталь юбки (рис. 83 а): вязать так же, как и переднюю деталь.

Сборка юбки: выполнить боковые швы. Открытые петли передней и задней деталей перенести на круговые спицы и вязать лицевой гладью 2 ряда белой нитью, 2 ряда — красной, 2 ряда — голубой, 5 рядов — желтой, 2 ряда — голубой, 2 ряда — красной и 2 ряда — белой. Планку завернуть на изнаночную сторону и подшить

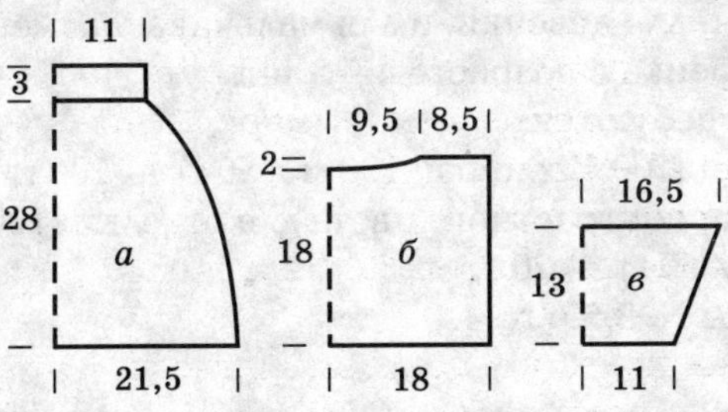

Рис. 83. Выкройки комплекта для девочки: а – 1/4 юбки; б – 1/2 переда и 1/2 спинки джемпера; в – 1/2 рукава джемпера

кеттельным швом. В образовавшуюся кулиску вставить эластичную тесьму.

Спинка джемпера (рис. 83 б): на спицы № 4 красными нитками набрать 90 петель и вязать узором «волны», чередуя цвета, как на юбке. На высоте 18 см от начала вязания закрыть средние 38 петель и обе стороны закончить раздельно. Для закругления выреза закрыть с внутренней стороны в каждом 2-м ряду 1 раз 3 петли и 1 раз 2 петли. В следующем 2-м ряду закрыть оставшиеся петли плеча. Второе плечо закончить симметрично.

Перед джемпера (рис. 83 б): вязать аналогично спинке.

Рукава (рис. 83 в): на спицы № 4 красной пряжей набрать 56 петель и провязать 12 рядов узором «волны», чередуя цвета, как на юбке. После выполнения цветной каймы для скосов прибавить с обеих сторон детали в каждом 4-м ряду 13 раз по 1 петле. На высоте 13 см все петли закрыть в одном ряду. Второй рукав вязать так же, как и первый.

Сборка джемпера: выполнить плечевые швы. На круговые спицы № 3 по краю горловины набрать 110 петель и провязать по 2 ряда белыми, красными, голубыми и желтыми нитками. Все петли бейки закрыть в одном ряду. Выполнить боковые швы, сшить рукава и втачать их.

Детская безрукавка

Такая модель безрукавки (рис. 84) одинаково хорошо подойдет и для девочки, и для мальчика. Размер рассчитан на ребенка в возрасте 4 – 5 лет.

Вам потребуются:

– пряжа (100 % хлопка; 120 м / 50 г) – 200 г;

– пряжа контрастного цвета для отделки (100 % хлопка; 120 м / 50 г) – 20 г;

– спицы № 3,5 и № 4.

Узоры:

Резинка:

1-й ряд: *2 лиц., 2 изн.*; повторять от * до *.

2-й ряд: вязать по рисунку.

Продолжить вязание, чередуя ряды 1 и 2.

Рис. 84. Детская безрукавка

«Жемчужный» узор:

1-й ряд: *1 лиц., 1 изн.*; повторять от * до *.

2-й и все четные ряды: вязать по рисунку.

3-й ряд: *1 изн., 1 лиц.*; повторять от * до *.

Продолжить вязание, чередуя ряды с 1-го по 4-й.

Фантазийный узор: вязать по схеме (рис. 85), на которой указаны только лицевые ряды, в изнаночных рядах все петли вязать по рисунку.

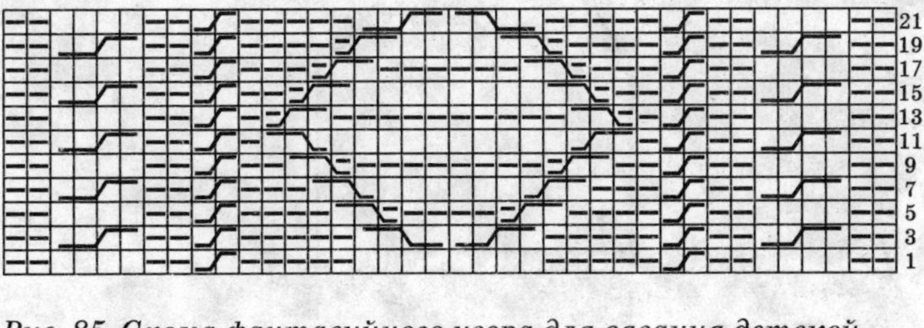

Рис. 85. Схема фантазийного узора для вязания детской безрукавки

Плотность вязания: 23 петли и 27 рядов = 10 х 10 см.

Спинка (рис. 86): на спицы № 3,5 отделочной пряжей набрать 73 петли и провязать 2 см резинкой (1 ряд отделочной пряжей, затем перейти на основную). Перейти на спицы № 4 и продолжить вязание «жемчужным» узором. На высоте 20 см от резинки для формирования пройм закрыть с обеих сторон детали по 4 петли и в каждом 2-м ряду 1 раз 3 петли, 1 раз 2 петли и 1 раз 1 петлю. На общей высоте 40 см закрыть все петли в одном ряду.

Перед (рис. 86): на спицы № 3,5 отделочной пряжей набрать 73 петли и провязать 2 см резинкой (1 ряд отделочной пряжей, затем перейти на основную), в последнем ряду равномерно прибавить 7 петель. Перейти на спицы № 4 и продолжить вязание, распределив петли следующим образом: 1 кромочная петля, 20 петель «жемчужного» узора, 38 петель фантазийного узора по схеме, 20 петель «жемчужного» узора, 1 кромочная петля. На высоте 20 см от резинки для формирования пройм закрыть с обеих сторон детали по 5 петель и в каждом 2-м ряду 1 раз 3 петли и 1 раз 1 петлю. Одновременно, закончив вязание 3-го ромба фантазийного узора, перенести 2 средние петли на булавку и обе стороны закончить раздельно. Для скосов выреза горловины убавить с внутренней стороны в каждом 2-м ряду (от-

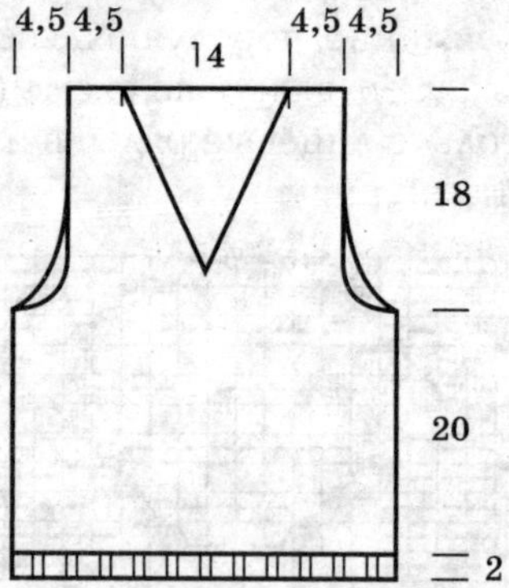

Рис. 86. Выкройка спинки и переда детской безрукавки

ступив 3 петли от края) 2 раза по 2 петли и 16 раз по 1 петле. На общей высоте 40 см закрыть оставшиеся 10 петель плеча в одном ряду. Второе плечо закончить симметрично.

Сборка: выполнить один плечевой шов. По краю выреза горловины на спицы № 3,5 основной пряжей набрать 130 петель (включив в них 2 петли с булавки). Провязать 5 рядов резинкой основной нитью и 1 ряд отделочной пряжей, провязывая в каждом лицевом ряду с обеих сторон от 2-х центральных петель переда по 2 петли вместе лицевой. В 7-м ряду закрыть все петли. Выполнить второй плечевой шов, сшивая одновременно бейку горловины. По краю каждой проймы на спицы № 3,5 основной пряжей набрать по 100 петель и вязать резинкой 5 рядов основной и 1 ряд отделочной пряжей, в 6-м ряду закрыть все петли. Выполнить боковые швы. Готовое изделие увлажнить и дать ему высохнуть.

Джемпер для девочки

Если у вас есть маленькая сестра или дочка, то свои навыки вязания на спицах вы можете опробовать на изделиях для нее (крой детских вещей намного проще). Свяжите, например, такой джемпер (рис. 87). Размер рассчитан на девочку 3–3,5 лет.

Вам потребуются:

– пряжа (70 % акрила, 30 % шерсти; 105 м / 50 г) – 250 г;
– спицы № 3;
– крючок № 2.

Плотность вязания: 25 петель и 35 рядов = 10 х 10 см.

Узоры:

Резинка:

1-й ряд: *1 лиц., 1 изн.*; повторять от * до *.

2-й ряд: вязать по рисунку.

Продолжить вязание чередованием рядов 1 и 2.

Лицевая гладь: лицевые ряды – лицевые петли; изнаночные ряды – изнаночные петли.

Фантазийный узор: вязать по схеме (рис. 88), на которой указаны и лицевые, и изнаночные ряды.

Рис. 87. Джемпер для девочки

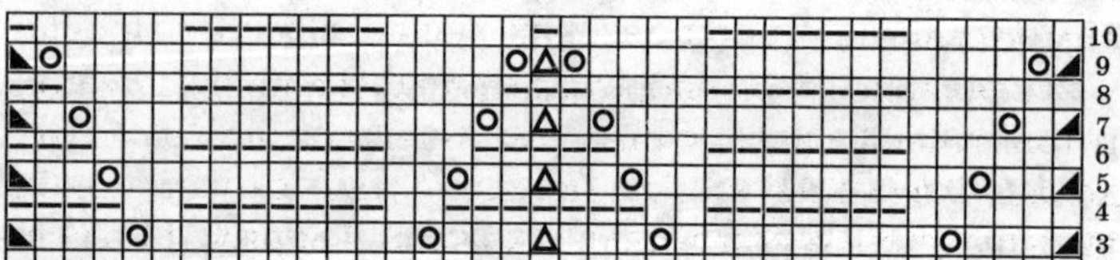

Рис. 88. Схема фантазийного узора для вязания джемпера

Спинка (рис. 89 а): набрать 93 петли и провязать подготовительный изнаночный ряд лицевыми петлями. Продолжить вязание узором по схеме. На высоте 34 см для формирования выреза горловины закрыть средние 25 петель и обе стороны закончить раздельно. Для закругления выреза закрыть с внутренней стороны в каждом 2-м ряду 1 раз 2 петли и 1 раз 1 петлю. На общей вы-

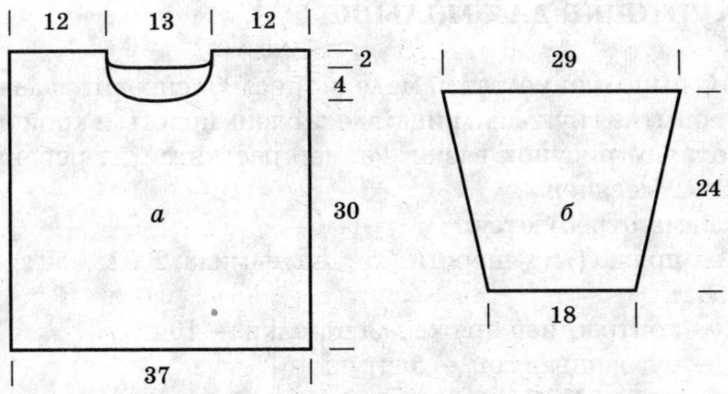

Рис. 89. Выкройки джемпера: а – перед и спинка; б – рукав

соте 36 см закрыть оставшиеся петли плеча в одном ряду. Второе плечо закончить симметрично.

Перед (рис. 89 а): вязать как спинку, но с более глубоким вырезом горловины. Для его формирования на высоте 30 см закрыть средние 17 петель и обе стороны закончить раздельно. Для закругления выреза с внутренней стороны закрыть в каждом 4-м ряду 1 раз 4 петли и 1 раз 3 петли. На общей высоте 36 см закрыть оставшиеся петли плеча в одном ряду. Второе плечо закончить симметрично.

Рукава (рис. 89 б): набрать 45 петель и и провязать подготовительный изнаночный ряд лицевыми петлями. Продолжить вязание узором по схеме. Для скосов прибавить с обеих сторон детали в каждом 4-м ряду 14 раз по 1 петле. На высоте 24 см от начала вязания закрыть все петли в одном ряду. Второй рукав вязать так же, как и первый.

Сборка: выполнить один плечевой шов. По краю выреза горловины набрать 86 петель, провязать 5 рядов резинкой и продолжить вязание лицевой гладью. На высоте 4 см свободно закрыть все петли в одном ряду. Выполнить второй плечевой и боковые швы, сшить рукава и втачать их. Нижний край джемпера и манжеты обвязать крючком 1 рядом столбиков без накида и 1 рядом «рачьего шага». Готовое изделие слегка увлажнить и дать ему высохнуть. По низу джемпера пришить помпоны.

Курточка для малыша

С выполнением этой модели (рис. 90) справится даже неопытная рукодельница: здесь очень просты и крой изделия, и рисунок вязки. Размер рассчитан на ребенка 9 – 12 месяцев.

Вам потребуются:

– пряжа (75 % шерсти, 25 % полиамида; 200 м / 50 г) – 350 г;

– контрастная пряжа для отделки – 10 г;

– пуговицы в тон – 5 штук;

– спицы № 4.

Плотность вязания: 20 петель и 28 рядов = 10 x 10 см.

Узор:

Платочная вязка: вязать в 2 нити, все петли во всех рядах вязать лицевыми.

Спинка (рис. 91 а): набрать 60 петель и вязать платочной вязкой. На высоте 32 см закрыть все петли в одном ряду.

Правая полочка (рис. 91 б): набрать 20 петель, провязать 7 см платочной вязкой и отложить работу (это будет мешковина кармана). Набрать 33 петли и вязать пла-

Рис. 90. Курточка для малыша

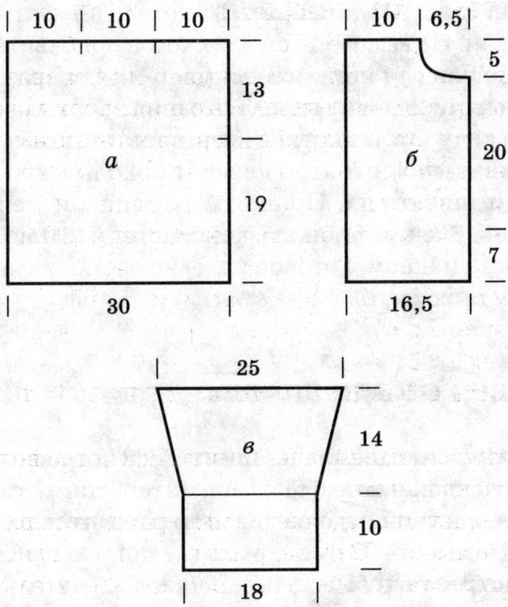

Рис. 91. Выкройки курточки: а – спинка; б – полочка; в – рукав

точной вязкой. На высоте 7 см выполнить карман. Для этого провязать 7 петель, закрыть следующие 20 петель и провязать оставшиеся петли ряда. В следующем ряду над закрытыми петлями к работе присоединить отложенные петли мешковины кармана. На высоте 27 см от начала вязания для формирования выреза горловины закрыть с внутренней стороны 6 петель и в каждом 2-м ряду 1 раз 3 петли, 1 раз 2 петли и 2 раза по 1 петле. На высоте 36 см закрыть оставшиеся петли плеча в одном ряду.

Левая полочка (рис. 91 б): вязать симметрично правой полочке, только с отверстиями для пуговиц. Для них 3-ю и 4-ю петли от внутреннего края провязать вместе и сделать накид. Нижнее отверстие для пуговицы выполнить на расстоянии 2 см от нижнего края, верхнее – на расстоянии 1 см от края выреза горловины, остальные равномерно расположить между ними.

Рукава (рис. 91 в): набрать 36 петель и вязать платочной вязкой. На высоте 10 см для скосов прибавить с обеих сторон детали по 1 петле и в каждом 6-м ряду 6 раз по 1 петле. На высоте 24 см от начала вязания закрыть все петли в одном ряду. Второй рукав вязать так же, как и первый.

Сборка: выполнить плечевые и боковые швы, сшить рукава и втачать их. Пришить пуговицы и мешковину карманов. Все края обшить контрастной нитью ручным обметочным швом. Готовое изделие слегка увлажнить и дать ему высохнуть.

Пуловер с капюшоном

Модель, приведенная на цветной фотографии 17, выглядит очень нарядно благодаря интересному узору вязки и контрастной отделке. Размер рассчитан на мальчика 3 – 5 лет.

Вам потребуются:

– пряжа темно-синего цвета (100 % шерсти; 125 м / 50 г) – 250 г;

– пряжа коричневого цвета (100 % шерсти; 125 м / 50 г) – 150 г;

– пряжа белого цвета (100 % шерсти; 125 м / 50 г) – 50 г;

– спицы № 3;

– круговые спицы № 3;

– крючок № 3.

Плотность вязания: 25 петель и 44 ряда рельефным узором = 10 x 10 см; 23 петли и 32 ряда лицевой гладью = = 10 x 10 см.

Узоры:

Резинка:

1-й ряд: *2 лиц., 2 изн.*; повторять от * до *.

2-й ряд: вязать по рисунку.

Продолжить вязание, чередуя ряды 1 и 2.

Лицевая гладь: лицевые ряды – лицевые петли; изнаночные ряды – изнаночные петли.

Рельефный узор: вязать по схеме (рис. 92), на которой показаны и лицевые, и изнаночные ряды. При вязании

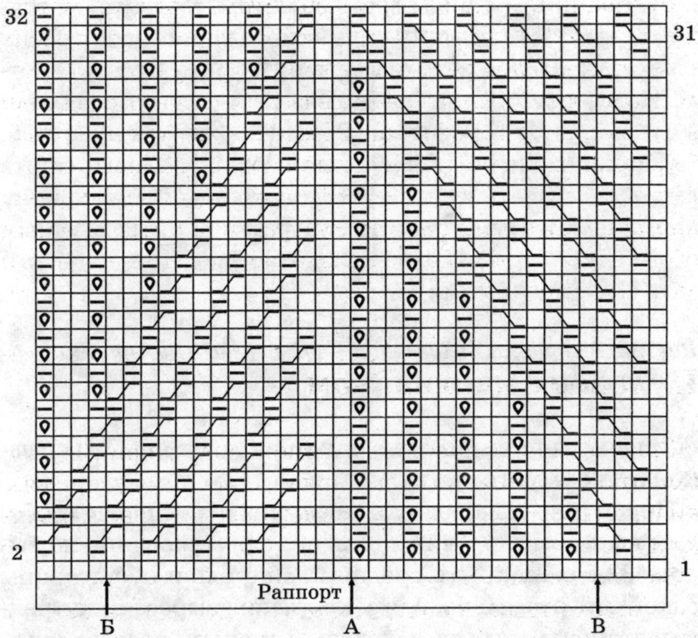

Рис. 92. Схема рельефного узора для вязания пуловера с капюшоном

спинки и переда каждый ряд начинать с кромочной петли, выполнять нужное количество раз раппорт и заканчивать петлями до стрелки А и кромочной.

Последовательность чередования узоров и цветов пряжи: 2 ряда резинкой белой пряжей, *32 ряда рельефным узором синей пряжей, 2 ряда лицевой гладью белой пряжей, 32 ряда рельефным узором коричневой пряжей, 2 ряда лицевой гладью белой пряжей*; повторять от * до *.

Спинка (рис. 93 а): белой нитью набрать 92 петли и вязать в указанной последовательности узоров и цветов пряжи. На высоте 37 см для формирования выреза горловины закрыть средние 22 петли и обе стороны закончить раздельно. Для закругления выреза закрыть с внутренней стороны в каждом 2-м ряду 1 раз 3 петли, 1 раз 2 петли и 1 раз 1 петлю. На общей высоте 39 см закрыть

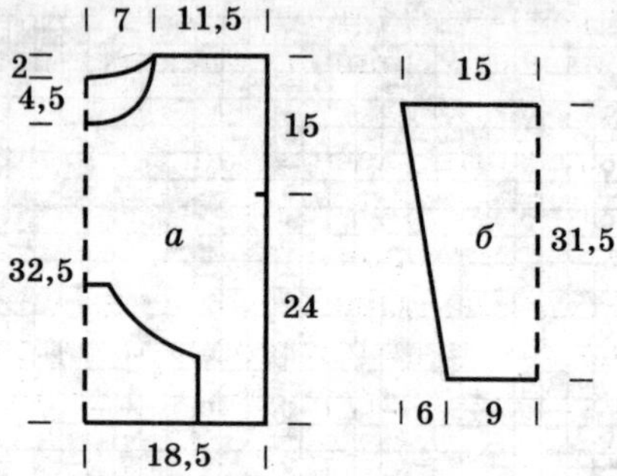

Рис. 93. Выкройки пуловера: а – 1/2 переда и 1/2 спинки; б – 1/2 рукава

оставшиеся петли плеча в одном ряду. Второе плечо закончить симметрично.

Перед (рис. 93 а): вязать как спинку, но с более глубоким вырезом горловины. Для его формирования на высоте 32,5 см закрыть средние 12 петель и обе стороны закончить раздельно. Для закругления выреза с внутренней стороны закрыть в каждом 2-м ряду 3 раза по 2 петли, 3 раза по 1 петле и в каждом 4-м ряду 2 раза по 1 петле. На общей высоте 39 см закрыть оставшиеся петли плеча в одном ряду. Второе плечо закончить симметрично.

Рукава (рис. 93 б): белой нитью набрать 46 петель и вязать, соблюдая последовательность чередования цветов пряжи и узоров вязки и распределив петли следующим образом: 1 кромочная петля, узор по схеме от стрелки Б, раппорт узора, петли узора до стрелки В, 1 кромочная петля. Одновременно для скосов прибавить с обеих сторон детали в каждом 10-м ряду 9 раз по 1 петле и в каждом 8-м ряду 5 раз по 1 петле. Прибавляемые петли включать в узор. На высоте 31,5 см все петли закрыть в одном ряду. Второй рукав вязать так же, как и первый.

Карман: белой нитью набрать 56 петель и вязать, соблюдая последовательность чередования цветов пряжи и узоров вязки и распределив петли следующим образом: 1 кромочная петля, узор по схеме от стрелки А, раппорт узора, 1 кромочная петля. На высоте 8,5 см для скосов закрыть с обеих сторон детали в каждом 2-м ряду 1 раз по 3 петли, 1 раз по 2 петли и 13 раз по 1 петле. На высоте 16 см от начала вязания оставшиеся петли закрыть в одном ряду.

Сборка: выполнить плечевые швы. На круговые спицы набрать петли по краю выреза горловины переда по 10 петель с каждой стороны (средние 6 см оставить свободными) и по краю выреза горловины спинки 31 петлю. Вязать на них прямыми и обратными рядами лицевой гладью синей пряжей. Для придания капюшону формы равномерно прибавить в каждом 6-м ряду 4 раза по 5 петель. На высоте 21 см от начала капюшона по 23 петли с каждой стороны перенести на вспомогательные спицы и далее вязать следующим образом: *в лицевых рядах вязать до последней петли, которую провязать вместе лицевой с петлей со вспомогательной спицы, работу повернуть, снять 1 петлю, нить перед работой, вновь провязать до последней петли, которую провязать вместе изнаночной с петлей со второй вспомогательной спицы, работу повернуть*; повторять от * до *, пока все боковые петли не закончатся. Закрыть оставшиеся на рабочей спице петли в одном ряду. Края капюшона и выреза горловины переда обвязать синей пряжей крючком следующим образом:

1, 2 и 4-й круговые ряды: столбики без накида;

3-й круговой ряд: 1 полустолбик, *1 воздушная петля, пропустить 1 столбик без накида предыдущего ряда, 1 полустолбик*; повторять от * до *;

5-й ряд: «рачий шаг».

Скошенные края карманов обвязать белой пряжей 1 рядом столбиков без накида и 1 рядом «рачьего шага». Пришить карманы, выполнить боковые швы, сшить рукава и втачать их. Из белой пряжи скрутить шнур и продеть его через отверстия в узоре по краю капюшона.

Детская футболка

Футболка, связанная из мягкой хлопчатобумажной пряжи (рис. 94), хороша и для прогулок, и для занятий физкультурой, она в одинаковой степени подойдет и де-

Рис. 94. Детская футболка

вочке, и мальчику. Размер рассчитан на ребенка в возрасте 3-х лет.

Вам потребуются:

— меланжевая пряжа (100 % хлопка; 175 м / 50 г) — 300 г;

— спицы № 3 и № 3,5.

Плотность вязания: 23 петли и 32 ряда = 10 х 10 см.

Узоры:

Платочная вязка: все петли во всех рядах вязать лицевыми.

Основной узор:

1, 3, 9, 11, 13 и 15-й ряды: *2 изн., 3 лиц.*; повторять от * до *; закончить: 2 изн.

2-й и все четные ряды: все петли изнаночные.

5 и 7-й ряды: *7 изн., 3 лиц.*; повторять от * до *; закончить: 2 изн.

Продолжить вязание чередованием рядов с 5-го по 16-й.

Спинка (рис. 95 а): на спицы № 3,5 набрать 89 петель и вязать основным узором. На высоте 22 см для формирования пройм закрыть с обеих сторон детали по 5 петель. На высоте 36 см оставшиеся петли закрыть в одном ряду.

Перед (рис. 95 а): вязать как спинку, только с вырезом горловины. Для его формирования на высоте 29 см закрыть средние 13 петель и обе стороны закончить раздельно. Для закругления выреза с внутренней стороны закрыть в каждом 2-м ряду 1 раз 5 петель, 1 раз 3 петли и 1 раз 2 петли. На высоте 36 см закрыть оставшиеся петли плеча в одном ряду. Второе плечо закончить симметрично.

Рукава (рис. 95 б): на спицы № 3,5 набрать 52 петли и вязать основным узором. Для скосов прибавить с обеих сторон детали в каждом 4-м ряду 4 раза по 1 петле. На высоте 8 см закрыть все петли в одном ряду.

Сборка: детали увлажнить и дать им высохнуть. Выполнить боковые и плечевые швы, сшить рукава и втачать их. По краю выреза горловины на спицы № 3 на-

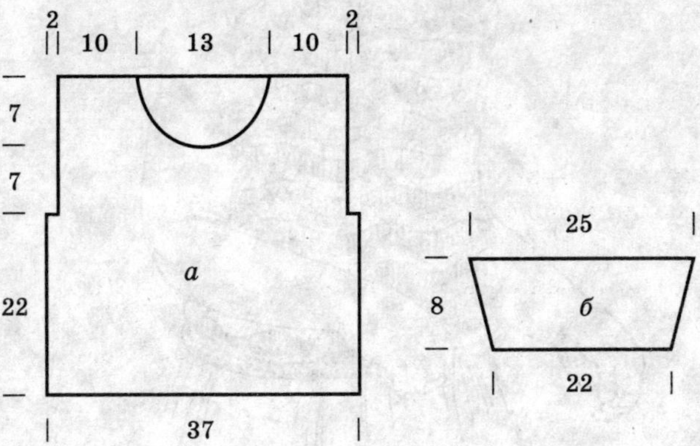

Рис. 95. Выкройки детской футболки: а – перед и спинка; б – рукав

брать 82 петли, провязать 5 рядов платочной вязкой и свободно закрыть все петли в одном ряду.

Ажурный топик

В таком ажурном топике, связанном из хлопчатобумажной пряжи (рис. 96), вашей дочке даже в знойный день не будет жарко. Размер рассчитан на девочку в возрасте 3–5 лет.

Вам потребуются:

– пряжа (100 % хлопка; 175 м / 50 г) – 200 г;
– спицы № 4;
– крючок № 3,5.

Рис. 96. Ажурный топик

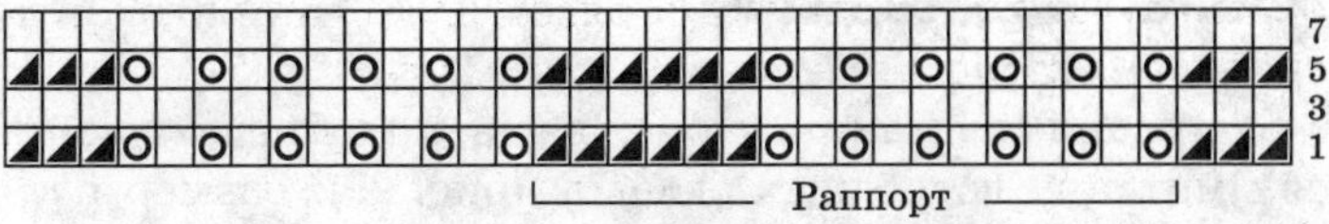

Рис. 97. Фантазийный узор для вязания ажурного топика

Плотность вязания: 21 петля и 28 рядов = 10 х 10 см.

Узоры:

Платочная вязка: все петли во всех рядах вязать лицевыми.

Фантазийный узор: вязать по схеме (рис. 97), на которой указаны только лицевые ряды, в изнаночных рядах все петли вязать по рисунку.

Спинка (рис. 98): набрать 61 петлю и вязать основным узором. На высоте 20 см для формирования пройм закрыть с обеих сторон детали по 3 петли. На высоте 29 см оставшиеся петли закрыть в одном ряду.

Перед (рис. 98): вязать аналогично спинке.

Сборка: детали увлажнить, приколоть к выкройке и дать им высохнуть. Выполнить боковые швы. Крючком связать для бретелей 6 тесемок. Для каждой тесемки связать цепочку (нужной длины) из воздушных петель и обвязать ее 1 круговым рядом столбиков без накида. Верх топика обвязать крючком 1 рядом столбиков без накида и пришить тесемки по 3 штуки на каждое плечо. Можно сделать только по одной, но широкой тесемке для каждой бретели.

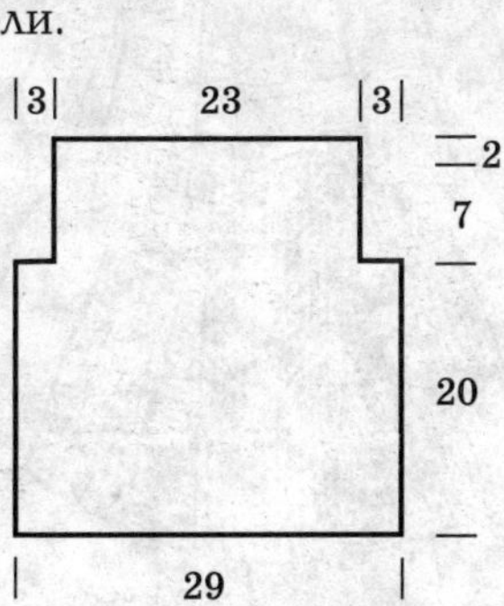

Рис. 98. Выкройка переда и спинки ажурного топика

Юбка «в складку»

Благодаря сочетанию узоров вязки на юбке получается имитация встречных складок (рис. 99). Размер рассчитан на девочку в возрасте 6 – 8 лет.

Вам потребуются:

– шерстяная пряжа (140 г / 50 м) – 350 г;
– застежка-«молния» длиной 10 см;
– эластичная тесьма длиной 100 см;
– спицы № 3;
– крючок № 3.

Плотность вязания: 20 петель и 30 рядов = 10 х 10 см.

Узоры:

Лицевая гладь: лицевые ряды – лицевые петли; изнаночные ряды – изнаночные петли.

Изнаночная гладь: лицевые ряды – изнаночные петли; изнаночные ряды – лицевые петли.

Рис. 99. Юбка «в складку»

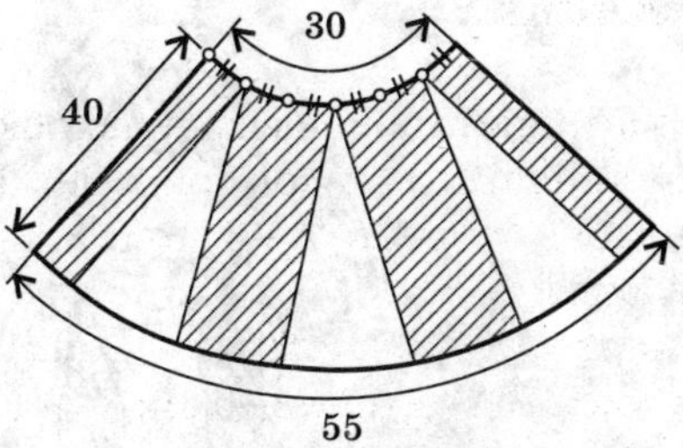

Рис. 100. Выкройка 1/2 юбки

Описание работы (рис. 100): вязать одной деталью, направление вязания поперечное. Набрать 80 петель и провязать 15 рядов изнаночной гладью. Затем вязать лицевой гладью, в 1-м лицевом ряду недовязать 10 петель, во 2-м лицевом ряду — 20 петель, в 3-м — 30 петель и т. д., всего 6 раз. При поворотах 1-ю петлю снимать, проводя нить с передней стороны работы. Присоединить недовязанные группы петель в обратном порядке. Затем вязать на всех петлях 30 рядов изнаночной гладью и снова вязать клин из недовязанных и восстановленных рядов, вновь провязать полоску из 30 рядов изнаночной гладью и т. д. Провязав последнюю полосу из 15 рядов изнаночной глади, закрыть все петли в одном ряду.

Сборка: по линии талии набрать 110 петель, провязать 2 см лицевой гладью, 1 лицевой ряд изнаночными петлями и еще 2 см лицевой гладью. Подогнуть получившуюся планку по ряду изнаночных петель на изнаночную сторону и подшить. В образовавшуюся кулиску вставить эластичную тесьму. Выполнить задний шов, 10 см сверху оставить непрошитыми. Вшить застежку-«молнию». Низ юбки обвязать 1 рядом столбиков без накида. Готовое изделие увлажнить и дать ему высохнуть.

Купальник

Малышке будет приятно получить от вас в подарок вязаный купальный костюм (рис. 101). Размер рассчитан на девочку в возрасте 6 – 8 лет.

Рис. 101. Купальник

Вам потребуются:

— хлопчатобумажная пряжа (300 м / 50 г) — 100 г;
— спицы № 2,5;
— крючок № 3.

Плотность вязания: 25 петель и 32 ряда = 10 х 10 см.

Узор:

«Жемчужный» узор:

1-й ряд: *1 лиц., 1 изн.*; повторять от * до *.

2-й и все четные ряды: вязать по рисунку.

3-й ряд: *1 изн., 1 лиц.*; повторять от * до *.

Продолжить вязание, чередуя ряды с 1-го по 4-й.

Задняя деталь плавок (рис. 102 а): набрать 68 петель и вязать прямо 3 см «жемчужным» узором. Одновременно на расстоянии 1,5 см от начала вязания и в последнем ряду ровного участка сделать 2 отверстия для шнура (по 1 с каждой стороны). Для этого сделать накид, а следующие 2 петли провязать вместе лицевой. Для формирования вырезов для ног закрыть с обеих сторон детали в каждом 2-м ряду 1 раз 5 петель, 1 раз 4 петли, 1 раз 3 петли, 6 раз по 2 петли и 4 раза по 1 петле. Оставшиеся

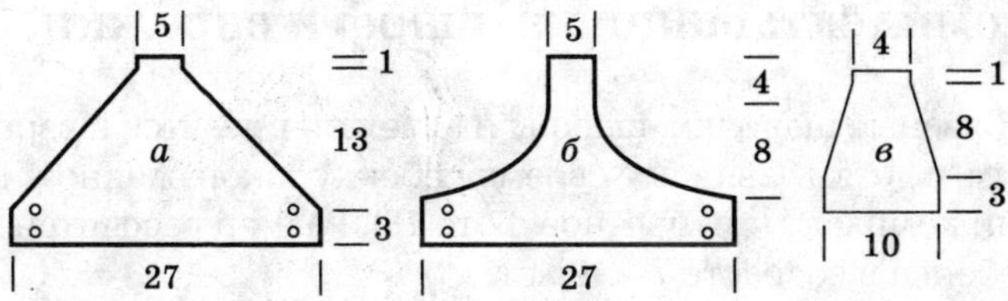

Рис. 102. Выкройки купальника: а – задняя деталь плавок; б – передняя деталь плавок; в – деталь лифчика

12 петель провязать прямо еще 4 см и закрыть в одном ряду.

Передняя деталь плавок (рис. 102 б): набрать 68 петель и вязать прямо 3 см «жемчужным» узором. Одновременно на расстоянии 1,5 см от начала вязания и в последнем ряду ровного участка аналогично передней детали сделать 2 отверстия для шнура (по 1 с каждой стороны). Для формирования вырезов для ног закрыть с обеих сторон детали в каждом 2-м ряду 7 раз по 2 петли и 14 раз по 1 петле. Оставшиеся 12 петель провязать прямо еще 1 см и закрыть в одном ряду.

Правая деталь лифчика (рис. 102 в): набрать 25 петель и вязать прямо 3 см «жемчужным» узором. Для скосов убавить с обеих сторон детали по 1 петле и в каждом 4-м ряду 7 раз по 1 петле. Оставшиеся 9 петель провязать прямо еще 1 см и закрыть все петли в одном ряду.

Левая деталь лифчика (рис. 102 в): вязать аналогично правой детали.

Сборка: все детали слегка увлажнить и дать им высохнуть. Выполнить шов на плавках. Подогнуть верхние и нижние края деталей лифчика на 2 см на изнаночную сторону и подшить. Крючком связать 2 тесемки длиной по 20 см, 2 тесемки длиной по 40 см и 1 тесемку длиной 50 см. Для каждой тесемки связать цепочку из воздушных петель и обвязать ее 1 круговым рядом столбиков без накида. Короткими тесемками зашнуровать плавки по боковым швам. Тесемки средней длины пропустить через образовавшиеся верхние кулиски деталей лифчика. Длинную тесемку пропустить через нижние кулиски деталей лифчика.

Комплект: шапочка, шарф и варежки

Вязаные шапочки, шарфы и варежки нравятся и взрослым, и детям. Свяжите своему ребенку такой осенне-зимний комплект (см. цветное фото 18). Размер рассчитан на ребенка в возрасте 7 – 10 лет.

Вам потребуются:

– пряжа (50 % шерсти, 50 % полиакрила; 145 м / 50 г) – 250 г;

– спицы № 4;

– комплекты из 5 спиц № 2,5 и № 3,5.

Плотность вязания: 24 петли и 32 ряда = 10 х 10 см.

Узор:

Резинка:

1-й ряд: *1 лиц., 1 изн.*; повторять от * до *.

2-й ряд: вязать по рисунку.

Продолжить вязание чередованием рядов 1 и 2.

Лицевая гладь: лицевые ряды – лицевые петли; изнаночные ряды – изнаночные петли.

Шапочка: на спицы № 3,5 набрать 106 петель, распределить их на 4 спицы и вязать по кругу лицевой гладью. Начиная с 40-го ряда равномерно убавить в каждом 2-м ряду 10 раз по 6 петель, провязывая по 2 петли вместе. Затем в каждом 2-м ряду провязывать по 2 петли вместе лицевой, пока на спицах не останется 9 петель, их стянуть концом нити. Нить закрепить. Первые 10 рядов нижнего края шапочки скрутить в виде рулика. С изнаночной стороны из протяжек между 10-м и 11-м рядами набрать на 4 спицы 106 петель и провязать 10 рядов лицевой гладью, после чего все петли закрыть в одном ряду. Скрутить 2-й рулик.

Шарф: на спицы № 4 набрать 61 петлю и вязать прямо резинкой. Провязав приблизительно 110 см, все петли свободно закрыть в одном ряду.

Левая варежка: на спицы № 2,5 набрать 44 петли, распределить их на 4 спицы и провязать 6 см круговыми рядами резинкой для манжеты. Далее вязать лицевой гладью. На высоте 3 см от манжеты для большого пальца снять на вспомогательную спицу последние 5 петель 2-й спицы и сразу же набрать 5 воздушных петель. Продолжить вязание лицевой гладью круговыми рядами еще на высоту 6 см. Для формирования мыска в каждом следующем ряду 5 раз убавить по 4 петли. Для этого на 1-й и 3-й спицах 2-ю и 3-ю петли провязать вместе с протяжкой, а на 2-й и 4-й спицах провязать вместе лицевой 2 предпоследние петли. Оставшиеся на 1-й и 2-й спицах петли перевести на одну спицу, то же самое сделать с петлями на 3-й и 4-й спицах. Варежку вывернуть на изнаночную сторону и туда же вывести спицы с петлями. Провязать 1 ряд вместе по 2 петли (по одной с каждой спицы), в следующем ряду все петли закрыть. Для большого пальца к отложенным петлям набрать по краям отверстия еще 8 петель (всего 13 петель) и распределить их на 3 спицы. Вязать по кругу лицевой гладью. В 20-м ряду провязать по 2 петли вместе, оставшиеся петли стянуть концом нити, нить закрепить, вывести на изнаночную сторону и заправить.

Правая варежка: вязать симметрично левой варежке. Для большого пальца снять на вспомогательную спицу первые 5 петель 3-й спицы.

Шапочка с «ушками»

Такая модель шапочки (рис. 103) будет впору мальчику 10 – 12 лет. «Ушки» шапочки можно носить опущенными вниз, а можно завязывать на макушке.

Вам потребуются:

– пряжа (50 % шерсти, 50 % полиакрила; 145 м / 50 г) – 150 г;

– спицы № 3,5.

Плотность вязания: 25 петель и 30 рядов = 10 х 10 см.

Узор:

Лицевая гладь: лицевые ряды – лицевые петли; изнаночные ряды – изнаночные петли.

Платочная вязка: все петли во всех рядах вязать лицевыми.

Описание работы: набрать 114 петель и провязать лицевой гладью 13 см. Петли нужно разделить на 6 равных частей (желательно места деления отметить пряжей

Рис. 103. Шапочка с «ушками»

контрастного цвета) и начать делать убавления в лицевых рядах, провязывая по 2 петли вместе в конце каждой части. При первом убавлении провязывать вместе каждые 17-ю и 18-ю петли частей, а в следующих лицевых рядах интервалы между убавлениями сокращать на 1 петлю. Через 3 см убавления выполнять в каждом ряду. Последние 10 петель перенести на конец рабочей нити и стянуть. Для выполнения ободка по лицевой стороне из косичек начального ряда набрать 114 петель, провязать платочной вязкой 2 см, средние 52 петли закрыть и обе стороны закончить раздельно. Через 4 см от раздела с наружной стороны закрыть 11 петель, а на оставшихся 20 петлях вязать «ушко». Через 13 см перейти на частичное вязание, чтобы сформировать закругления. Для этого в каждом ряду недовязывать по 2 петли. Выполнив таким образом 9 рядов, провязать все петли, имеющиеся на спице, и свободно закрыть их в одном ряду. Второе «ушко» вязать симметрично. Выполнить вертикальный шов. Связать козырек, который состоит из двух одинаковых деталей и выполняется частичным вязанием. Набрать 42 петли, провязать 2 ряда платочной вязкой, а затем приступить к частичному вязанию, недовязывая до конца ряда каждый раз по 3 петли. Таким образом следует выполнить 10 рядов, затем провязать все имеющиеся на спице петли и свободно закрыть их в следующем ряду. Вторую деталь козырька связать аналогично. Из плотного материала выкроить деталь такой же формы, что и вязаные детали козырька, но меньше на 1 см. Вязаные детали сшить по закругленной стороне, вложить в получившийся кармашек плотную деталь и пришить готовый козырек к переднему краю шапочки. Обвязать все края шапочки крючком 1 рядом столбиков без накида. Также связать 2 завязки длиной по 10 см (связать цепочки из воздушных петель и обвязать их 1 круговым рядом столбиков без накида) и пришить к «ушкам».

Берет для девочки

Для весны и осени девочке можно связать такой задорный беретик (рис. 104). Размер рассчитан на ребенка в возрасте 6 – 7 лет.

Рис. 104. Берет для девочки

Вам потребуются:
— основная пряжа (100 % хлопка; 125 м / 50 г) — 50 г;
— пряжа для отделки (100 % хлопка; 125 м / 50 г) — 10 г;
— спицы № 3,5.

Плотность вязания: 19 петель и 25 рядов = 10 х 10 см.

Узоры:

Резинка:

1-й ряд: *1 лиц., 1 изн.*; повторять от * до *.

2-й ряд: вязать по рисунку.

Продолжить вязание чередованием рядов 1 и 2.

Лицевая гладь: лицевые ряды — лицевые петли; изнаночные ряды — изнаночные петли.

Описание работы: пряжей для отделки набрать 86 петель, провязать 1 ряд изнаночными петлями, перейти на основную пряжу и провязать 2 см резинкой. Далее вязать лицевой гладью, выполняя прибавления для 7 клиньев следующим образом: 1 кром., *1 доб. из протяжки, 2 лиц., 1 доб. из протяжки, 10 лиц.*; повторить от * до * 7 раз; закончить: 1 кром. Ряд стал равен 100 петлям. Продолжить работу, выполняя по 1 прибавлению в каждом 2-м ряду с обеих сторон от 2-х лицевых петель еще 4 раза. Ряд стал равен 156 петлям. Вязать прямо 4 ряда. Выполнить убавления: в каждом 2-м ряду провязать по 2 петли вместе до тех пор, пока количество петель не станет равным 16. Через оставшиеся петли протянуть конец рабочей нити и стянуть их. Выполнить вертикальный шов (он должен располагаться сзади). Готовое изделие увлажнить и дать ему высохнуть.

Варежки с рельефным узором

Варежки можно вязать на 4-х или на 2-х спицах. Выполняют их в соответствии с размером руки: слишком тесные варежки быстро изнашиваются, а большие плохо греют. На одну пару женских варежек уходит 75 – 100 г, мужских — 100 – 130 г, детских — 40 – 75 г пряжи.

Прежде чем приступить к вязанию, необходимо снять мерки. Приведенные ниже мерки соответствуют женской руке средней величины:

— окружность кисти (в самой широкой ее части, сантиметровая лента проходит по косточкам и туго обхватывает кисть) — 19 см;

— длина кисти от запястья до конца среднего пальца — 19 см;

— длина кисти от запястья до конца мизинца — 15 см;

— длина кисти от запястья до основания большого пальца — 6 см;

— длина большого пальца от основания до середины ногтя — 5 см.

Модель варежек, показанная на рисунке 105, связана на 4-х спицах в технике кругового вязания. Описание работы дано в соответствии с приведенными мерками.

Вам потребуются:

— пряжа (50 % шерсти, 50 % полиакрила; 150 м / 50 г) — 80 г;

— спицы № 2,5.

Плотность вязания: 30 петель и 40 рядов = 10 х 10 см.

Расчет петель наборного ряда: 19 см (окружность кисти) умножить на 3 петли (в 1 см) — получается 57 петель. Результат нужно округлить в сторону уменьшения до цифры, которая без остатка делится на 4, — в данном случае до 56.

Узоры:

Резинка:

1-й ряд: *1 лиц., 3 изн.*; повторять от * до *.

2-й ряд: вязать по рисунку.

Продолжить вязание чередованием рядов 1 и 2.

Рис. 105. Варежки с рельефным узором

Лицевая гладь: лицевые ряды — лицевые петли; изнаночные ряды — изнаночные петли.

Рельефный узор (состоит из 13 петель):

1, 3 и 7-й ряды: 2 изн., 9 лиц., 2 изн.

2-й и все изнаночные ряды: вязать по рисунку.

5-й ряд: 2 изн., 3 петли снять на вспомогательную спицу за работой, 3 лиц., 3 лиц. со вспомогательной спицы, 3 лиц., 2 изн.

9-й ряд: 2 изн., 3 лиц., 3 петли снять на вспомогательную спицу перед работой, 3 лиц., 3 лиц. со вспомогательной спицы, 2 изн.

Продолжить вязание чередованием рядов с 3-го по 10-й.

Описание работы: на 2 спицы, сложенные вместе, набрать 56 петель, распределить их на 4 спицы, замкнуть вязание в круг и отметить 1-ю петлю на 1-й спице булавкой или цветной нитью (этот ориентир пригодится при распределении петель на наружную и тыльную стороны варежки). Условно считают, что петли наружной части расположены на 1-й и 2-й спицах, а тыльной — на 3-й и 4-й спицах. Круговыми рядами провязать для манжеты 8 см резинкой, в последнем ряду на 1-й спице прибавить 1 петлю. Перенести петли с 1-й и 2-й спиц на одну и продолжить вязание. При этом петли на 3-й и 4-й спицах вязать лицевой гладью, а объединенные петли распределить следующим образом: 8 петель лицевой глади, 13 петель рельефного узора, 8 петель лицевой глади. Через 6 см от манжеты на 3-й спице провязать первые 2 петли, следующие 10 петель перенести на булавку и продолжить вязание до конца ряда. В следующем ряду над отложенными петлями набрать 10 воздушных петель. На расстоянии 15 см от манжеты приступить к убавлениям для формирования мыска варежки. На 3-й спице провязывать первые 2 петли вместе лицевой скрещенной, на 4-й — последние 2 петли вместе лицевой, на спице с объединенными петлями первые 2 петли вместе лицевой скрещенной, последние 2 петли — вместе лицевой. Первые 3—4 убавления выполнить в каждом 2-м ряду, далее убавлять в каждом ряду. В последнем ряду убавлений средние 2 петли на спице с объединенными петлями провязать вместе лицевой. Когда на 3-й и 4-й спицах останется по 1, а на спице с объединенными петлями — 2 петли, провязать их вместе, вытянуть длинную петлю, разрезать ее, нить туго затянуть, закрепить, крючком вывести ее на изнаночную сторону и заправить. По краю отверстия для большого пальца набрать 10 петель: 8 из дополнительно набранных воздушных петель и 2 с боков отверстия. К этим петлям присоединить петли с булавки, распределить все петли на 4 спицы и вязать круговыми рядами лицевой гладью. На высоте 5 см выполнить убавления так же, как при формировании мыска варежки. Последние 4 петли провязать вместе, вытянуть длинную петлю, разрезать ее, нить туго затянуть, закрепить, крючком вывести на изнаночную сторону и заправить. Вторую варежку вязать симметрично, отверстие для большого пальца сделать на 4-й спице.

Варежки на двух спицах

Варежки можно связать и на двух спицах. При этом каждая из них будет состоять из двух деталей, вывязываемых по отдельности (рис. 106). Описание работы дано в соответствии с мерками, приведенными в описании предыдущей модели.

Вам потребуются:

— пряжа (50 % шерсти, 50 % полиакрила; 150 м / 50 г) — 80 г;

— спицы № 2,5.

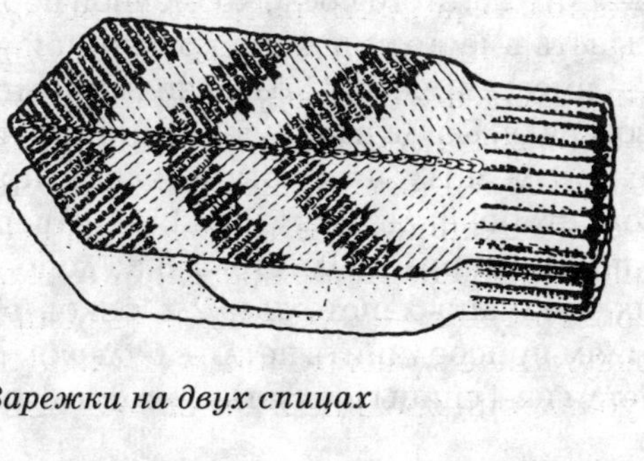

Рис. 106. Варежки на двух спицах

Плотность вязания: 30 петель и 40 рядов = 10 х 10 см.

Расчет петель наборного ряда: 19 см (окружность кисти) умножить на 3 петли (в 1 см) — получается 57 петель. Результат нужно округлить в сторону уменьшения до цифры, которая без остатка делится на 4, — в данном случае до 56.

Узоры:

Резинка:

1-й ряд: *1 лиц., 1 изн.*; повторять от * до *.

2-й ряд: вязать по рисунку.

Продолжить вязание чередованием рядов 1 и 2.

Лицевая гладь: лицевые ряды — лицевые петли; изнаночные ряды — изнаночные петли.

Особенности вязания: при вязании наружной детали отметить среднюю петлю. В каждом лицевом ряду прибавлять на мыске с обеих сторон по 2 петли, вывязывая их из протяжек, по завершении мыска прибавлять только по 1 петле. Средние 3 петли провязывать вместе следующим образом: снять 1 и 2-ю петли, 1 лиц. и протянуть ее через обе снятые петли. Изнаночные ряды вязать изнаночными петлями, снимая непровязанной только среднюю петлю (нить перед работой).

Тыльная деталь левой варежки: набрать 30 петель и провязать 8 см резинкой, затем перейти на лицевую гладь. Через 6 см от манжеты в лицевом ряду снять кромочную, провязать 16 петель, 10 петель снять на булавку и провязать оставшиеся 3 петли (2 рядовые и 1 кромочную). В следующем ряду над закрытыми петлями набрать 10 воздушных петель. На расстоянии 15 см от манжеты приступить к убавлениям для формирования мыска варежки. Для этого после кромочной первые 2 петли провязывать вместе лицевой скрещенной, а предпоследние 2 — вместе лицевой. Убавления выполнять в каждом лицевом ряду. Когда на спице останется 1 петля, вытянуть ее, разрезать, нить стянуть и заправить на изнаночной стороне детали. По краю отверстия для большого пальца набрать 10 петель: 8 из дополнительно набранных воздушных петель и 2 с боков отверстия. К этим петлям присоединить петли с булавки, распределить все петли на 4 спицы и вязать круговыми рядами лицевой гладью. На высоте 5 см петли переместить с 4-х спиц на 2 и выполнить убавления на каждой из спиц так же, как при формировании мыска варежки. Когда на спицах останется по 1 петле, провязать их вместе, вытянуть длинную петлю, разрезать ее, нить туго затянуть, закрепить, крючком вывести на изнаночную сторону и заправить.

Тыльная деталь правой варежки: вязать симметрично левой детали. Отверстие для большого пальца сформировать следующим образом: через 6 см от манжеты в лицевом ряду снять кромочную, провязать 2 петли, 10 петель снять на булавку и провязать оставшиеся 17 петель (16 рядовых и 1 кромочную).

Наружная сторона варежки: вязание ведется от мыска. Набрать 3 петли и вязать лицевой гладью, как указано в особенностях вязания. Когда общее число петель на спице достигнет 31, прибавления выполнять только по 2 петли в ряду (по одной с каждой стороны). После того как средняя линия достигнет области запястья, прибавления и убавления петель прекратить, в следующем ряду средние 2 петли провязать вместе лицевой и перейти к вывязыванию манжеты резинкой. Через 8 см от начала манжеты все петли закрыть в одном ряду. Наружную деталь для второй варежки вязать аналогично.

Сборка: все детали отпарить и сшить. Чтобы шов не мешал, можно обвязать варежки снаружи крючком столбиками без накида.

Детские пинетки

Детские пинетки (рис. 107) лучше всего выполнять из мягкой и тонкой шерсти. Расход материала рассчитан на пинетки с длиной подошвы 10 см.

Вам потребуются:

– пряжа (100 % мягкой шерсти; 125 м / 50 г) – 40 г;

– спицы № 2,5.

Узоры:

Лицевая гладь: лицевые ряды – лицевые петли, изнаночные ряды – изнаночные петли.

Рис. 107. Детские пинетки

Платочная вязка: лицевые и изнаночные ряды — лицевые петли.

Верхняя деталь: набрать 72 петли и провязать 6 рядов платочной вязкой и 8 рядов лицевой гладью. Далее приступить к убавлениям, разделив петли на 3 части: 2 боковые по 28 петель и среднюю, состоящую из 14 петель. Провязать 13 петель центральной части, а последнюю, 14-ю петлю провязать вместе с 1-й петлей второй боковины лицевой скрещенной; работу повернуть на изнаночную сторону, вновь провязать 13 петель центральной части, а последнюю — вместе с 1-й петлей боковины изнаночной; работу повернуть. Продолжать вязание таким образом до тех пор, пока не будут провязаны петли половины боковин. В работе должно остаться по 14 петель в каждой части. Далее вязание продолжить прямо без убавлений и прибавлений. Через 8 рядов в одном ряду сделать отверстия для шнура: *2 вместе лицевой скрещенной, 1 накид, 2 лиц.*; повторять от * до *. В следующем ряду все петли и накиды провязать изнаночными. Через 10 — 14 рядов сделать еще один ажурный ряд, провязать еще 6 рядов лицевой гладью и свободно закрыть все петли в одном ряду. Вторую деталь вязать так же.

Подошва: набрать 5 петель и вязать лицевой гладью. Начиная со 2-го ряда прибавить с обеих сторон детали 4 раза по 1 петле. Таким образом, после выполнения 5 рядов на спицах должно быть 13 петель. Провязать 20 рядов без прибавлений, а в 21-м ряду прибавить с обеих сторон детали по 1 петле и в следующем 6-м ряду еще раз по 1 петле — всего должно получиться 17 петель. Начиная со следующего ряда убавить в каждом ряду 2 раза по 1 петле и 2 раза по 2 петли. Оставшиеся 5 петель закрыть в следующем ряду. Вторую подошву вязать так же.

Сборка: детали отпарить и оставить до высыхания. Крючком соединить башмачок с подошвой 1 рядом столбиков без накида, вводя крючок в петли обеих деталей. Аналогичным образом выполнить задний шов башмачка. Верх башмачка завернуть по верхнему ажурному ряду на изнаночную сторону и подшить. В ряд отверстий 2-го ажурного ряда продеть ленту, тесьму или шнурок.

Тапочки с бахромой

На спицах можно связать обувь и для взрослых, например такие тапочки (рис. 108).

Размер: 37.

Вам потребуются:

— пряжа (100 % шерсти; 125 м / 50 г) — 100 г;

— пряжа контрастного цвета для отделки — 20 г;

— спицы № 2,5.

Узоры:

Резинка:

1-й ряд: *1 лиц., 1 изн.*; повторять от * до *.

2-й ряд: вязать по рисунку.

Продолжать вязание чередованием рядов 1 и 2.

Платочная вязка: лицевые и изнаночные ряды — лицевые петли.

Рис. 108. Тапочки с бахромой

Описание работы: отделочной нитью набрать способом утолщенного края с бахромой 63 петли. Для этого конец нити, оставленный для закрепления петель начального ряда, сложить вдвое, а затем набрать петли попеременно то с наружной, то с внутренней стороны большого пальца. После каждой пары набранных петель сделать 2–3 накида сложенной ниткой. 1-й ряд провязать отделочной нитью резинкой, накиды сбросить, оставляя длинные петли на изнаночной стороне работы. Перейти на основную нить и отметить середину ряда – 32-ю петлю, которую в дальнейшем во всех лицевых рядах следует провязывать лицевой, а в изнаночных – изнаночной. Вязать резинкой, причем в каждом лицевом ряду по обе стороны от средней петли делать по 1 накиду. В изнаночных рядах накиды провязывать скрещенными петлями (чтобы на вязаном полотне не было дырочек). Прибавляемые петли постепенно вводить в узор резинки таким образом, чтобы рисунок не сбивался. Прибавления выполнять до тех пор, пока на спицах не окажется 85 петель. Высота полотнища к тому времени будет равняться 7–9 см. В начале изнаночного ряда первые 46 петель свободно закрыть, остальные петли провязать лицевыми до конца ряда. В начале следующего ряда закрыть 5 петель, оставшиеся 33 петли вязать платочной вязкой, образуя подошву. На высоте 7 см от начала платочной вязки все петли свободно закрыть в одном ряду. Вторую тапочку выполнить аналогично первой.

Сборка: выполнить задний шов верхней части тапочки и пришить к ней подошву. При желании из войлока или фетра можно вырезать прочные подошвы и пришить их к низу тапочек.

Носки

Носки обычно выполняют в технике кругового вязания с использованием 5 спиц. Простые носки выполняют лицевой гладью, но можно связать и нарядные модели, вывязывая их каким-либо узором, как, например, показанные на цветной фотографии 19.

Размер: 36 – 37.

Вам потребуются:

– пряжа (75 % шерсти, 25 % полиамида; 190 м / 50 г) – 100 г;

– спицы № 2,5.

Плотность вязания: 30 петель и 41 ряд = 10 x 10 см.

Узоры:

Лицевая гладь: лицевые ряды – лицевые петли, изнаночные ряды – изнаночные петли. При вязании по кругу все петли во всех рядах вязать лицевыми.

Зубчики: *2 вместе лицевой, 1 накид*; повторять от * до *.

Ажурный узор:

1-й ряд: *1 лиц., 1 накид, 2 вместе лицевой скрещенной, 3 лиц., 2 вместе лицевой, 1 накид*; повторять от * до *.

2-й и все изнаночные ряды: вязать по рисунку.

3-й ряд: *2 лиц., 1 накид, 2 вместе лицевой скрещенной, 1 лиц., 2 вместе лицевой, 1 накид, 1 лиц.*; повторять от * до *.

5-й ряд: *3 лиц., 1 накид, 3 вместе лицевой скрещенной, 1 накид, 2 лиц.*; повторять от * до *.

«Жемчужный» узор: вязать чередованием 1 лицевой и 1 изнаночной, в каждом ряду смещая узор на 1 петлю.

Чередование узоров: *6 кругов «жемчужным» узором, 6 кругов ажурным узором*; повторять от * до *.

Описание работы: сложив две спицы вместе, набрать 64 петли, освободив одну из них, распределить петли на 4 спицы, пометив 1-ю петлю. Для резинки провязать 8 круговых рядов лицевой гладью, выполнить 1 круговой ряд зубчиков, провязать еще 8 круговых рядов лицевой гладью и далее вязать круговыми рядами в указанной очередности узоров. Провязать таким образом 66 рядов. Далее все вязание разделить на 2 равные части. Для этого петли, находящиеся на 3-й и 4-й спицах, перевести на одну и связать из них прямое полотно (рис. 109). Высота вывязываемого прямого полотна определяется путем подсчетов. Число кромочных петель должно быть равно количеству петель на одной спице – 16, т. е. необходимо выполнить 32 ряда. Выполнив их, работу на этой части носка приостановить. На 2-й и 3-й спицах связать пятку. Перенести петли на одну спицу и разделить их на 3 равные части. Поскольку

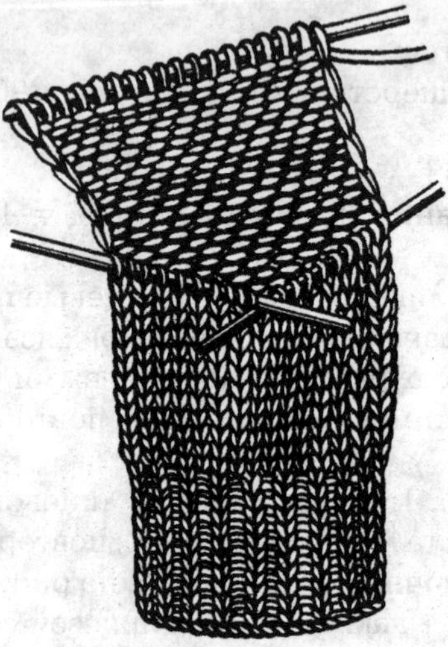

Рис. 109. Вывязывание прямого полотна на объединенных петлях 1-й и 4-й спиц

их количество не делится на 3 без остатка, остаток прибавить к центральной части вязания. Вязать лицевой гладью в следующей последовательности:

1-й ряд (изнаночная сторона полотна, изнаночные петли): провязать 10 петель первой боковой части и 11 петель средней части, 12-ю петлю провязать изнаночной вместе с соседней петлей — 1-й петлей второй боковой части; работу повернуть;

2-й ряд (лицевая сторона полотна, лицевые петли): кромочную петлю снять и туго подтянуть к спице, провязать все петли средней части, кроме последней, ее провязать лицевой вместе с соседней петлей боковой части; вязание повернуть.

Чередуя 1-й и 2-й ряды, вязать до тех пор, пока на спице не останется только 12 петель средней части, после чего провязать лицевой ряд лицевыми петлями. Спицей, на которой находятся петли средней части, набрать новые петли из кромочных прямого полотна, связанного на петлях 1-й и 4-й спиц (рис. 110). Из каждой кромочной набрать 1 петлю. Должно получиться 16 новых петель. Провязать 16 петель на 1-й, а затем 16 петель на

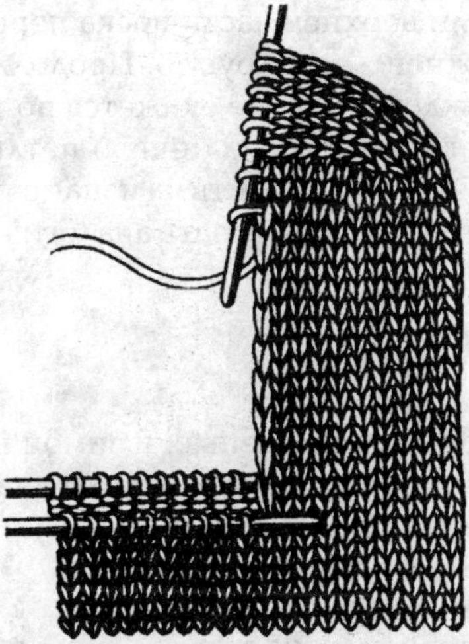

Рис. 110. Добирание петель после вывязывания пятки

2-й спице. Свободной спицей набрать новые петли с края полотна — всего 16 — и этой же спицей провязать половину петель средней части — 6 петель. Таким образом, в работе снова оказались 4 спицы, но на 3-й и 4-й не по 16 петель, как положено, а по 22. Лишние петли нужны для того, чтобы носок не стягивал ногу в области подъема. Вязание продолжить по кругу с одновременным убавлением лишних петель на 3-й и 4-й спицах провязыванием 2-х петель вместе лицевой петлей. При этом на 1-й и 4-й спицах вязать в указанной последовательности узоров, а на 2-й и 3-й — лицевой гладью. Чтобы получающиеся утолщения не мешали при ходьбе, рекомендуется размещать их по краям носка: провязывать по 2 петли вместе в начале третьей и в конце четвертой частей работы. Когда на спицах останется по 16 петель, убавления прекратить и вязать носок дальше по кругу до конца мизинца, затем перейти на лицевую гладь и выполнить убавления для формирования мыска. Для этого на 1-й и 3-й спицах провязывать вместе 2 первые петли лицевой скрещенной, а на 2-й и 4-й спицах 2 последние провязывать вместе лицевой. Убавления выполнять в каждом ряду. Когда на спицах останется по

2—3 петли, петли верхней части носка перевести на одну спицу, а нижней — на другую. Продолжить убавления, пока на каждой спице не окажется по 1-й петле. Их провязать вместе, вытянуть длинную петлю, разрезать ее, нить туго стянуть, заправить на изнаночную сторону и закрепить. Второй носок вязать аналогично.

Следки

Те, кто предпочитает и осенью, и зимой носить обувь с низкими голенищами, могут с успехом заменить носки следками (рис. 111).

Размер: 36—37.

Вам потребуются:

— пряжа (75 % шерсти, 25 % полиамида; 190 м / 50 г) — 50 г;

— спицы № 2;

— крючок № 2.

Узоры:

Лицевая гладь: лицевые ряды — лицевые петли, изнаночные ряды — изнаночные петли. При вязании по кругу все петли во всех рядах вязать лицевыми.

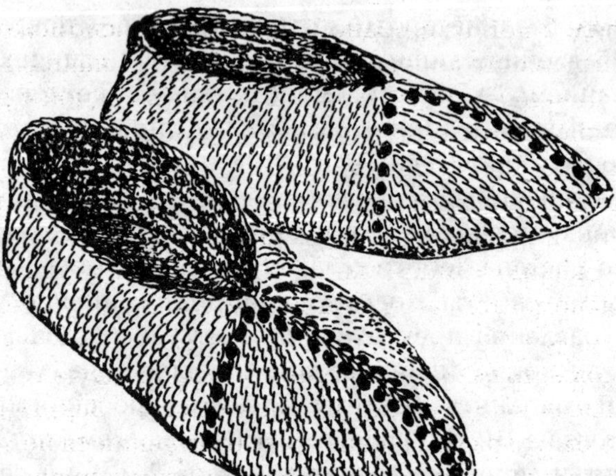

Рис. 111. Следки

Резинка:

1-й ряд: *1 лиц., 1 изн.*; повторять от * до *.

2-й и все изнаночные ряды: вязать по рисунку.

Продолжить вязание чередованием рядов 1 и 2.

Описание работы: набрать 75 петель и провязать 2 ряда резинкой. Пометить центральную (38-ю) петлю цветной нитью, оставить на рабочей спице только петли 37, 38 и 39, остальные петли перенести на 2 вспомогательные спицы. Далее вязать лицевой гладью в следующем порядке:

3-й ряд: 37-ю петлю провязать вместе с 36-й петлей со вспомогательной спицы лицевой, 1 накид, 38-ю петлю провязать лицевой, 1 накид, 39-ю петлю провязать с 40-й петлей со вспомогательной спицы лицевой скрещенной.

4-й и все изнаночные ряды: все петли и накиды вязать изнаночными, при этом первую и последнюю петлю провязывать вместе с очередными петлями со вспомогательных спиц.

5-й ряд: 2 петли (по одной с рабочей и вспомогательной спиц) вместе лицевой, 1 накид, 1 лиц., 1 накид, 1 лиц. (38-я), 1 накид, 1 лиц., 1 накид, 2 петли (по одной с рабочей и вспомогательной спиц) вместе лицевой скрещенной.

7-й ряд: 2 петли (по одной с рабочей и вспомогательной спиц) вместе лицевой, 1 накид, 3 лиц., 1 накид, 1 лиц. (38-я), 1 накид, 3 лиц., 1 накид, 2 петли (по одной с рабочей и вспомогательной спиц) вместе лицевой скрещенной.

9-й ряд: 2 петли (по одной с рабочей и вспомогательной спиц) вместе лицевой, 1 накид, 5 лиц., 1 накид, 1 лиц. (38-я), 1 накид, 5 лиц., 1 накид, 2 петли (по одной с рабочей и вспомогательной спиц) вместе лицевой скрещенной.

Продолжать вязание в заданном алгоритме до тех пор, пока мысок не достигнет нужной высоты. Закрыть все петли в одном ряду. Перенести все оставшиеся петли на одну спицу и вязать резинкой. При этом первую и последнюю петлю каждого ряда провязывать вместе с петлями, вытянутыми из закрытой кромки мыска. Таким образом вязать до тех пор, пока не будут провязаны все закрытые петли мыска. Свободно закрыть все петли в одном ряду. Второй следок вязать аналогично. Обвязать края следков крючком 1 круговым рядом столбиков без накида.

Фартук

Свяжите такой необычный фартук (рис. 112), в котором вам будет удобно заниматься домашним хозяйством. Размер фартука регулируется длиной поперечных тесемок.

Рис. 112. Фартук

Вам потребуются:

— пряжа (100 % хлопка; 110 м / 50 г) — 400 г;

— спицы № 5;

— крючки № 2,5 и № 3,5.

Узор:

Лицевая гладь: лицевые ряды — лицевые петли, изнаночные ряды — изнаночные петли. При вязании пряжей нескольких цветов лицевой стороной изделия лучше сделать изнаночную сторону, т. к. на ней будет лучше выглядеть игра цветов пряжи при переходе от одного цвета к другому.

Плотность вязания: 13 петель и 16 рядов = 10 х 10 см.

Спинка (рис. 113 б): набрать 51 петлю и начать с вывязывания горловины частичным вязанием.

1-й ряд: 16 лиц., 17-ю петлю обвить рабочей нитью с лицевой стороны на изнаночную, вязание повернуть.

2, 4, 6 и 8-й ряды: все петли изнаночные.

3-й ряд: 16 лиц., поднять обвивающую нить с изнаночной стороны, натянуть на левую спицу, провязать ее и следующую петлю на спице вместе лицевой, 18-ю петлю обвить рабочей нитью.

5 и 7-й ряды: вязать аналогично, обвивая 19-ю и 20-ю петли соответственно.

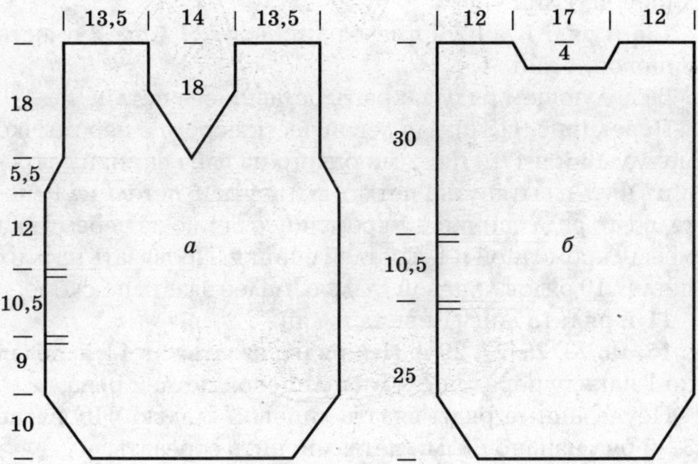

Рис. 113. Выкройки фартука: а – перед; б – спинка

9-й ряд: провязать все петли до конца.

10-й ряд: 16 изн., 17-ю петлю обвить рабочей нитью с лицевой стороны на изнаночную, вязание повернуть.

11, 13, 15 и 17-й ряды: все петли лицевые.

12, 14 и 16-й ряды: каждый раз обвивать следующую петлю.

18-й ряд: провязать все петли до конца.

19–120-й ряды: вязать ровно лицевой гладью.

121-й ряд: 1 лиц., 2 вместе лицевой, 43 лиц., 2 вместе лицевой, 1 лиц.

122-й и все последующие изнаночные ряды — изнаночные петли.

123-й ряд: 1 лиц., 2 вместе лицевой, 41 лиц., 2 вместе лицевой, 1 лиц.

125-й ряд: 1 лиц., 2 вместе лицевой, 39 лиц., 2 вместе лицевой, 1 лиц.

127-й ряд: 1 лиц., 2 вместе лицевой, 37 лиц., 2 вместе лицевой, 1 лиц.

129-й ряд: 1 лиц., 2 вместе лицевой, 35 лиц., 2 вместе лицевой, 1 лиц.

131-й ряд: 1 лиц., 2 вместе лицевой, 33 лиц., 2 вместе лицевой, 1 лиц.

133-й ряд: 1 лиц., 2 вместе лицевой, 31 лиц., 2 вместе лицевой, 1 лиц.

135-й ряд: 1 лиц., 2 вместе лицевой, 29 лиц., 2 вместе лицевой, 1 лиц.

В следующем ряду закрыть оставшиеся петли.

Перед (рис. 113 а): для левой части переда в перемычке между 16-й и 17-й петлями одного из плеч спинки закрепить нить и вытянуть 1 петлю, вытянуть 16 петель из 16 петель 1-го ряда спинки и 1 кромочную петлю из перемычки между кромочной и 1-й петлей спинки. Провязать на этих петлях 10 рядов лицевой гладью. Далее вязать по схеме:

11-й ряд: 15 лиц., 1 накид, 1 лиц.

15, 19, 23, 25, 27, 29 и 31-й ряды: вязать как 11-й, делая по 1 накиду перед последней лицевой петлей ряда.

Неуказанные ряды вязать лицевой гладью. Провязав **32-й ряд** изнаночными петлями, нить отрезать.

Для выполнения правой части переда прикрепить нить к краю первого ряда спинки справа, вытянуть 1 петлю между кромочной и следующей петлей, 16 петель из 16 петель 1-го ряда спинки и 1 петлю из промежутка между 16-й и 17-й петлями 1-го ряда спинки. На этих петлях провязать 10 рядов лицевой гладью. Далее вязать зеркально левой части переда. Провязав 32-й ряд изнаночными, объединить петли правой и левой частей на одну спицу и вязать по следующей схеме:

33-й ряд: 1 лиц., 1 накид, провязать все остальные петли правой части лицевыми, кромочные правой и левой частей провязать вместе лицевой, провязать все остальные петли левой части лицевыми, перед последней петлей сделать накид.

35, 37, 39 и 41-й ряды: вязать как 33-й, делая накиды после первой и перед последней петлями.

Вязать прямо до 105-го ряда.

105–121-й ряды: делать убавления по краям аналогично спинке.

В следующем (**122-м**) ряду закрыть оставшиеся петли.

Отделка: края изделия обвязать 1 рядом столбиков без накида крючком № 3,5 пряжей в 2 сложения. Крючком № 2,5 связать тесемки и пришить их по периметру изделия и краю горловины. Из коротких тесемок сделать завязки.

Сумка

На спицах можно связать не только предметы гардероба, но и много полезных вещей для дома, например хозяйственную сумку (рис. 114).

Размер: 40 х 46 см.

Вам потребуются:

— пряжа (70 % микроволокна, 30 % хлопка; 60 м / 50 г) — 300 г;

— ручки — 2 штуки;

— спицы № 5;

— крючок № 4.

Узоры:

Платочная вязка: лицевые и изнаночные ряды — лицевые петли.

Рис. 114. Хозяйственная сумка

Полосатый узор:

1 и 2-й ряды: все петли лицевые.

3-й ряд: *2 накида, 1 лиц.*; повторять от * до *.

4-й ряд: *1 лиц., накиды спустить*; повторять от * до *.

Плотность вязания: 15 петель и 12 рядов = 10 х 10 см.

Передняя деталь сумки: набрать 64 петли и вязать полосатым узором. Для расширения прибавить с обеих сторон детали в каждом 4-м ряду 3 раза по 1 петле. Затем убавить с обеих сторон детали в каждом 8-м ряду 6 раз по 1 петле. На высоте 40 см отметить средние 14 петель и с обеих сторон от них по 10 петель. Провязать 12 рядов, распределяя петли следующим образом: 14 средних петель платочной вязки, по 10 петель полосатого узора, но только с 1 накидом, остальные – обычный полосатый узор. Затем провязать 8 рядов платочной вязкой и закрыть все петли в одном ряду.

Задняя деталь сумки: вязать аналогично передней.

Боковая деталь сумки: связать цепочку из 3-х воздушных петель и вязать столбиками без накида. Прибавить с обеих сторон детали в каждом 2-м ряду 3 раза по 1 петле. На высоте 47 см от начала вязания убавить с обеих сторон детали в каждом 2-м ряду 3 раза по 1 петле.

Сборка: начиная от середины нижней стороны передней и задней деталей приметать к ним боковину, а затем провязать по внешней стороне соединений столбиками без накида. Верхние края передней и задней деталей сумки подогнуть на изнаночную сторону на 4 ряда платочной вязки, вставить в подгибы ручки и пришить.

Наволочка с рельефным узором

Для подушек-думочек можно связать теплые мягкие наволочки (рис. 115).

Вам потребуются:

— пряжа (75 % шерсти, 25 % полиамида; 190 м / 50 г) — 70 г (если наволочка будет двусторонней, то пряжи потребуется 140 г);

— спицы № 2,5.

Рис. 115. Наволочка с рельефным узором

Узоры:

Лицевая гладь: лицевые ряды — лицевые петли; изнаночные ряды — изнаночные петли. При вязании по кругу все петли во всех рядах вязать лицевыми.

Изнаночная гладь: лицевые ряды — изнаночные петли; изнаночные ряды — лицевые петли.

«Листочки»: вязать по схеме (рис. 116), на которой указаны только лицевые ряды, в изнаночных рядах все петли вязать по рисунку.

«Шишечки»: в изнаночном ряду из 1-й петли вывязать 5 петель, работу повернуть, 5 лицевых, работу повернуть, 5 изнаночных, работу повернуть, 5 лицевых, работу повернуть, 5 петель провязать вместе изнаночной.

Описание работы: набрать 4 петли и распределить их на 4 спицы, пометив каждую цветной нитью, они будут обозначать углы будущей наволочки. Провязать 2 круговых ряда изнаночной гладью, делая в начале и конце ряда на каждой спице по 1 накиду. Далее на каждой из спиц связать по 1 «листочку» по схеме, продолжая прибавлять петли после первой петли и перед последней петлей на каждой спице. Петли, не указанные на схеме, вязать изнаночной гладью. Когда «листочки» будут готовы, провязать еще 4 ряда изнаночной гладью (продолжая делать прибавления). Провязать 1 ряд с дырочками (для каждой дырочки делать накид и следующие 2 петли провязывать вместе). Выполнить еще 4 ряда изнаноч-

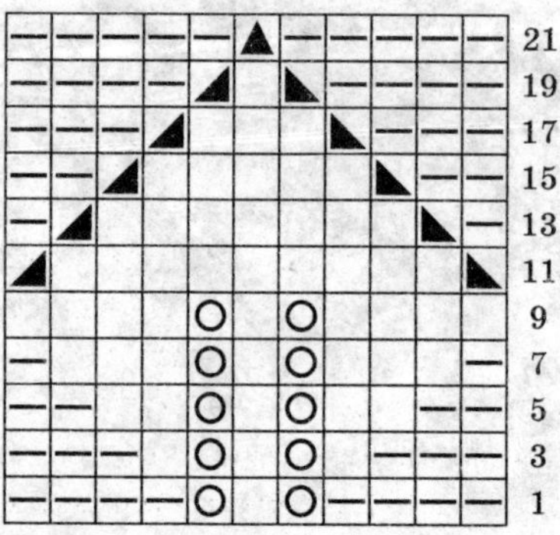

Рис. 116. Схема узора «листочки»

ной глади, 4 ряда лицевой глади, 4 ряда изнаночной глади. В следующем лицевом ряду по изнаночной глади связать по 5 «шишечек» на каждой спице, равномерно распределив их. Провязать еще 2 ряда изнаночной глади и выполнить по 6 «шишечек» на каждой спице, также равномерно распределив их. Связать еще 2 ряда изнаночной глади и 4 ряда лицевой глади. Закончить работу можно оборочкой, связав в каждом секторе (на каждой спице) по 5 «листочков», равномерно распределив их. Вторую сторону наволочки можно сделать из ткани или связать изнаночной гладью. При сшивании частей оборка с «листочками» должна остаться свободной.

ОКОНЧАТЕЛЬНАЯ ОТДЕЛКА ВЯЗАНЫХ ИЗДЕЛИЙ

Значение завершающего этапа изготовления вязаных изделий едва ли можно переоценить. Небрежность, допущенная на этом этапе, может исказить рисунок вязки, деформировать детали, придать всему изделию неряшливый вид. Если вы действительно хотите достичь высокого мастерства в вязании на спицах, правилам обработки, отделки и сборки деталей необходимо уделить самое пристальное внимание.

Обработка деталей

В первую очередь это замечание относится к влажной и тепловой обработке деталей перед их сборкой. С помощью утюга можно не только разгладить детали, но и исправить мелкие дефекты, допущенные во время вязания, вытянуть и слегка растянуть детали в нужных местах, скорректировать их форму. Но если пользоваться утюгом неосторожно или неумело, то даже безупречно связанные детали можно безнадежно испортить.

При тепловой обработке вязаных деталей большое значение имеют свойства волокон, из которых сделана пряжа, и фактура узора. Некоторые нити не терпят прямого воздействия раскаленной стали утюга или горячего пара. Узор на полотне, выполненном из этих ниток, может деформироваться, например превратиться из рельефного в плоский. Непосредственнс утюгом можно обрабатывать лишь пряжу с небольшими включениями искусственных волокон. На обработку паром хорошо реагирует чистая шерсть: она распрямляется, становится более пушистой. Но в любом случае, прежде чем отпаривать детали, рекомендуется испытать реакцию пряжи на пар на образце, связанном для расчета петель. Если утюжка не вредит рисунку, а сама пряжа после тепловой обработки не теряет упругости, мягкости и пушистости, то детали вполне можно подвергать отпариванию. Недопустимо утюжить детали с выпуклым (рельефным) узором. В то же время такие виды вязки, как платочная, лицевая гладь, мелкий ажур, хорошо переносят тепловую обработку.

Если в работе использовались хлопчатобумажные нити, детали в ходе тепловой обработки следует слегка подкрахмалить. Для этого нужно приготовить крахмальный раствор: в 1 стакане кипятка заварить 1 столовую ложку крахмала и проварить раствор на слабом огне при постоянном помешивании до тех пор, пока не образуется однородная студенистая масса. Готовый крахмал развести в воде (1 столовая ложка крахмального раствора на 1 стакан воды), смочить в ней марлю и, наложив на готовую деталь, слегка прогладить утюгом.

При влажной и тепловой обработке трикотажных изделий важно соблюдать строгую последовательность выполнения всех операций. Прежде всего следует внимательно осмотреть изнанку каждой детали и с помощью крючка заправить все нити и узлы, стараясь при этом не стягивать полотно.

На просторную ровную поверхность нужно расстелить мягкую ткань темного цвета, приложить к ней выкройку, по которой производилось вязание, и заостренным кусочком сухого мыла обвести ее. Очень важно, чтобы деталь целиком умещалась на поверхности, где будет производиться отпаривание или утюжка, поэтому в большинстве случаев гладильная доска для этой цели не годится. Затем выкройку убирают, а на отмеченный контур накладывают вязаную деталь изнаночной стороной вверх. Совместив деталь с контуром, ее следует приколоть к ткани портновскими булавками, вкалывая их под острым углом. Сначала прикалывают углы деталей, а затем и участки между ними, размещая булавки на расстоянии 1 – 2 см друг от друга. Булавки необходимо вводить в самый край полотна, в кромочные петли. Выполняя эту операцию, особое внимание следует уделить отделке формы пройм и окатов рукавов. Если эти элементы деталей связаны по прямой, а выкройка требует вогнутых и выгнутых форм, то вязаное полотно в нужных местах следует слегка растянуть или, напротив, припосадить.

Нижний край детали никогда не накалывают, иначе он может стать неровным. Чтобы бока изделия не обвисли, боковые края спинки и переда следует приподнять на 1 – 1,5 см.

При обработке полочек моделей с застежкой их накалывают по внутренней стороне планки застежки, т. е. булавки вкалывают между планкой и основным узором. В противном случае край планки может стать неровным, зубчатым.

После того как деталь будет тщательно приколота, ее накрывают влажной марлей, сложенной в 2 – 3 слоя, и, слегка касаясь поверхности утюгом, отпаривают ее. Когда марля станет почти сухой, влажную обработку завершают, марлю убирают, из детали извлекают булавки. Но убирать саму деталь торопиться не следует, она должна оставаться в расправленном состоянии еще минут 20 – 30, пока окончательно не высохнет. Если утюг оснащен отпаривателем, то тепловую обработку можно выполнять без влажной марли: утюг просто подносят к детали на расстояние 4 – 5 см и хорошо обрабатывают паром. В этом случае деталь также оставляют в расправленном состоянии до полного высыхания.

В то же время запрещается утюжить трикотаж досуха. Заканчивать обработку вязаного полотна нужно в тот момент, когда от него еще идет пар. Если этим правилом пренебречь, рисунок из выпуклого превратится в плоский, а на трикотаже могут появиться лоснящиеся места.

Особого внимания заслуживает правило отпаривания деталей или их частей, связанных резинкой. После этой операции резинка должна сохранять упругость и растяжимость. Тепловую обработку такого вида вязки рекомендуется производить следующим образом: прежде чем накалывать деталь на ткань, резинку необходимо вытянуть в высоту, чтобы она максимально сжалась по ширине, накрыть 2-мя слоями влажной марли и обработать паром, слегка касаясь утюгом марли. После того как резинка полностью просохнет, деталь следует снять с гладильной доски и наколоть на выкройку, слегка растягивая резинку. Ее больше не нужно накалывать и приутюживать.

Не рекомендуется утюжить полотно, связанное узорами с выразительной фактурой («косы», «жгуты», рельефные полосы, «шишечки»). Запрещается обрабатывать паром изделия, связанные из мохера. Обработка деталей из такой пряжи и с такими узорами вязки производится другим способом. Детали накалывают на контур выкройки точно так же, как и при паровой обработке. Поверх них кладут 2—3 слоя хорошо увлажненной марли и оставляют на 30 мин. Затем марлю убирают, а деталь оставляют наколотой до полного высыхания.

Сборка изделий

Когда все детали будут отпарены или увлажнены и тщательно высушены, можно приступать к сборке изделия и его окончательной отделке. По правилам сборку следует начинать со сметывания. Эту операцию лучше всего выполнять катушечной нитью № 10 контрастного цвета.

Способ сметывания зависит от плотности трикотажного полотна. Детали, связанные тонкой пряжей на спицах №№ 2—3,5, можно сметывать по изнаночной стороне швом «вперед иголку», отступив от края 0,5—1 см. Если модель связана на спицах №№ 4—8 толстыми нитями, то детали предпочтительно сметывать за кромочные через край. Последовательность работы и в том, и в другом случае одинакова:

— все детали прометывают по средней линии, а спинку и перед в приталенной модели — еще и по линии талии;

— булавками скалывают боковые края переда и спинки в трех местах: у проймы, по низу изделия и по линии талии, затем боковые края сметывают по изнанке со стороны переда; при необходимости, например на месте вытачки, трикотажное полотно слегка припосаживают;

— концы плеч переда и спинки скалывают булавками, а затем сметывают со стороны спинки, припосаживание ведут на участке от середины плеча до горловины;

— каждую пройму дважды прометывают швом «вперед иголку», отступив от края 0,5 см, концы нитей оставляют длинными;

— верхние и нижние точки боковых краев рукава скалывают, а затем боковые края рукава сметывают.

После сметывания производят первую примерку. Изделие надевают изнаночной стороной вверх, однако если его крой имеет асимметричную форму, то его надевают лицевой стороной вверх. При примерке распашного изделия, чтобы убедиться в том, что вещь хорошо сидит на фигуре, полочки переда нужно сколоть посередине в трех местах: на линии талии, низа и горловины. Теперь следует удостовериться, что ширина готового изделия соответствует ширине задуманной модели, проверить направление плечевых и боковых швов. Плечевой шов должен проходить ровно посередине плеча, а боковые располагаться строго вертикально. Все погрешности рекомендуется ликвидировать, забрав лишнее в швы или выпустив из них недостающее. Случается, что только во время примерки выясняется, что вещь узка. В этом случае всю работу придется переделывать, т. к. сделать модель более широкой невозможно даже путем отпаривания.

Особое внимание следует обратить на ширину пройм. Если они не прилегают к рукам, а слегка топорщатся, этот недостаток можно устранить путем припосаживания либо со стороны спинки в области лопаток, либо со стороны переда на отрезке от бокового шва до середины проймы. Именно для этого при сметывании проймы прошиваются швом «вперед иголка» дважды. Слегка потянув за концы нитей, можно установить окончательную ширину проймы. Чтобы данный размер остался закрепленным, концы нитей нужно связать.

Форма проймы также имеет большое значение. Она должна в точности соответствовать окату рукава. Если форма проймы неверная, то заостренным сухим кусочком мыла нужно наметить новую и впоследствии пришивать рукав строго по отмеченной линии.

Затем изнанкой вверх надевают правый рукав и располагают его таким образом, чтобы его шов имел строго вертикальное направление. Середину оката рукава прикалывают к плечу в месте плечевого шва и проверяют соответствие оката рукава форме проймы. В том месте, где рукав сколот с плечом, необходимо поставить метку. Следует также уточнить ширину рукава и при необходимости сузить его, забрав в швы лишнее или, наоборот, слегка расширив его за счет швов. Теперь его можно отколоть. Аналогичным образом примеряют левый рукав.

Изделие снимают и сантиметровой лентой измеряют окат рукава и пройму: если работа выполнена правильно, то длина оката должна быть на 3 – 4 см больше длины проймы. Регулировать ширину оката можно также путем расширения и сужения боковых швов в районе проймы. Теперь пройму складывают пополам так, чтобы в верхней точке оказалась метка, и цветной нитью отмечают противоположный сгиб.

В ходе второй примерки, когда изделие надевают уже лицевой стороной вверх, окончательно уточняются ширина, длина и направление швов, положение вытачек и карманов. Правый рукав опять надевают, но теперь лицевой стороной вверх. Его прикалывают к изделию в двух точках: на месте метки и на месте цветной нити. Если работа выполнена верно, то направление шва рукава при этом не изменится и он будет строго вертикальным. В случае ошибки деталь откалывают, опытным путем находят нужное положение и снова прикрепляют к изделию. На новых местах ставят новые метки, а старые удаляют. Таким же образом примеряют и левый рукав.

После этого можно приступать к окончательному соединению деталей. Существует множество способов соединения деталей трикотажных изделий. Детали моделей, связанных тонкими нитками на спицах № 2 – 3,5, можно даже сострочить на швейной машинке крупным стежком тонкими хлопчатобумажными нитками в тон. Однако чаще всего вязаные изделия сшивают вручную с помощью специальных трикотажных швов или крючка.

В принципе, способ соединения деталей необходимо продумать еще до начала вязания: тогда в соответствии с этим можно будет выполнить стыкуемые края деталей так, чтобы шов был как можно более незаметным. Трикотажные швы выполняются штопальной иглой с большим ушком и затупленным острием (острая игла может расщеплять нити пряжи).

Соединение деталей, связанных лицевой или изнаночной гладью, по линиям плеч чаще всего выполняют горизонтальным швом «петля в петлю». При этом детали соединяются за открытые петли. Если вы планируете использовать именно такой вид соединения, то при завершении работы над отдельными деталями петли последних рядов не закрывайте, а после того как деталь достигнет нужной высоты, провяжите 2—3 ряда вспомогательной нитью. Соединяемые детали разложите на ровной поверхности, состыковав края с открытыми петлями, и, постепенно отплетая вспомогательную нить, сшивайте их. Сам шов выполняется так (рис. 117): иглу вводят снизу вверх с изнаночной стороны на лицевую в 1-ю петлю верхнего полотна, а затем в 1-ю петлю нижнего полотна, потом с изнаночной стороны вводят иглу в соседнюю 2-ю петлю нижнего полотна, снова вводят иглу в 1-ю верхнюю петлю, но уже с лицевой стороны, затем во 2-ю верхнюю с изнанки, потом в 3-ю ниж-

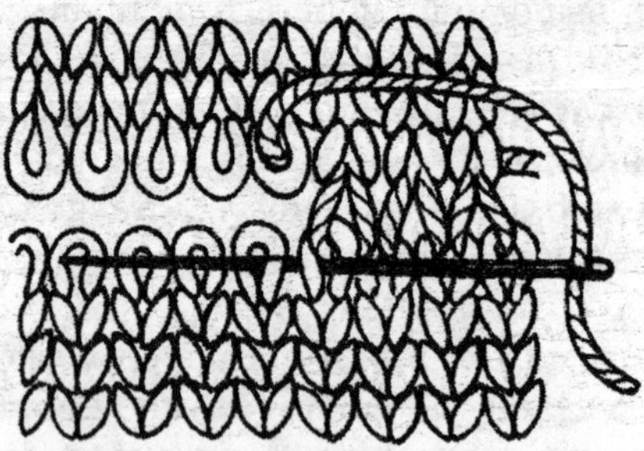

Рис. 117. Выполнение горизонтального шва «петля в петлю» на открытых петлях лицевой глади

нюю петлю с изнаночной стороны, затем снова во 2-ю верхнюю, но уже с лицевой стороны, потом в 3-ю верхнюю с изнаночной и т. д.

Горизонтальный шов «петля в петлю» по изнаночной глади выполняется несколько иначе (рис. 118). Здесь начинают шить с 1-й петли нижнего полотна, далее иглу вводят в 1-ю петлю верхнего полотна, во 2-ю петлю верхнего полотна и возвращаются к 1-й петле нижнего полотна. Следующую петлю образуют так: иглу выводят на лицевую сторону через 2-ю петлю верхнего полотна и вводят в его же 3-ю петлю с лицевой стороны на изнаночную и т. д.

Детали, законченные резинкой 1 x 1, удобнее всего сшивать следующим образом: с лицевой стороны изделия, начиная от внешнего края, соединяют уже описанным швом «петля в петлю» только лицевые петли резинки, изнаночные при этом оказываются пропущенными. Выполнив шов до конца ряда, вязание поворачивают и точно таким же способом соединяют остальные петли изделия, которые с изнанки являются лицевыми.

Детали, связанные резинками 2 x 2, 2 x 3, 3 x 3 и т. д., также соединяют особым образом. При помощи шва «петля в петлю» соединяют сначала 2 (3) лицевые петли резинки, затем работу поворачивают на изнаночную сторону и тем же швом сшивают следующие 2 (3) петли (с изнанки они лицевые) и т. д.

Рис. 118. Выполнение горизонтального шва «петля в петлю» на открытых петлях изнаночной глади

С помощью данного вида шва можно также соединять детали, связанные в разных (долевом и поперечном) направлениях. Здесь иглу вводят в открытые петли долевого полотна, а затем в поперечное полотно, захватывая дуги петель, расположенных рядом с кромочными (рис. 119).

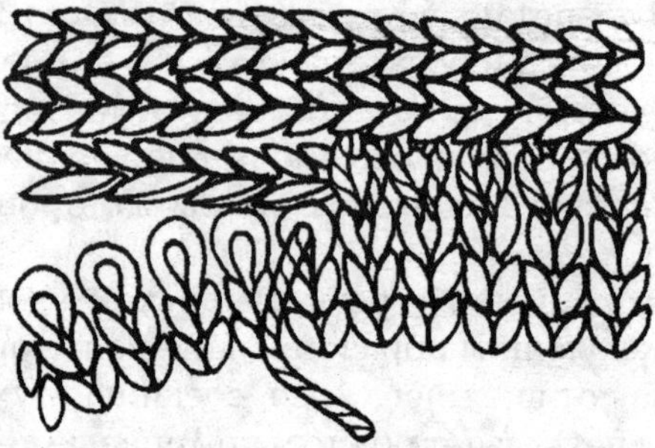

Рис. 119. Выполнение горизонтального шва «петля в петлю» при соединении деталей, связанных в разных направлениях

Если необходимо сшить вертикальные края изделия по лицевой стороне, используется шов встык (рис. 120).

а

б

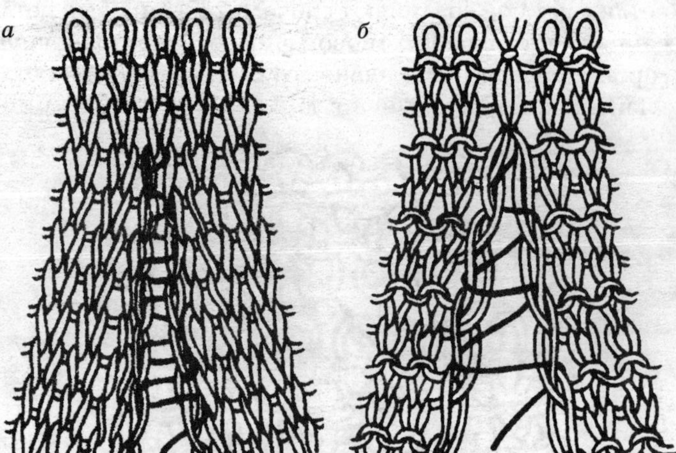

Рис. 120. Выполнение вертикального шва встык: а – на лицевой глади; б – на изнаночной глади

При сшивании деталей, связанных лицевой или изнаночной гладью, платочной вязкой или резинкой, иглой захватывают дуги петель, расположенных непосредственно рядом с кромочными. Поочередно подхватывают петли то с одного, то с другого полотна. Детали, выполненные рельефным узором, соединяют швом встык, вводя иглу под протяжку между кромочной и соседней петлей. Протяжки захватывают поочередно то с одной, то с другой детали.

Соединение деталей можно выполнить декоративными швами, в этом случае они будут играть роль дополнительной отделки. На открытых петлях в качестве декоративного шва используется шов «строчка» (рис. 121). Он выполняется так: полотна с открытыми петлями нахлестываются друг на друга (ширина нахлеста равна высоте ряда открытых петель), иглу вводят с лицевой стороны на изнаночную в 1-е петли сразу обоих полотнищ, на лицевую сторону иглу выводят через 3-и петли полотнищ, далее возвращаются ко 2-м петлям, через которые иглу вновь вводят с лицевой стороны на изнаночную, затем иглу через 4-е петли сшиваемых полотнищ выводят на лицевую сторону и возвращаются к 3-м петлям и т. д.

При соединении деталей с закрытыми петлями встык роль декоративного шва играет шов «крестик». Для его выполнения детали необходимо расположить на ровной

Рис. 121. Выполнение декоративного шва «строчка» на открытых петлях

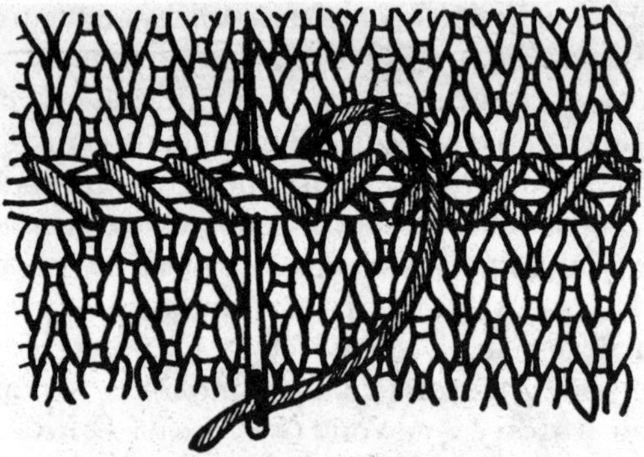

Рис. 122. Выполнение декоративного шва «крестик» на кромочных краях деталей

поверхности изнанкой вниз, их сшиваемые края должны соприкасаться друг с другом. Подхватывая верхние стенки закрытых петель и располагая стежки под углом к стыку, прокладывают 1-й шов в направлении снизу вверх или справа налево. Затем прокладывают 2-й шов в обратном направлении, располагая стежки с наклоном в другую сторону (рис. 122).

Еще одна разновидность декоративного соединительного шва — тамбурный шов. Его можно выполнить как с помощью иглы, так и с помощью крючка. Чтобы соединить детали тамбурным швом с помощью иглы, нужно закрепить нить на изнаночной стороне сшиваемых полотен, вытянуть иглу на лицевую сторону, ввести ее в то же отверстие, откуда выходит нить, сделать стежок и подвести нить под иглу таким образом, чтобы получилась петля. Слегка придерживая петлю пальцами, иглу следует вытянуть и затянуть петлю. Следующий стежок делают таким же образом, а иглу вводят внутрь предыдущего стежка (рис. 123). Чтобы шов был действительно декоративным, длина всех стежков должна быть одинаковой.

Тамбурный шов с помощью крючка выполняется без использования рабочей нити. Сшиваемые детали располагают на ровной поверхности лицевой стороной вверх, головку крючка вводят в 1-ю петлю верхней детали, подхватывают 1-ю петлю второй детали и протягивают

Рис. 123. Выполнение тамбурного шва с помощью иглы

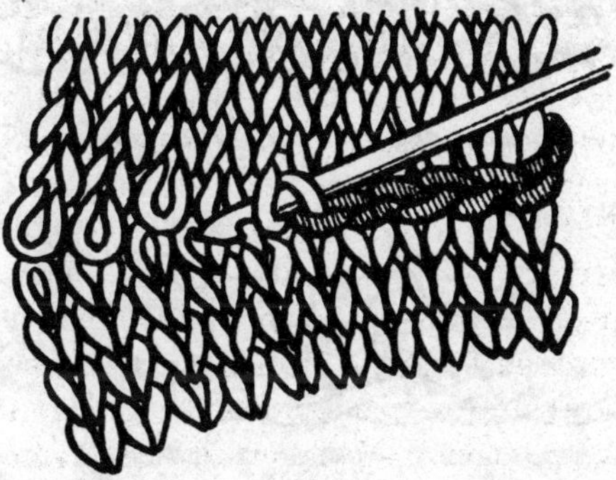

Рис. 124. Выполнение тамбурного шва с помощью крючка без рабочей нити

ее через петлю на крючке. Затем подхватывают 2-ю петлю верхней детали и протаскивают ее через петлю на крючке, далее подхватывают 2-ю петлю нижней детали и т. д. Таким образом поступают до тех пор, пока все петли не окажутся закрытыми (рис. 124). Петлю, которая остается на крючке, закрепляют несколькими незаметными стежками тонкой швейной нитью.

С помощью крючка детали можно соединять и столбиками без накида. При этом детали складывают лицевыми сторонами вместе и вдоль кромки провязывают крючком 1 ряд столбиков (рис. 125).

Техника вывязывания столбиков без накида достаточно проста: крючок вводят в крайние закрытые петли полотнищ, подхватывают рабочую нить, лежащую на указательном пальце левой руки, и вытягивают на верхнюю сторону петлю. Крючок вновь вводят в вязаные полотна, но уже во 2-е петли, т. е. сделав шаг величиной, равной высоте одного ряда. Снова захватывают рабо-

Рис. 125. Соединение деталей столбиками без накида

Рис. 126. Выполнение столбика без накида

чую нить и вытягивают 2-ю петлю. Затем подхватывают рабочую нить и протягивают ее через обе петли на крючке (рис. 126). Далее крючок вводят в 3-и петли вязаных полотнищ, захватывают нить, вытягивают петлю, снова накидывают на головку крючка нить и протаскивают ее через обе петли на крючке. Таким образом выполняют весь шов.

Соединение деталей изделия производится в определенной последовательности, нередко эту последовательность указывают в описании работ по выполнению изделия. Если таких рекомендаций нет, то соединение производится в следующем порядке: прежде всего детали сшивают по боковым и плечевым швам, затем выполняют швы рукавов, после чего втачивают рукава в проймы. Далее пришивают дополнительные детали (мешковины карманов, планки застежек, погоны и т. п.). После сборки изделия швы необходимо слегка отпарить с изнаночной стороны (если, конечно, узор вязки и вид пряжи допускают выполнение данной процедуры).

ОСНОВЫ МОДЕЛИРОВАНИЯ ВЯЗАНЫХ ИЗДЕЛИЙ

В том, чтобы связать кофточку или юбку по имеющимся схемам узоров и выкройкам отдельных деталей изделия, нет ничего сложного. Однако бывает и так, что вам понравилась какая-либо модель и вы хотели бы связать аналогичный предмет гардероба, но, к сожалению, у вас нет ни схем, ни выкроек. Хорошо, если приглянувшаяся вам вещь принадлежит вашей знакомой и вы можете взять ее на время и использовать в качестве образца. А если такой возможности нет? Тогда вам пригодятся навыки некоторых приемов моделирования, о них и пойдет речь в этом разделе книги.

Построение выкройки-основы

Трикотаж обладает свойствами, отличающими его от тканого полотна, поэтому форма выкроек для вывязывания деталей здесь будет несколько иной. Существенное различие заключается в том, что при построении выкроек для шитья обязательно делается припуск на свободное облегание фигуры. В вязании такой припуск необходим лишь в том случае, если модель имеет свободный силуэт. Однако здесь может потребоваться припуск на толщину и структуру трикотажного полотна. Например, изделие, изготовленное из мохера, сильно растягивается, поэтому припуск должен быть минимальным или вовсе отсутствовать. Это относится и к одежде, выполненной рыхлым или ажурным узором. Если же при вязании модели используется плотная вязка или почти нерастягивающийся узор, то припуск дается в размере от 2 до 5 см по каждому измерению.

Вместе с тем выкройки для вязания деталей в достаточной степени упрощены: здесь далеко не всегда делают вытачки, меняют форму пройм, обе стороны оката рукава, как правило, делаются одинаковыми.

Выкройка-основа представляет собой своеобразную оболочку конкретной фигуры от основания шеи до линии бедер. Она не предусматривает никаких изменений, определяющих фасон будущего изделия. Выкройка не имеет разрезов спереди или сзади, на ней отсутствуют фасонные линии, а вырез горловины проходит по основанию шеи. Если по данной выкройке связать модель, то она будет плотно облегать фигуру и не образовывать складок или заломов. Однако, внеся в выкройку-основу некоторые изменения, можно построить выкройки для любой фасонной модели. Поэтому, если вы предполагаете создавать свой трикотажный гардероб самостоятельно, рекомендуем построить по своим меркам выкройки-основы деталей одежды (спинки, переда, рукава, юбки), они значительно упростят создание самых различных моделей. (Все приведенные ниже выкройки-основы рассчитаны для стандартной фигуры 48-го размера.)

Для построения выкройки-основы необходимо снять с фигуры мерки. Делается это при помощи сантиметровой ленты. Поскольку выкройки-основы делают правосторонними, то измерения необходимо производить на правой стороне фигуры. При снятии мерок нужно стоять прямо, без напряжения, и сохранять характерную для себя осанку. Желательно, чтобы в снятии мерок вам кто-нибудь помог. При выполнении замеров рекомендуется не снимать легкую одежду, поскольку большинство трикотажных вещей надевают поверх рубашек, платьев, блузок.

Перед тем как снимать мерки, фигуру подпоясывают тонкой тесьмой, чтобы визуально отметить линию талии. При обмере сантиметровую ленту нужно слегка натягивать, т. к. при носке трикотаж всегда немного растягивается в ширину.

Мерки обхватов (шеи, груди, талии, бедер и т. д.) принято записывать в половинном размере, а мерки длины — полностью. Количество снимаемых мерок определяется видом модели. Для построения выкройки-основы на стандартную фигуру достаточно 10 мерок, для нестандартной снимают несколько дополнительных мерок. Все остальные данные, которые необходимы для построения чертежа, определяют путем несложных расчетов.

Обхват шеи (условно обозначаемый ОШ) — мерку снимают по основанию шеи, располагая сантиметровую ленту таким образом, чтобы она касалась своим нижним краем основания шеи и соединялась над яремной впадиной. Она записывается в половинном размере.

Обхват груди (ОГ) — мерку снимают, располагая сантиметровую ленту по наиболее выступающим точкам груди и лопаток. Мерка записывается в половинном размере. Она считается наиболее важной, поскольку определяет размер модели. При снятии данной мерки нужно следить, чтобы сантиметровая лента не соскользнула с выступающих точек лопаток. При этом ее расположение должно быть строго горизонтальным.

Обхват талии (ОТ) — мерку снимают по самому узкому месту талии. Удобнее всего это делать, когда фигура опоясана. Мерка записывается в половинном размере.

Обхват бедер (ОБ) — сантиметровая лента располагается строго горизонтально вокруг бедер по наиболее выступающим точкам ягодиц. Обычно эта линия проходит на 16 – 18 см ниже линии талии. Если фигура имеет выступающий живот, то сантиметровую ленту необходимо пускать более свободно, чем при измерении окружности бедер стройной фигуры. Если бедра расширяются в форме «галифе», следует снять дополнительную мерку, располагая сантиметровую ленту горизонтально по наиболее выступающим точкам «галифе», а затем из двух полученных мерок выбрать ту, которая окажется больше. Когда планируется связать недлинный жакет, данную мерку снимают чуть ниже предполагаемой длины изделия. Она записывается в половинном размере.

Расстояние от линии талии до линии бедер (РТБ) — данная мерка напрямую зависит от роста и измеряется от линии талии до линии, проходящей по наиболее выступающим точкам ягодиц. Снимая последнюю мерку, на фигуре отмечают мелом линию бедер, в этом случае определить расстояние от линии талии до линии бедер можно будет с большей точностью. Если бедра имеют форму «галифе», то необходимо снять еще одну мерку, определив расстояние от линии талии до линии, проходящей по самым высоким точкам «галифе».

Длину спины до талии (ДТ) измеряют по середине спины от 7-го шейного позвонка до талии.

Длина изделия (ДИ) — данная мерка снимается одновременно с предыдущей. Слегка придерживая сантиметровую ленту у талии, ее опускают вниз перпендикулярно полу, чтобы определить желаемую длину изделия. Иногда мерку определяют несколько иначе. Для этого сначала измеряют длину спины до талии, а затем длину изделия от талии вниз по линии бока. Обе эти величины складывают. Если снимать мерку таким образом, то можно получить более точные данные, т. к. в этом случае учитываются форма бедер и длина ног.

Длина плеча (ДП) измеряется от основания шеи по середине плеча до линии проймы, которую можно отметить на фигуре мелом. При формировании проймы нужно обязательно принять во внимание все особенности фигуры. Снять эту мерку правильно довольно сложно, т. к. приходится учитывать строение плеч и их полноту. Если они широкие, то разумнее всего сместить линию проймы в сторону плеча и таким образом искусственно уменьшить его длину на 1 – 1,5 см. При узких плечах пройму также рекомендуется перенести, но только в сторону рукава. Таким образом можно добиться увеличения плеча на 1 – 1,5 см. То же самое выполняют, если у фигуры нормальная ширина плеч, но при этом большой бюст или полные руки.

Длина рукава (ДР) определяется путем измерения по слегка согнутой руке от конца плеча до основания кисти.

Обхват запястья (ОЗ) измеряют по основанию кисти. Мерка записывается в половинном объеме.

Если фигура нестандартная, то в некоторых случаях приходится снимать еще 3 дополнительные мерки:

Ширина спины (ШС) определяется по лопаткам от одной подмышечной впадины до другой. Принято записывать половину мерки. Если фигура не имеет отклонений в телосложении, то для 46–48 размера она равна 18–19 см.

Ширина переда (ШП) измеряется от одной подмышечной впадины до другой, причем сантиметровая лента проходит параллельно полу на расстоянии 5–6 см ниже яремной впадины. Эта мерка необходима при большом объеме бюста.

Обхват руки у плеча (ОРП) определяют при опущенной руке вокруг самой полной ее части, причем сантиметровая лента располагается горизонтально. Эта мерка снимается при чрезмерной полноте верхней части рук.

Вытачки делают на тонком трикотаже, а также на моделях больших размеров. Если размер модели не превышает 44 или используется ажурная или рыхлая вязка, вытачки необязательны. В этом случае можно слегка удлинить боковую линию переда, а при соединении деталей припосадить излишек на уровне бюста.

По снятым меркам сначала строят выкройку-основу 1/2 спинки (рис. 127). Для этого намечают в левом верхнем углу точку А и от нее вниз проводят вертикальную прямую. Она будет служить линией середины спинки. От точки А вправо проводят горизонтальную прямую под углом в 90° к вертикальной. На этой прямой нужно отложить 1/3 мерки полуобхвата шеи и поставить точку В. Длина отрезка АВ должна быть равна 6 см (18 разделить на 3).

От точки А вниз необходимо отложить 1,5 см — величину глубины горловины. В этом месте ставят точку А1. Точки А1 и В нужно соединить плавной линией. Таким образом получают линию горловины спинки.

От точки В вправо на горизонтальной прямой откладывают мерку ширины плеча и ставят точку В1. Опустив вниз вертикаль от этой точки и отложив на ней 3 см (это расстояние одинаково для всех размеров и нужно для определения скоса плеча), получают точку Д. Точки В и Д соединяют прямой линией. Получившаяся линия плеча (отрезок ВД) составляет 13 см.

От точки Д вниз проводят вертикальную линию и ставят точку Д1. Расстояние от точки Д до точки Д1 должно

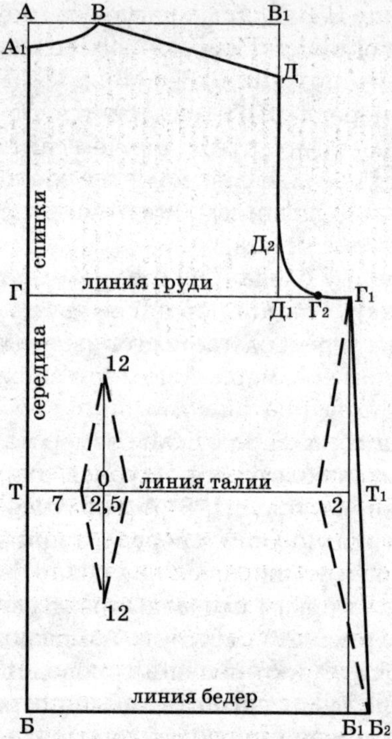

Рис. 127. Построение выкройки-основы 1/2 спинки

быть равно 3/16 мерки обхвата груди плюс 1,5 см (отрезок АА1). Глубина проймы Д Д1 равна 19,5 см (96 разделить на 16, умножить на 3 и прибавить 1,5).

Через точку Д1 влево проводят горизонтальную прямую вплоть до пересечения с линией середины спинки. На месте пересечения этих прямых ставят точку Г. Теперь от точки Г вправо нужно отложить отрезок, равный 1/2 мерки полуобхвата груди минус 1 см (последняя величина является постоянной при построении выкроек от 40 размера и выше, при построении чертежей меньших размеров 1 см не отнимают), на этом месте отмечают точку Г1. Линия груди ГГ1 должна составлять 23 см (24 минус 1).

Теперь от точки Д1 вверх нужно отложить 3 см (величина, постоянная для всех размеров) и поставить точку

Д2. Отрезок Д1Г1 делят пополам и в этом месте ставят точку Г2. Точки Д2 и Г2 соединяют плавной линией. От точки А1 вниз по линии середины спины откладывают мерку длины спины до талии и ставят точку Т. Отрезок А1Т равен 38 см.

От точки Т вправо следует провести горизонтальную линию и на ней отметить точку Т1, причем отрезок ТТ1 должен быть равен отрезку ГГ1. От точки Т вниз по вертикали откладывают 16 – 18 см (это зависит от размера) и ставят точку Б.

От точки Б вправо следует провести горизонтальную линию бедер и отложить на ней точку Б1. Отрезок ББ1 должен быть равен отрезку ГГ1. От точки Б1 вправо по горизонтали откладывают отрезок, равный 1/4 разности между меркой обхвата бедер и меркой обхвата груди, и ставят точку Б2. Для данного размера отрезок Б1Б2 равен 1 см (100 минус 96 и разделить на 4).

Если жакет имеет прямой силуэт, то при построении выкройки точку Г1 нужно соединить с точкой Б2. Отрезок Г1Б2 представляет собой линию бокового шва спинки.

При построении приталенной модели можно сделать вытачки. Чтобы рассчитать их величину, следует найти разность между меркой полуобхвата груди и меркой полуобхвата талии — 10 см (48 минус 38). Полученное число нужно разделить на количество вытачек на линии талии, т. е. на 4 (2 вытачки на спинке и 2 на переде). Получится 2,5 см (10 разделить на 4). Таким образом определяют глубину вытачек на талии. Глубина вытачек на полочке должна быть больше на 1 см, т. е. равной 3,5 см.

Приталенную модель получают, если несколько изменяют кривизну бокового шва — делают боковую вытачку. Глубина боковых вытачек спинки и переда одинакова, она составляет 1/4 разности полуобхвата груди и полуобхвата талии минус 0,5 см, т. е. 2 см.

Для построения вытачки по линии талии на спинке от точки Т вправо нужно отложить 7 см (1/3 мерки полуобхвата шеи плюс 1 см) и поставить точку О. Через эту точку проводят вертикальную прямую и откладывают вверх и вниз по 12 см. Вправо и влево от точки О нужно отложить по 1,2 см (общая глубина вытачки — 2,5 см) и соединить полученные точки с отметками, определяющими верхнюю и нижнюю части вытачки.

В области бокового шва по линии талии от точки Т1 влево нужно отложить 2 см и соединить полученную точку с точками Г1 и Б2 прямыми линиями. Таким образом получают линию бокового шва спинки.

Далее переходят к построению выкройки-основы 1/2 переда (рис. 128). В правом верхнем углу бумажного листа отмечают точку А. Вниз от нее проводят вертикальную прямую. Она будет служить линией середины переда. От точки А вниз следует отложить 1/3 мерки полуобхвата шеи плюс 1 см (величина, одинаковая для всех размеров). В этом месте нужно поставить точку А1. Глубина горловины АА1 должна быть равна 7 см (18 разделить на 3 плюс 1).

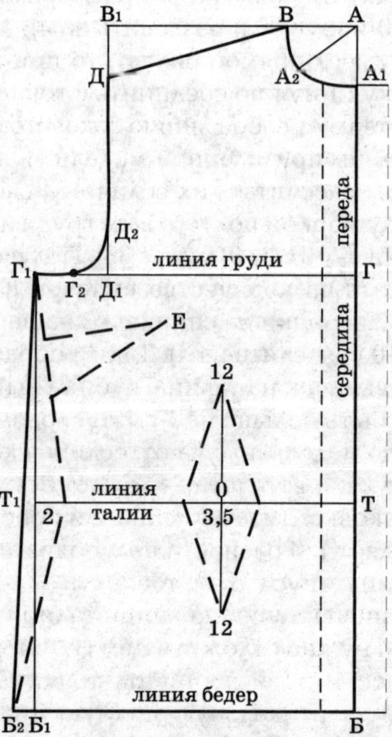

Рис. 128. Построение выкройки-основы 1/2 переда

От точки А влево проводят горизонтальную прямую и откладывают на ней 1/3 мерки полуобхвата шеи. В этом месте ставят точку В. Длина отрезка АВ составляет 6 см. Из прямого угла с вершиной А нужно провести биссектрису и отложить на ней расстояние, равное сумме длин отрезков АВ и АА1, разделенное на 2. В этом месте ставят точку А2. Расстояние АА2 в данном случае равно 6,5 см (к 6 прибавить 7 и разделить полученную сумму на 2). Точки В, А2 и А1 нужно соединить плавной линией, чтобы получить линию выреза горловины переда.

Теперь от точки В влево по горизонтали следует отложить величину ширины плеча в соответствии с меркой и поставить точку В1. От этой точки вниз откладывают 3 см (величина, одинаковая для всех размеров) и ставят точку Д. Точки В и Д соединяют прямой линией и получают линию плеча. В данном случае она равна 13 см.

От точки Д вниз проводят вертикальную линию и откладывают на ней отрезок, равный 3/16 мерки обхвата груди плюс 1 см (если мерки длины спины до талии и переда до талии равны, то к глубине проймы 1 см прибавлять не нужно), в этом месте ставят точку Д1. Глубина проймы Д Д1 должна быть равна 19 см (96 разделить на 16, умножить на 3 и прибавить 1). Через точку Д1 вправо следует провести горизонтальную прямую до пересечения с линией середины переда и поставить точку Г. Теперь от точки Г влево по данной линии откладывают отрезок, который равен 1/2 мерки полуобхвата груди плюс 1 см, и ставят точку Г1. Данную величину не прибавляют только в том случае, если при построении спинки 1 см не вычитали. Линия груди ГГ1 должна быть равна 25 см (24 плюс 1). От точки Д1 вверх следует отложить 3 см (величина, одинаковая для всех размеров) и поставить точку Д2. Отрезок Г1Д1 делят пополам и ставят точку Г2. Точки Д2 и Г2 соединяют плавной линией.

От точки А вниз по вертикальной прямой откладывают мерку длины переда до талии и ставят точку Т. В данном случае отрезок АТ будет равен 40 см.

От точки Т влево следует провести горизонтальную линию и поставить точку Т1, причем отрезок ТТ1 должен быть равен отрезку ГГ1.

От точки Т вниз по вертикальной прямой откладывают 16 – 18 см (в зависимости от размера) и ставят точку Б. Проведя от точки Б влево горизонтальную прямую, отмечают на ней точку Б1. Расстояние от точки Б до точки Б1 должно быть равно длине отрезка ГГ1. Затем от точки Б1 по горизонтали влево нужно отложить отрезок, равный 1/4 разности между меркой обхвата бедер и меркой обхвата груди, и поставить точку Б2. Отрезок Б1Б2 равен 1 см (100 минус 96, разность разделить на 4).

Если жакет имеет прямой силуэт, то точку Г1 соединяют с точкой Б2, при этом линия Г1Б2 становится линией бокового шва переда. Для приталенного жакета следует построить вытачку. Для этого на линии талии от точки Т — места пересечения с линией середины переда — откладывают 9 см (1/3 мерки полуобхвата шеи плюс 2 – 4 см в зависимости от полноты груди) и ставят точку О. Глубина вытачки равна 3,5 см, поэтому на горизонтальной прямой в обе стороны от точки О откладывают по 1,7 см. Через точку О проводят вертикальную линию и на ней вверх и вниз от этой точки откладывают по 12 см. Полученные точки соединяют с точками, ограничивающими глубину вытачки.

Для построения вытачки по линии талии в линии бокового шва переда от точки Т1 нужно отложить вправо 2 см, а затем соединить полученную точку с точками Г1 и Б2 прямыми линиями.

При небольшой груди, если разность между величинами длины переда до талии и длины спины до талии не более 4 см, горизонтальные вытачки можно не выполнять, а при соединении деталей по линии бокового шва сделать небольшую посадку. Когда разница между этими величинами составляет более 4 см, горизонтальная вытачка необходима. Чтобы построить ее, отрезок между точками Г1 и Т1 нужно разделить пополам и от точки деления по линии бокового шва отложить разность между линией бокового шва переда и линией бокового шва спинки. Точка Е определяется высотой груди, все обозначенные точки соединяют прямыми линиями.

Выкройку-основу для вязания рукава также строят для 1/2 детали (рис. 129), в отличие от выкройки рукава

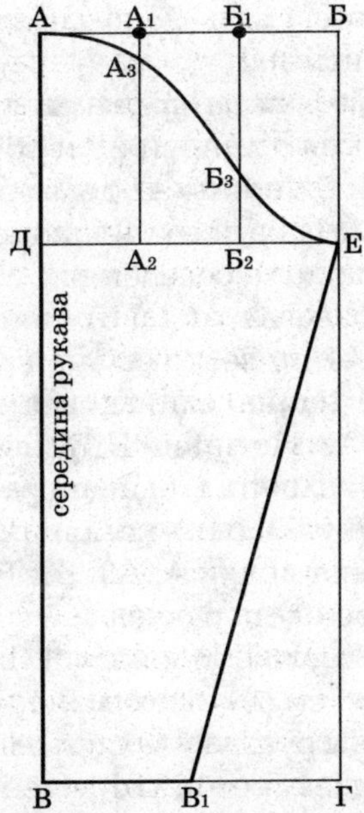

Рис. 129. Построение выкройки-основы 1/2 рукава

для швейных изделий. В верхнем левом углу бумажного листа ставят точку А и от нее вправо проводят горизонтальную линию. На ней нужно отметить точку Б на расстоянии 3/16 мерки обхвата груди. Отрезок АБ определяет ширину рукава, он равен 18 см (96 разделить на 16 и умножить на 3).

Теперь от точки А вниз нужно опустить вертикальную прямую, которая будет служить линией середины рукава. От точки А на этой прямой откладывают мерку длины рукава и ставят точку В. Длина отрезка АВ равна 60 см.

От точки В вправо нужно провести горизонтальную прямую и поставить на ней точку Г. Отрезок ВГ должен быть равен отрезку АБ. Точку Г соединяют с точкой Б прямой линией.

От точки А вниз по вертикальной линии АВ нужно отложить 2/16 обхвата груди плюс 3 см (величина, одинаковая для всех размеров) и поставить точку Д. Таким образом определяется высота оката рукава. В данном случае отрезок АД равен 15 см (96 разделить на 16, умножить на 2 и прибавить 3).

От точки Д вправо нужно провести горизонтальную линию до пересечения с линией БГ и обозначить место пересечения точкой Е. Линию АБ делят на 3 равные части точками А1 и Б1. Из этих точек опускают вниз две вертикальные линии до пересечения с линией ДЕ. Точки пересечения обозначают А2 и Б2 соответственно.

Теперь от точки А1 по вертикальной линии А1А2 откладывают 2 см (величина, одинаковая для всех размеров) и ставят точку А3. По линии Б1Б2 вверх от точки Б2 откладывают 6 см (величина, одинаковая для всех размеров) и ставят точку Б3. Затем плавной линией последовательно соединяют точки А, А3, Б3, Е и таким образом получают линию оката рукава.

Вправо от точки В нужно отложить 1/2 мерки полуобхвата запястья плюс 1 см (для всех размеров) или 1/2 мерки желаемой ширины рукава у запястья и поставить точку В1. В данном случае отрезок ВВ1 равен 9 см (8 плюс 1). Точки Е и В1 соединяют прямой линией.

Если вы предполагаете вязать вещи с рукавом реглан, то рекомендуется построить выкройки-основы и для моделей с таким кроем.

Для построения выкройки-основы 1/2 спинки (рис. 130) в левом верхнем углу листа бумаги ставят точку А. От нее вниз проводят вертикальную прямую, которая будет служить линией середины спинки. Необходимо также провести и горизонтальную линию из точки А, отложить на ней 1/3 мерки полуобхвата шеи и поставить точку В. Отрезок АВ равен 6 см (18 разделить на 3).

От точки В вправо по горизонтали откладывают ширину плеча в соответствии с меркой и ставят точку В1. Из полученной точки вниз опускают вертикаль, откладывают на ней 2,5 см (величина, одинаковая для всех размеров) и ставят точку Д. Точки В и Д соединяют прямой, сформировав таким образом скос плеча. Линия плеча ВД равняется 13 см.

От точки Д необходимо опустить вертикальную линию вниз и на расстоянии, равном 3/16 мерки обхвата груди плюс 2 см (для всех размеров), поставить точку Д1. Глу-

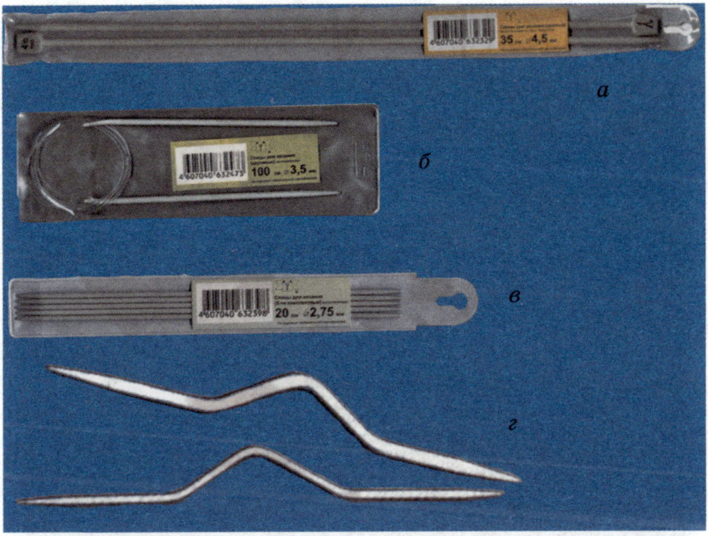

Фото 1. Спицы для вязания: а – прямые спицы; б – круговые спицы; в – вязальные иголки; г – изогнутые спицы

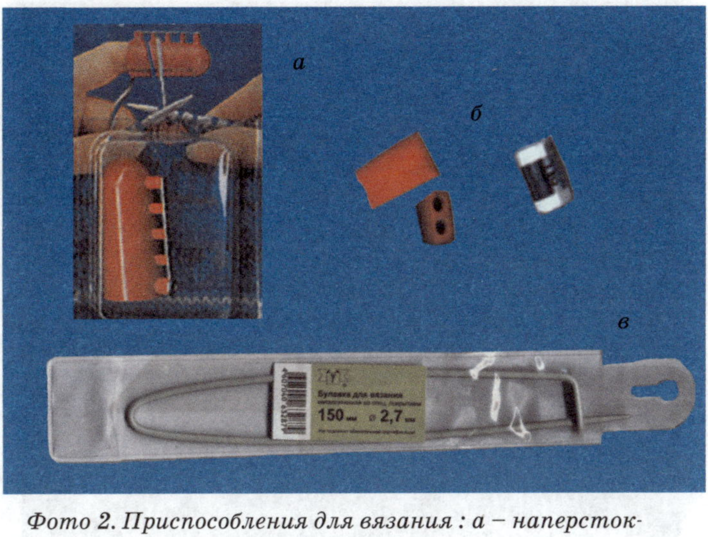

Фото 2. Приспособления для вязания : а – наперсток-разделитель; б – счетчики рядов; в – булавка для вязания

Фото 3. Узор 6: «жемчужные ромбы»

Фото 4. Узор 8: «жгуты» и «жемчужные» полоски

Фото 5. Узор 10: узорные полоски

Фото 6. Узор 13: ажурные полоски

Фото 7. Узор 16: «лепестки»

Фото 8. Узор 19: ажурные «елочки»

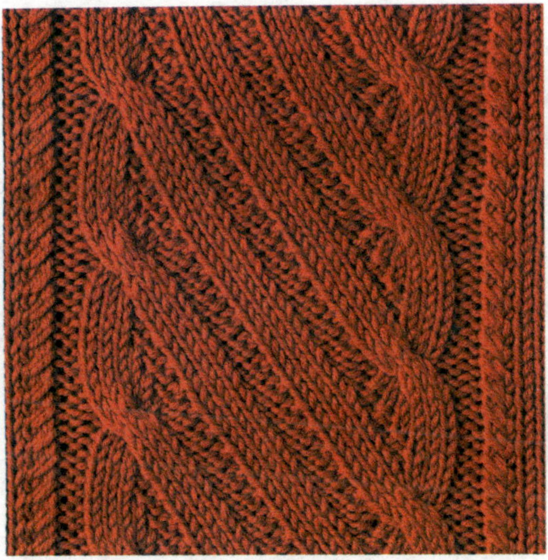

Фото 9. Узор 12: узорный бордюр

Фото 10. Узор 24: зигзаги

Фото 11. Пуловер с узором «коса в косе» (с. 79)

Фото 12. Пуловер с застежкой поло (с. 86)

Фото 13. Пушистый пуловер (с. 88)

Фото 14. Жилет-шазюбль (с. 95)

Фото 15. Мужской жакет (с. 98)

Фото 16. Костюм для девочки-подростка (с. 104)

Фото 17. Пуловер с капюшоном (с. 114)

Фото 18. Комплект: шапочка, шарф и варежки (с. 126)

Фото 19. Носки (с. 138)

Фото 20. Вариант оформления ворота

Фото 21. Вариант оформления ворота

Фото 22. Вариант оформления ворота

Фото 23. Вариант оформления ворота

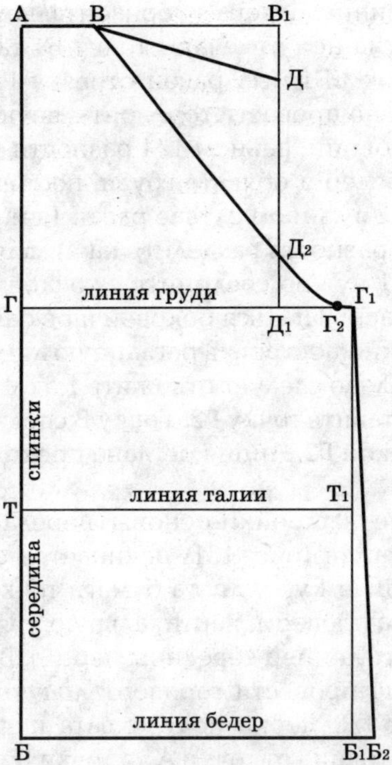

Рис. 130. Построение выкройки-основы 1/2 спинки для модели с рукавом реглан

бина проймы ДД1 равна 20 см (96 разделить на 16, умножить на 3 и прибавить 2).

Через точку Д1 проводят горизонтальную прямую и в месте ее пересечения с линией середины спинки ставят точку Г. От точки Г вправо по этой линии откладывают отрезок, равный 1/2 мерки полуобхвата груди, и ставят точку Г1. Линия груди ГГ1 будет равна 24 см.

Вниз от точки А нужно отложить мерку длины спины до талии и поставить точку Т. Длина отрезка АТ составляет 38 см. От точки Т вправо проводят горизонталь и ставят точку Т1 так, чтобы отрезок ТТ1 был равен отрезку ГГ1. Затем от точки Т вниз по вертикальной прямой откладывают 16 – 18 см (в зависимости от размера) и ставят точку Б.

Проводят линию бедер — горизонтальную прямую из точки Б — и на ней отмечают точку Б1 таким образом, чтобы отрезок ББ1 был равен отрезку ГГ1. Вправо от точки Б1 нужно провести горизонтальную прямую и на ней на расстоянии, равном 1/4 разности между мерками обхвата бедер и обхвата груди, поставить точку Б2. Отрезок Б1Б2 в данном случае равен 1 см (100 минус 96, полученную разность разделить на 4). Для прямого жакета точку Г1 нужно соединить с точкой Б2. По линии Г1Б2 будет располагаться боковой шов спинки.

Теперь нужно построить регланную линию. Для этого от точки Г1 влево следует отложить 1,5 см (для всех размеров) и поставить точку Г2. Точку В соединяют прямой линией с точкой Г2. Линия реглана проходит через точки В, Г2 и Г1.

Построение выкройки-основы переда для изделия с рукавом реглан (рис. 131) начинается с размещения в правом верхнем углу листа бумаги точки А. Из точки А вниз нужно провести вертикальную прямую, которая будет служить линией середины переда. Влево из точки А необходимо провести горизонтальную линию, отложить на ней 1/3 мерки полуобхвата шеи и поставить точку В. Расстояние от точки А до точки В равняется 6 см (18 разделить на 3). Вниз от точки А откладывают 1/3 мерки полуобхвата шеи плюс 1 см (величина, одинаковая для всех размеров) и ставят точку А1. Отрезок АА1 определяет глубину горловины и равен 7 см (6 плюс 1).

Из прямого угла с вершиной А опускают биссектрису, на которой откладывают отрезок, равный половине суммы величин отрезков АВ и АА1, и ставят точку А2. Отрезок АА2 равен 6,5 см (6 плюс 7, а сумму разделить на 2). Чтобы получить линию выреза горловины, точки В, А1 и А2 следует соединить плавной линией.

От точки В нужно отложить влево горизонтальную прямую и отметить на ней точку В1, причем отрезок ВВ1 должен быть равен мерке ширины плеча. Затем от точки В1 следует отложить вниз 2,5 см (для всех размеров), чтобы определить наклон плеча, и поставить точку Д. Точки В и Д соединяют прямой линией. Отрезок ВД равен 13 см.

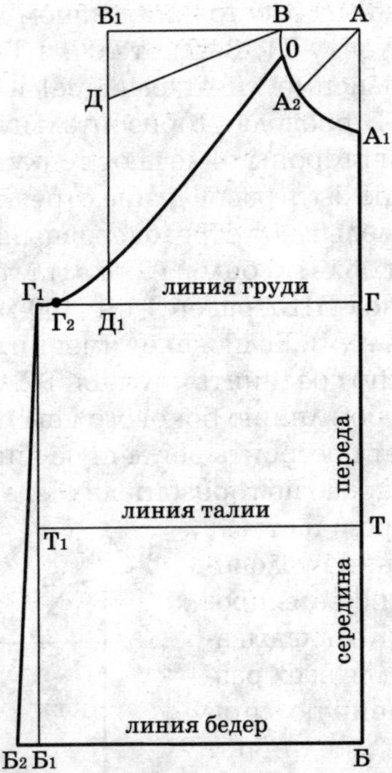

Рис. 131. Построение выкройки-основы 1/2 переда для модели с рукавом реглан

От точки Д вниз проводят вертикальную линию и на расстоянии, равном 3/16 мерки обхвата груди плюс 2 см (для всех размеров) и плюс 1 см, ставят точку Д1. Если мерки длины спины до талии и длины переда до талии равны, то 1 см к глубине проймы не прибавляют. В данном случае глубина проймы ДД1 равна 21 см (96 разделить на 16, умножить на 3, прибавить 2 и прибавить 1).

Через точку Д1 нужно провести горизонтальную прямую, чтобы она пересеклась с линией середины переда, и в этом месте поставить точку Г. От точки Г влево по этой линии откладывают отрезок, равный 1/2 мерки полуобхвата груди, и ставят точку Г1. Линия груди ГГ1 равна 24 см.

От точки А вниз нужно отложить мерку длины переда до талии и поставить точку Т. Отрезок АТ равен 40 см. Через точку Т нужно провести горизонтальную линию и с левой стороны на расстоянии, равном длине отрезка ГГ1, поставить точку Т1. Вниз от точки Т откладывают 16 – 18 см (в зависимости от размера) и ставят точку Б. Через точку Б проводят горизонтальную линию, на которой с левой стороны отмечают точку Б1. Длина отрезка ББ1 должна быть равна длине отрезка ГГ1. От точки Б1 влево откладывают отрезок, равный 1/4 разности между мерками обхвата бедер и обхвата груди, и ставят точку Б2. Отрезок Б1Б2 равен 1 см (100 минус 96, разность разделить на 4). Если жакет имеет прямой силуэт, то точку Г1 нужно соединить с точкой Б2. Отрезок Г1Б2 представляет собой линию бокового шва переда.

Теперь следует построить регланную линию. Для этого от точки Г1 вправо по горизонтали откладывают 1,5 см (для всех размеров) и ставят точку Г2. По линии горловины ВА1 от точки В вниз проводят прямую и откладывают на ней 2 см (для всех размеров). Полученную при этом точку О соединяют прямой линией с точкой Г2. Линия ОГ2Г1 – регланная линия переда.

Также необходимо выполнить выкройку-основу 1/2 рукава реглан (рис. 132). В левом верхнем углу листа бумаги отмечают точку А, через нее проводят горизонтальную линию вправо и откладывают 3/16 мерки обхвата груди плюс 1,5 см (для всех размеров). В этом месте ставят точку Б. Длина отрезка АБ представляет собой ширину рукава и равна 19,5 см (96 разделить на 16, умножить на 3 и прибавить 1,5).

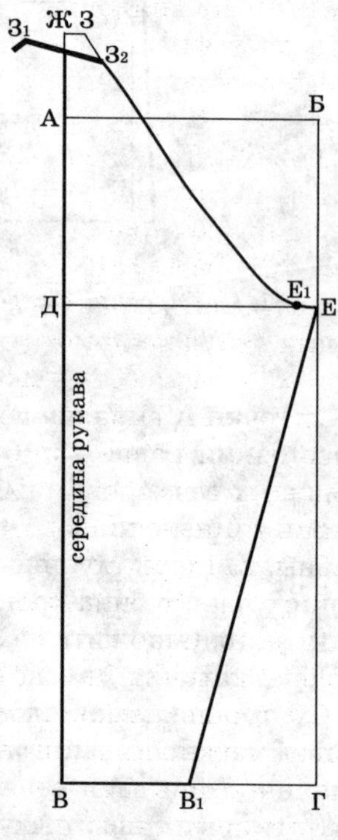

Рис. 132. Построение выкройки-основы 1/2 рукава реглан

Чтобы определить линию середины рукава, нужно из точки А опустить вниз вертикальную прямую. На ней откладывают мерку длины рукава и ставят точку В. Длина рукава АВ равна 56 см.

Теперь из точки В вправо нужно провести горизонтальную линию и поставить точку Г, причем отрезок ВГ должен быть равен отрезку АБ. Точки Г и Б соединяют прямой линией.

Далее от точки А нужно отложить вниз 2/16 мерки обхвата груди плюс 3 см (для всех размеров) и поставить точку Д. Высота оката АД будет равна 15 см (96 разделить на 16, умножить на 2 и прибавить 3).

От точки Д следует провести прямую горизонтальную линию. В месте ее пересечения с линией БГ ставят точку Е. От точки В вправо откладывают мерку полуобхвата запястья плюс 1 см (для всех размеров) или 1/2 мерки желаемой ширины рукава у запястья. В этом месте ставят точку В1. В данном случае отрезок ВВ1 равен 9 см (8 плюс 1). Точки Е и В1 соединяют прямой линией.

Теперь нужно построить регланную линию рукава. Для этого от точки А вверх по вертикали проводят линию АЖ, равную 1/2 мерки высоты оката рукава, — 7,5 см (15 разделить на 2). От точки Ж вправо и влево по горизонтали нужно отложить по 2 см (величина, одинаковая для всех размеров) и поставить точки З и З1. От точки Е влево по горизонтали откладывают 1,5 см (для всех размеров) и ставят точку Е1. Точку З соединяют прямой линией с точкой Е1, и линия ЗЕ1Е становится регланной линией рукава.

Если регланная линия переда меньше регланной линии рукава, то от точки З нужно отложить разницу между регланными линиями переда и рукава и поставить точку З2. Точки З1 и З2 соединяют прямой линией.

С помощью выкройки-основы жакета с втачным рукавом можно выполнить выкройки других моделей. Такие операции называются моделированием. Опираясь на имеющуюся выкройку, можно построить чертеж модели с цельновязаным длинным рукавом типа кимоно.

Для построения выкройки-основы юбки (рис. 133) вам потребуются всего 3 мерки: полуобхват талии, полуоб-

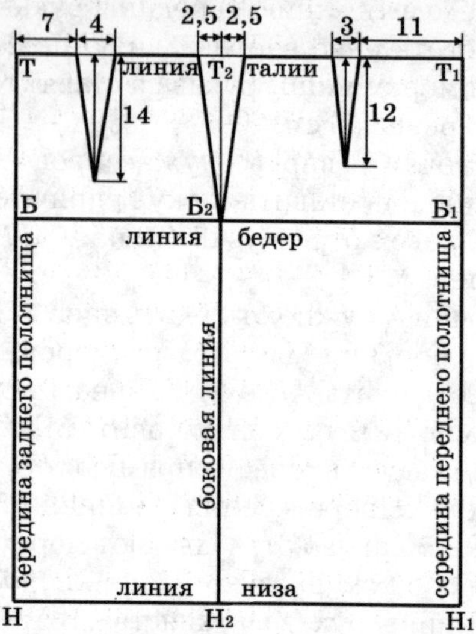

Рис. 133. Построение выкройки-основы 1/2 юбки

хват бедер, длина изделия. На листе бумаги нужно начертить прямоугольник с углами ТТ1НН1, при этом расстояние от точки Т до точки Т1 должно равняться мерке полуобхвата бедер (50 см), а расстояние от точки Т до точки Н — мерке длины юбки, т. е. 60 см. Отрезок НН1 является линией низа юбки, а отрезок ТТ1 — линией талии.

От точки Т вниз по вертикали нужно отложить 16 – 18 см (в зависимости от размера) и поставить точку Б. Проведя из точки Б горизонтальную линию вплоть до пересечения с отрезком Т1Н1, получают точку Б1. Отрезок ББ1 — линия бедер.

От точки Б по линии бедер нужно отложить вправо 1/2 мерки полуобхвата бедер минус 1 см (для всех размеров) и поставить точку Б2. Ширина заднего полотнища ББ2 равна 24 см (50 разделить на 2 и минус 1). Ширина переднего полотнища становится больше на 2 см. В данном случае она равна 26 см.

Через точку Б2 нужно прочертить вертикальную прямую до пересечения с линиями низа и талии и поставить точки Н2 и Т2 соответственно.

Теперь приступают к расчету вытачек по линии талии. Их глубина определяется путем высчитывания разности между мерками полуобхвата бедер и полуобхвата талии. В данном случае она составляет 12 см (50 минус 38). Полученное число нужно разделить на количество вытачек по линии талии: на заднем и переднем полотнищах по одной и две боковые — всего 4. Универсальная вытачка, таким образом, должна иметь глубину 3 см (12 разделить на 4), но вытачки на заднем и переднем полотнищах различаются по глубине. Глубина вытачки на заднем полотнище больше глубины универсальной на 1 см, т. е. равна 4 см. Глубина вытачки на переднем полотнище — 3 см, а боковая на заднем и переднем полотнищах равна глубине универсальной минус 0,5 см, т. е. 2,5 см.

Закончив расчет, приступают к построению вытачек по линии талии. От точки Т по линии талии откладывают 7 см (постоянная величина, которая изменяется только при нестандартной фигуре). От полученной точки вправо по линии талии откладывают величину глубины вытачки заднего полотнища — 4 см. Глубину вытачки нужно разделить пополам, из середины вниз опустить вертикальную линию и отметить на ней точку длины вытачки на расстоянии 14 см (величина, равная для всех размеров). Полученную точку соединяют с точками, ограничивающими глубину вытачки, прямыми линиями.

На переднем полотнище вытачка делается так: от точки Т1 влево по линии талии нужно отложить 11 см (величина меняется только при нестандартной фигуре). От полученной точки откладывают 3 см — глубину вытачки переднего полотнища. Данный отрезок делят пополам и из точки деления вниз проводят вертикальную линию, на которой отмечают отрезок длиной 12 см (для всех размеров). Точки, ограничивающие глубину и длину вытачки, соединяют прямыми линиями.

Теперь нужно сделать боковые вытачки. Для этого от точки Т2 влево и вправо по линии талии откладывают величину боковой вытачки переднего и заднего полотнищ (по 2,5 см). Полученные точки соединяют с точкой Б2.

Длина и глубина вытачек и места их расположения на юбке могут быть изменены, если строение бедер и выпуклость живота резко отличаются от стандартных. Например, при сильно выступающем животе и плоских ягодицах вытачку на переднем полотнище нужно сделать более глубокой, а на заднем несколько уменьшить ее.

Обычно по линии талии трикотажной юбки продергивают резинку шириной 2–3 см. В такое изделие не рекомендуется вшивать застежку-«молнию», которая плохо садится на трикотажном полотне. В связи с этим необходимость в особой точности выполнения вытачек отпадает. Если юбку вяжут рыхлым или хорошо растяжимым узором, а фигура стройная, то вытачки обычно не делают. В любом случае нужно принимать во внимание эластичность трикотажа. При необходимости верхнюю часть юбки можно обработать с помощью утюга.

Выкройки-основы рекомендуется выполнить из прочного материала, поскольку с ними вам придется много работать. Края выкроек должны быть твердыми, чтобы их было удобно обводить. Сначала выкройки нужно вырезать из бумаги, примерить их к себе, уточняя длину плеча, форму пройм, места вытачек, линию талии, длину изделия, ширину и длину рукава. При необходимости в бумажные выкройки следует внести поправки. Лишь когда выкройки вас полностью удовлетворят, их нужно приклеить на листы тонкого картона (или перевести на листы влагостойкого картона) и вырезать.

В качестве примера использования выкройки-основы для моделирования одежды, приведем построение выкройки модели кимоно (рис. 134). Выкройку-основу спинки нужно положить на чистый лист бумаги, обвести контур до талии и добавить несколько сантиметров по бокам для более свободного облегания. С этой целью параллельно линиям талии и середины спинки проводят линии на расстоянии 2 см от прежних.

Чтобы построить цельновязаный рукав, от точки А, находящейся на пересечении линий выреза горловины и плеча, нужно провести горизонтальную прямую, отложить на ней мерки длины плеча (13 см) и длины рука-

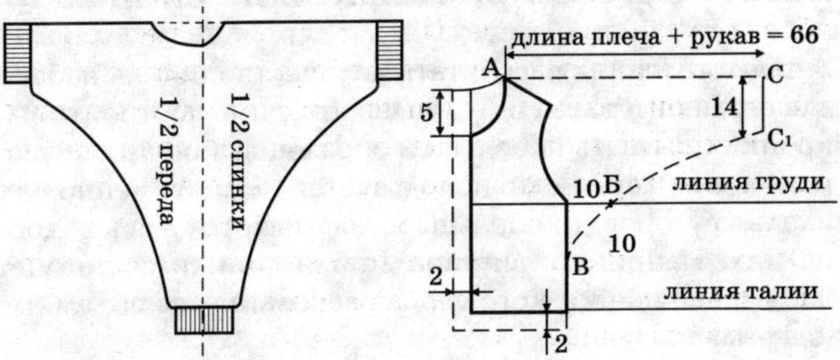

Рис. 134. Построение выкройки для модели кимоно

ва (56 см) и поставить точку С. Вниз от точки С опускают вертикальную линию, отмечают на ней 1/4 желаемой ширины рукава (14 см) и ставят точку С1.

От точки, соединяющей боковой шов и линию проймы, нужно отложить 10 см и сделать отметку — точку Б. От линии талии по боковому шву также следует отложить 10 см и поставить точку В. Точки В, Б и С1 соединяются плавной линией.

Выкройки спинки и переда одинаковы, за исключением выреза горловины. Линия горловины переда по сравнению с линией горловины спинки опущена на 5 см. Жакет покроя кимоно имеет свободную форму и довольно объемен, поэтому нагрудную вытачку не делают.

Используя выкройку-основу, можно также сделать модель платья прямого покроя. Для этого выкройки спинки и переда нужно обвести, а затем продлить вниз линии середин и боковых швов спинки и переда. На полученных линиях от линии талии откладывают мерки длины юбки и проводят через эти точки линию низа юбки. Чтобы платье не казалось зауженным книзу, юбку рекомендуется слегка расширить в нижней части. Для этого от линии бокового шва откладывают 3 – 5 см, а полученную точку соединяют прямой с линией бедер.

Чтобы бока изделия не висели, от нижних точек боковых линий переда и спинки откладывают по 1,5 см и соединяют полученные точки плавными линиями с нижними точками линий середин переда и спинки.

Расчет петель при вязании на спицах

Для того чтобы рассчитать количество петель набора для вязания деталей изделия, необходимо построить выкройки и связать небольшой образец выбранными узором и пряжей. Если используется одновременно несколько узоров, то образцы вывязываются для каждого из них. Например, ширина детали спинки составляет 90 см. На фоне мелкого узора располагаются объемные «жгуты».

Сначала нужно подсчитать, сколько сантиметров займут «жгуты», а сколько — мелкий фоновый узор. Затем на основании подготовленных образцов определить число петель, необходимое отдельно для «жгутов» и отдельно для вывязывания мелкого узора. Полученные числа складывают и получают то количество петель, которое необходимо набрать для выполнения детали.

Вязание рекомендуется начинать со спинки, затем вяжутся рукава, а в последнюю очередь — перед и все мелкие детали: воротник, пояс, карманы, отделка.

Данная последовательность выбрана не случайно. При неверном расчете необходимого количества пряжи случается, что ее немного не хватает. Если спинка и рукава были выполнены в первую очередь, то затраченный труд не пропадет даром. Перед, на котором нередко располагаются различные декоративные элементы, можно сделать с небольшими включениями нити другого цвета. В этом случае контрастным цветом необходимо подчеркнуть также и детали отделки.

Вывязывание переда в последнюю очередь удобно и по другой причине. Создание трикотажной вещи — это довольно длительный процесс, и бывает, когда работа уже близится к концу, очень хочется несколько изменить фасон изделия, например, сделать перед не цельнокройным, а на застежке, изменить вырез горловины, форму прорезных карманов. Подобные незначительные изменения фасона практически никогда не затрагивают рукава и спинку, а сделать перед несколько другим на этой стадии изготовления трикотажной вещи не составит труда.

Перед тем как приступить к вывязыванию деталей, нужно внимательно осмотреть выкройку. Контур выкройки спинки включает в себя горизонтальные (низ), вертикальные или слегка наклонные (боковые швы), кривые (проймы и линия горловины) и пологие (плечевые швы) линии.

Правильно выполнить все эти разные по своему характеру линии можно, если научиться рассчитывать то количество петель, которое нужно убавить или прибавить, чтобы получить нужный контур.

Принцип расчета можно усвоить только на конкретном примере. Допустим, вы предполагаете связать приталенную модель (рис. 135). Линия бокового шва на протяжении 10 см прямая, затем она плавно отклоняется от прямой на 2 см в сторону середины спинки, а после — на столько же в противоположную сторону. Таким образом, сначала спинка вяжется прямо, затем по краю изделия некоторое число петель убавляется, чтобы вязание сделать уже, а потом для расширения полотна такое же количество петель прибавляется. Требуется определить, сколько петель нужно убавить или прибавить и через какие интервалы производить эти изменения.

Необходимо принять во внимание плотность вязания по горизонтали. Например, плотность вязания равна

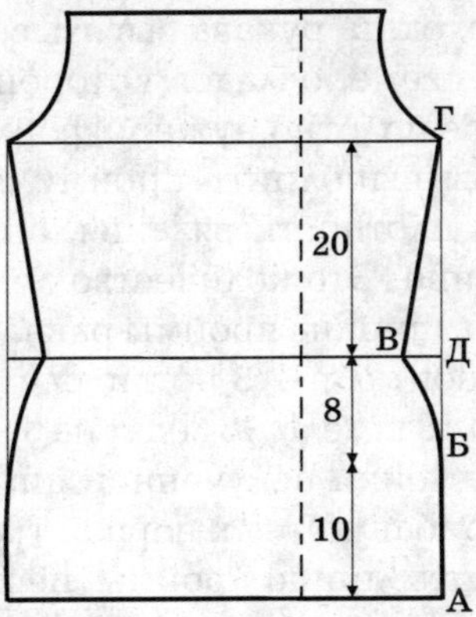

Рис. 135. Выкройка спинки приталенной модели

2 петлям (т. е. на 1 см приходятся 2 петли). В отрезке от точки Б до точки В нужно убавить всего 4 петли, т. к. в 2 см помещается 4 петли.

Высота полотна между точками Б и В равна 8 см, следовательно, эти 4 петли нужно равномерно спустить на 8 см. Таким образом, убавления по 1 петле нужно производить через каждые 2 см.

Теперь нужно подсчитать плотность вязания по вертикали. К примеру, она равна 4-м рядам. Следовательно, убавления нужно производить в каждом 8-м ряду.

Чтобы получить плавный изгиб, выполнив убавления петель, приступают к их прибавлению. От точки В до точки Г нужно связать 20 см и при этом равномерно прибавить 4 петли. Каждый сантиметр — это 4 ряда, значит, всего потребуется провязать 80 рядов. Прибавления по 1 петле осуществляются в каждом 20-м ряду.

Выполняя спинку или перед, нужно все время помнить, что это симметричные детали, а значит, убавления и прибавления петель производятся одновременно с двух краев вязаного полотна.

А теперь рассмотрим правила вязания конкретных деталей по выкройкам.

Спинка

Некоторые линии контуров выкроек всегда одинаковы, несмотря на разнообразие моделей. Линии проймы спинки и переда, оката рукава вывязываются всегда по одной и той же схеме, овладев которой, можно создавать трикотажное полотно нужной формы.

Для того чтобы выполнить пройму спинки, нужно, основываясь на плотности вязания, определить число петель в ее ширине. Это количество делят на 3 равные части. Например, ширина проймы равна 6 см, плотность вязания по горизонтали — 3 петли, следовательно, убавить необходимо 18 петель. 18 делят на 3 и получают 6 петель. Если при делении полученной цифры образуется остаток, то он прибавляется к первой трети.

Чтобы выполнить линию проймы, первую треть нужно закрыть в два приема (рис. 136). В начале лицевого ряда закрывают 3 петли, довязывают полотно до конца,

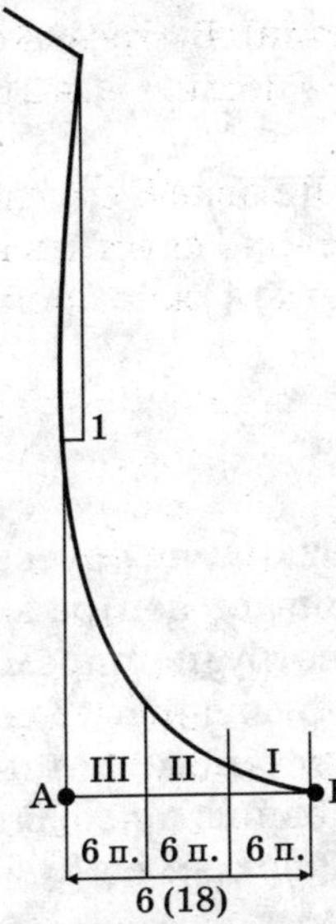

Рис. 136. Вязание проймы спинки

переворачивают вязание и в начале изнаночного ряда также закрывают 3 петли. В начале следующего лицевого ряда нужно снова убавить 3 петли, провязать ряд до конца и выполнить то же самое в начале изнаночного ряда. Если плотность вязания меньше 3-х петель, то первая треть обычно закрывается в один прием, т. е. в начале лицевого ряда закрывают 6 петель и в начале изнаночного также 6 петель.

Вторую треть всех спускаемых петель убавляют по одной в начале каждого лицевого и изнаночного ряда. Таким образом, чтобы убавить с каждой стороны по 6 петель, потребуется провязать 12 рядов. В последней трети (6 петель) закрывается по 1 петле через лицевой ряд: сделав убавления в лицевом и изнаночном ряду, нужно провязать 2 ряда (лицевой и изнаночный) без изменения числа петель и выполнить очередное убавление.

После того как нижние части пройм будут выполнены, вязание продолжается по прямой. Придать пройме вогнутую форму можно, если вдоль нее сделать 2 – 3 прибавления по 1 петле, которые непременно должны располагаться через равные интервалы. Если при вязании используется какой-либо пружинящий или хорошо растягивающийся узор (например резинка или жгуты), то дальнейшее выполнение проймы осуществляется без изменений по прямой.

Форма горловины спинки определяется прежде всего моделью. Наиболее распространенной является планка «под горлышко» (рис. 137). При таком фасоне глубина горловины делается небольшой, в нашем случае она составляет всего 3 см. Требуется подсчитать ширину горловины. Для этого концы плеч соединяются прямой ли-

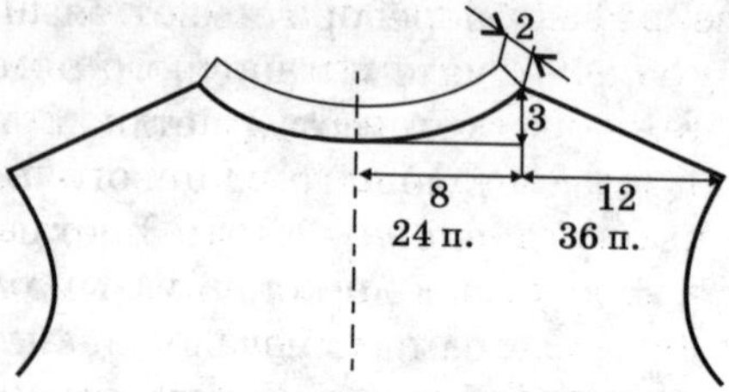

Рис. 137. Вязание горловины и плеч спинки

нией, на которую из самой высокой точки плеч опускается перпендикуляр. Ширину горловины от центра детали до высшей точки плеча теперь нетрудно определить — 8 см. Ширина плеча при этом равняется 12 см. Зная плотность вязания, определяют число петель в этих отрезках. Итак, на ширину горловины приходятся 24 петли (плотность вязания равна 3 петлям на 1 см), а на плечо — 36 петель.

Нужно измерить наклон плеча. Допустим, он равен 3 см. Если плотность вязания по вертикали равна 4 рядам, то в этом случае придется провязать 12 рядов — 6 изнаночных и 6 лицевых. Убавления делают в каждом лицевом ряду. На плечо приходятся 36 петель, это число делят на 6 и получают 6. Следовательно, в каждом лицевом ряду нужно будет убавить по 6 петель. Если при делении образуется остаток, то его относят к первой группе петель.

Точно такой же расчет делается и для горловины. Убавить петли горловины (24 петли) нужно будет за все те же 6 рядов — в каждом ряду по 3 петли.

Довязав спинку до плеч и закончив изнаночным рядом, нужно цветной нитью отметить середину спинки и ширину горловины. Вязание необходимо разделить на две части. В первую очередь будет вывязываться правая половина, поэтому левую нужно перевести на вспомогательную спицу. Чтобы петли не соскользнули, на спицу непременно нужно надеть ограничитель.

Опираясь на имеющиеся расчеты, в начале лицевого ряда нужно одновременно закрыть 6 петель и провязать половину спинки до середины. Повернув вязание, одновременно закрывают 4 петли и изнаночный ряд провязывают до конца. Точно таким же образом убавление ведется до тех пор, пока не будут закрыты все петли плеча. Если в дальнейшем планируется связать по краю горловины планку, рекомендуется не закрывать петли горловины, а перевести их на крепкую хлопчатобумажную нитку. Впоследствии, собрав все открытые петли горловины спинки и переда, связать планку не составит труда.

Затем приступают к вязанию левой половины спинки. В этом случае убавление петель горловины происходит в лицевых рядах, а плеча — в изнаночных. Если петли горловины оставляют открытыми, то их нанизывают на ту нить, где уже находятся открытые петли правой половины вязания.

Выполняя плечо, можно получить плавную линию без «ступенек», если вместо того, чтобы закрывать петли, просто переворачивать вязание, оставляя всякий раз непровязанным то число петель, которое предполагалось спустить. Например, недовязывая до конца ряда 6 петель, работу поворачивают и продолжают вязание в другую сторону, в следующем лицевом ряду непровязанными остаются другие 6 петель в конце ряда (всего 12 петель) и т. д. Когда все непровязанные петли будут сосредоточены на правой спице, они закрываются одномоментно.

Иногда спинка или перед модели украшаются кокеткой. Она может быть выполнена отдельно от основных деталей, но чаще всего вяжется вместе с ними. Чтобы кокетка резко выделялась на фоне основного трикотажного полотна, ее вывязывают другим узором, например резинкой, резинкой со снятыми петлями, рисунком, напоминающим вафли. В зависимости от структуры узора кокетка становится или слишком узкой, или же выходит по ширине за пределы выкройки. Поэтому обязательно нужно отрегулировать число петель таким образом, чтобы ширина вязаного полотна не изменилась.

Если узор стягивает вязаное полотно, то необходимо прибавить по всей его ширине по 1 петле через равные интервалы. Количество прибавлений поможет определить контрольный образец, выполненный узором, предназначенным для кокетки. Нужно узнать плотность вязания данного узора, а затем соотнести ее с тем числом петель, которое уже имеется на спицах. Недостающее число петель прибавляют в последнем ряду перед кокеткой, а затем приступают к вывязыванию ее основного узора. В том случае, если кокетка, выполненная особым узором, шире основного полотна из того же количества петель, в последнем ряду через равные промежутки делаются не прибавления, а убавления.

Рукав

После выполнения спинки приступают к вязанию рукавов. При должной сноровке нетрудно связать на спицах втачные рукава практически всех форм: длинные и короткие, узкие и широкие, расширенные книзу и присборенные по окату, с манжетами и отворотами или без них.

Обычно рукава выполняют снизу вверх, т. е. по направлению от манжеты к окату. Но некоторые модели требуют отступления от этого правила. В таком случае рукава могут быть выполнены поперечным вязанием или сверху вниз.

Расчет петель осуществляется точно таким же образом, как и при вязании спинки. По выкройке-основе

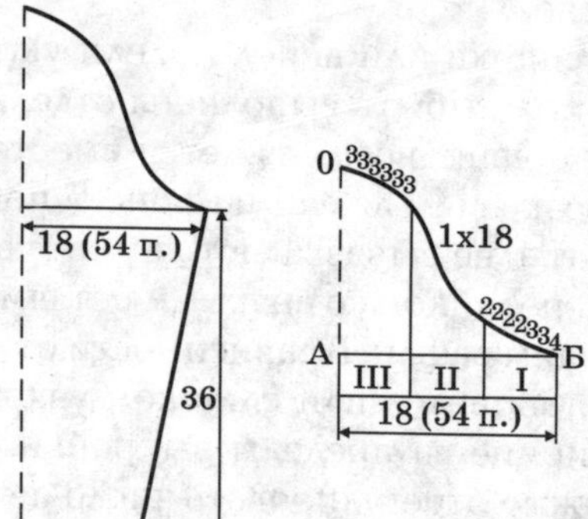

Рис. 138. Вязание втачного рукава

(рис. 138) нужно определить ширину рукава в самой узкой и самой широкой его части.

Удобнее всего выполнять расчет для половины рукава. Если в самой узкой части она имеет ширину 10 см, в самой широкой — 18 см, а плотность вязания по горизонтали равна 3 петлям, то определить начальное число петель и число петель у проймы легко. Нужно набрать на спицы 30 петель (3 петли умножить на 10 см), а затем постепенно делать прибавления до тех пор, пока их число не будет равно 54 (3 петли умножить на 18 см). Разница между самой узкой и самой широкой частями рукава составляет 24 петли. Их нужно прибавить по краю вязания на протяжении 36 см.

Принимая во внимание плотность вязания по вертикали (4 ряда), нетрудно выяснить, что провязать придется 144 ряда. Число рядов (144) делят на число прибавлений (24) и получают 6. Таким образом, получается, что прибавления нужно производить в каждом 6-м ряду.

Для рукава набирают на спицы 60 петель (30 петель умножить на 2) и провязывают 4 см резинкой или платочной вязкой для формирования манжеты. Обычно манжета делается несколько уже самого рукава, чтобы она плотно обхватывала запястье, поэтому для ее выполнения используется резинка или другая вязка, которая дает более плотное и растяжимое трикотажное полотно.

Перейдя на основной узор, нужно провязать 2—4 ряда и сделать первые прибавления. Петли прибавляют по краю детали в начале лицевого и изнаночного рядов. Прибавления через каждые 6 рядов осуществляются до тех пор, пока на спицах не окажется 108 петель.

Опытным мастерицам нетрудно подсчитать число провязанных рядов после последнего прибавления, чего не скажешь о тех, кто только осваивает сложную науку вязания. Поэтому рекомендуется отмечать ряд, в котором производится прибавление, цветной нитью или булавкой. Второй рукав должен быть точной копией первого, поэтому эти метки не следует убирать до тех пор, пока второй рукав не будет полностью связан.

Теперь предстоит выполнить окат рукава. Опять-таки обязательно принимаются во внимание плотность вязания и количество имеющихся на спице петель. Удобнее всего выполнять расчет для половины рукава. Число петель половины рукава (54) нужно поделить на 3 равные части, получится 18. Если при делении образуется остаток, то он прибавляется к первой части.

В первой части убавляют по 2 – 3 петли в каждом ряду. Нужно поделить 18 петель на 2, при этом в первой половине этой части убавить по 3 петли, во второй – по 2. Следует разделить 9 на 3, получается 3, а при делении того же количества петель на 2 образуется остаток – 1 петля. Его прибавляют к первой цифре. Убавлять петли для формирования оката нужно следующим образом: 4 + 3 + 3 + 2 + 2 + 2 + 2.

Во второй части (18 петель) убавляют по 1 петле в каждом лицевом ряду. Петли третьей части (18 петель) убавляют по 3 в каждом лицевом ряду. Чтобы было удобнее вязать, результаты расчета нужно нанести на выкройку и только после этого приступать к выполнению оката.

Не следует забывать, что убавление петель производится одновременно с двух сторон детали. Сначала в лицевом ряду убавляют 4 первые петли, довязывают до конца ряда, поворачивают вязание и убавляют также 4 петли в начале изнаночного ряда. В начале лицевого ряда убавляют 3 петли и столько же убавляют в изнаночном ряду и т. д.

Петли второй части убавляют по одной в начале и конце каждого лицевого ряда, а петли третьей части убавляют точно так же, как и в начале вывязывания оката. Когда на спице останется всего 6 петель (3 петли правой и 3 петли левой части рукава), их закрывают подряд.

Опытные вязальщицы предпочитают порой вывязывать два рукава сразу. В этом случае две детали находятся на одной спице, но работа осуществляется от разных клубков. Тем, кто еще не набрал нужного опыта, вязать рукава одновременно не рекомендуется, т. к. при таком исполнении прикладывать их к выкройке не очень удобно, а если будет сделана ошибка, распускать придется сразу две детали.

Но с другой стороны, если плотность вязания еще недостаточно отрегулирована, то лучше всего остановиться именно на данном варианте исполнения рукавов, поскольку разная плотность вязания действительно может стать причиной того, что один рукав получится больше, чем другой.

Форма оката втачного рукава часто отличается от основной. Иногда модель требует, чтобы рукав был присборен по окату или заканчивался погоном. Если меняется форма оката, обязательно нужно обратить внимание на линию проймы и плеча, возможно, что в данном случае ее также нужно будет изменить. Расчет закрываемых петель производится уже описанным образом.

Если рукав вывязывается с погоном, то это требует непременного изменения линии плеча на спинке и полочках. Основную выкройку переда и спинки нужно соединить по плечевому шву и приложить к ним выкройку рукава таким образом, чтобы средняя линия рукава и линия плечевого шва оказались совмещенными. На спинке и переде нужно наметить погон, ширина которого может быть 6 – 8 см. Этот же погон следует перевести через кальку и приклеить к основной выкройке рукава. Выполнив окат рукава, петли погона закрывать не нужно, их необходимо продолжать вязать по выкройке. Связав необходимую длину погона, все петли нужно разделить на 2 части, закрыть первую часть за один раз, а затем довязать оставшиеся петли по выкройке. Если петли горловины не закрываются, а переснимаются на вспомогательную нить, то точно таким же образом следует поступить и с петлями погона.

Перед

После того как спинка и рукава изделия выполнены, переходят к вязанию переда. Если изделие не имеет застежки спереди, то перед вяжется аналогично спинке с той лишь разницей, что проймы и горловина делаются глубже. Когда перед состоит из двух полочек, его вязание кардинально отличается от выполнения спинки.

Принято начинать работу с левой полочки, особенно если планка-застежка выполняется одновременно с полочкой. В этом случае на готовой детали можно будет отметить места расположения пуговиц, перенести их на выкройку и при вывязывании правой полочки располагать в этих местах прорезные петли. Необходимо помнить, что в мужских моделях петли расположены на левой полочке, значит, первой вывязывается правая. Когда планки выполняются отдельно и пришиваются к уже готовому изделию, начинать работу можно с вязания любой полочки.

Наиболее сложно вывязать полочку одновременно с планкой-застежкой. Точнее определить количество петель, необходимое для полочки, можно, если использовать для расчета связанную спинку. Это правило, однако, действует только в том случае, когда полочка выполняется тем же узором.

На спицы набирают нужное количество петель и вяжут одновременно горизонтальную и вертикальную планки. Например, если планка выполняется платочной вязкой, этим узором провязываются все петли на протяжении нескольких рядов — всего 4 см. Затем все вязание нужно поделить на планку и основную часть полочки: вертикальная планка шириной 4 см выполняется платочной вязкой, а на всех остальных петлях вывязывается основной узор. Чтобы планка четко отличалась от основного узора полочки, рекомендуется отделить ее «желобком» из 1-й изнаночной петли. Вязание продолжается по прямой до начала вытачки, если она, конечно, имеется на выкройке. При выполнении приталенной модели необходимо сформировать плавную линию бока. Это делается точно таким же образом, что и при вязании спинки.

Полочка и планка-застежка выполняются разными узорами, поэтому не исключено, что в процессе работы один из них будет прибавлять в высоту быстрее другого. В этом случае нужно постараться сдержать «рост» узора, выбившегося вперед. Например, при вязании планка становится ниже, чем основной узор. В этом случае нужно провязать ряд, перевернуть вязание и снова провязать планку в обратную сторону, петли основного узора при этом остаются непровязанными. Таким образом высота планки увеличится на два ряда, в то время как основная часть полочки останется прежней. К подобному приему прибегают время от времени, как только замечают, что планка несколько «отстает» от основного узора.

Неопытных вязальщиц часто затрудняют расчет и выполнение горизонтальной вытачки. Справедливости ради хотелось бы отметить, что вытачку в ручном трикотаже выполняют довольно редко, она встречается только в обтягивающих моделях, но иметь представление о том, как ее сделать, нужно обязательно.

Вытачку выполняют несколькими способами. Можно сделать так называемую открытую вытачку, а при сборке изделия сшить ее. Вытачка такого типа используется, если модель вяжется сложным узором, который при частичном вязании непременно собьется. Закрытая вытачка применяется гораздо чаще, чем открытая. Выполняется она укороченными рядами.

Формирование вытачки можно рассмотреть на конкретном примере. Допустим, раствор вытачки должен быть 4 см, а ее длина — 12 см (рис. 139). Плотность вязания составляет 3 петли.

Зная все эти параметры, нетрудно определить число петель, приходящихся на длину вытачки, — 36 (3 петли умножить на 12 см).

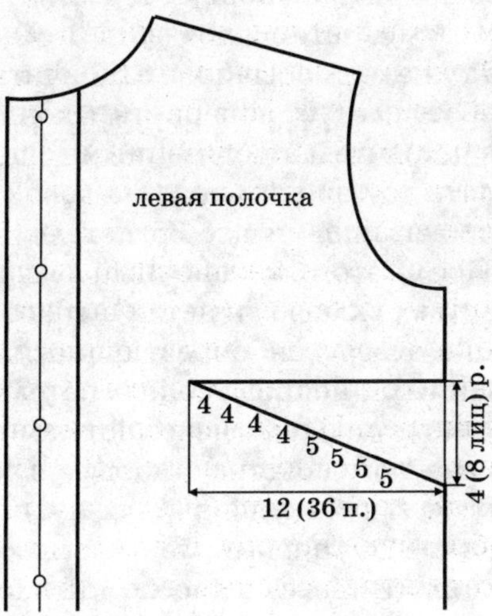

Рис. 139. Выполнение вытачки

Плотность вязания по вертикали составляет 4 ряда. Величина раствора вытачки — 4 см, значит, на них приходятся 16 рядов, или 8 лицевых рядов и 8 изнаночных. Количество лицевых рядов соответствует числу групп, на которые нужно разделить все петли вытачки, чтобы можно было воспользоваться частичным вязанием. На каждую группу приходятся 4 петли (36 петель разделить на 8). Получается остаток — 4 петли. Их нужно разбить по одной и присоединить к первым, считая от бокового шва, группам: 5+5+5+5+4+4+4+4. Чтобы работать было удобнее, все результаты расчета необходимо нанести на выкройку.

Выполнение вытачек на левой и правой полочке несколько отличается. При вывязывании вытачки на левой полочке петли недовязывают в конце каждого изнаночного ряда, а при формировании вытачки на правой полочке — лицевого.

Связав левую полочку до точки начала раствора вытачки, отмеченной на выкройке, на левой спице в конце изнаночного ряда нужно оставить 5 петель непровязанными (кромочная также входит в этот счет), перевернуть работу, снять 1 петлю непровязанной, следя за тем, чтобы рабочая нить не обвила ее, затянуть ее на спице как можно туже, затем провязать 2 следующие петли несколько туже, чем обычно, и закончить ряд обычным узором. Работу следует повернуть, в конце изнаночного ряда снова оставить непровязанными 5 петель и т. д. Так нужно делать до тех пор, пока на левой спице не окажутся непровязанными все 36 петель, отведенных на вытачку. После этого изнаночный ряд следует провязать полностью, включая и петли вытачки.

Небольшие отверстия, образующиеся между группами провязанных и непровязанных петель, после стирки или отпаривания изделия исчезают сами по себе, и поверхность вязаного полотна становится равномерной.

Когда после выполнения вытачки укороченными рядами провязывают первый, так называемый сквозной ряд, часто сталкиваются с проблемой нарушения ритма узора. Чтобы трикотажное полотно выглядело аккуратно, следует вязать тот ряд, который необходим для пра-

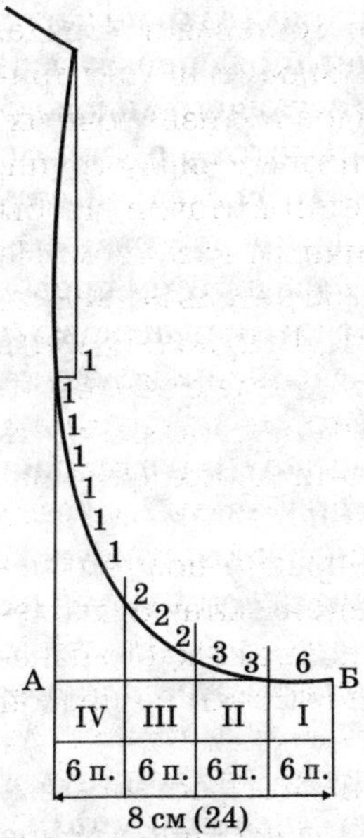

Рис. 140. Выполнение проймы переда

вильного продолжения рисунка. Больше внимания нужно обращать на то, чтобы узор не был испорчен в непосредственной близости от планки, а подмышечная часть изделия была менее заметна.

Когда вытачка делается открытой, расчет производится уже описанным способом. Вместо того чтобы оставлять петли непровязанными, их закрывают, после чего в следующем ряду набирают на спицу 36 петель вытачки и продолжают вязание по выкройке. По окончании работы открытую вытачку сшивают.

Расчет и вывязывание проймы переда несколько отличаются от выполнения проймы спинки. Если внимательно посмотреть на выкройку, можно увидеть, что она более глубокая и пологая, а значит, не может быть выполнена точно таким же образом. Прежде всего нужно определить число петель в ширине проймы и разделить его на 4 равные части (рис. 140).

Как всегда, для расчета используется плотность вязания: 3 петли на 1 см. Получается, что на пройму приходятся 24 петли (3 петли умножить на 8 см). Если разделить это количество петель на 4 части, получается 6, т. е. на каждую часть должно приходиться по 6 петель. Петли первой группы убавляются одновременно (6), петли второй группы — в 2 приема (3 + 3), петли третьей группы — в 3 приема (2 + 2 + 2), а петли четвертой группы — в 6 приемов (1 + 1 + 1 + 1 + 1 + 1). Полученный расчет необходимо нанести на выкройку, а потом использовать его при вязании.

При вязании левой полочки все убавления для проймы производятся в лицевых рядах, а правой полочки — в изнаночных. Довязав левую полочку до проймы, 6 петель (первая часть) в начале лицевого ряда закрепляют и довязывают ряд до конца. Изнаночный ряд провязывают обычным способом. В начале следующего лицевого ряда закрепляют 3 петли и далее следуют тем расчетам, которые имеются на выкройке. Петли последней четвертой части убавляют по 1 через 1 лицевой ряд, т. е. убавления делают в начале лицевого ряда, затем провязывают изнаночный ряд, лицевой и снова изнаночный и только после этого приступают к выполнению следующего убавления.

Выполнив пройму, нужно провязать 5 – 6 рядов прямо, а затем через равные интервалы прибавить 2 – 3 раза по 1-й петле. Если эти прибавления нарушают рисунок, то от них вполне можно отказаться и вязать пройму по прямой до низшей точки плеча.

Расчет для вывязывания плеч переда должен в точности соответствовать тому, который был выполнен для формирования плеч спинки, иначе и скос, и длина будут разными, что не позволит правильно соединить детали.

Перед может быть оформлен самыми разнообразными вырезами горловины. Самым распространенным является вырез «под горлышко». Расчет и вывязывание горловины переда производятся аналогичным со спинкой образом, только следует принять во внимание, что глубина выреза переда гораздо больше, чем спинки.

Деление петель горловины переда на части показано на рисунке 141.

Кривая линия горловины может быть поделена на несколько разных участков: первый — горизонтальный, второй — пологий, третий — наклонный, четвертый — почти вертикальный, пятый — вертикальный.

Теперь нужно подсчитать число петель в ширине каждого отрезка и определить число лицевых рядов, приходящееся на их высоту. Например, второй отрезок состоит всего из 6 петель (2 см на выкройке при плотности вязания 3 петли). Высота данного отрезка кривой линии составляет всего 2 лицевых ряда, т. е. 6 петель нужно спустить за 2 раза.

Этот же прием используется для расчета петель каждого отрезка кривой линии горловины — число петель

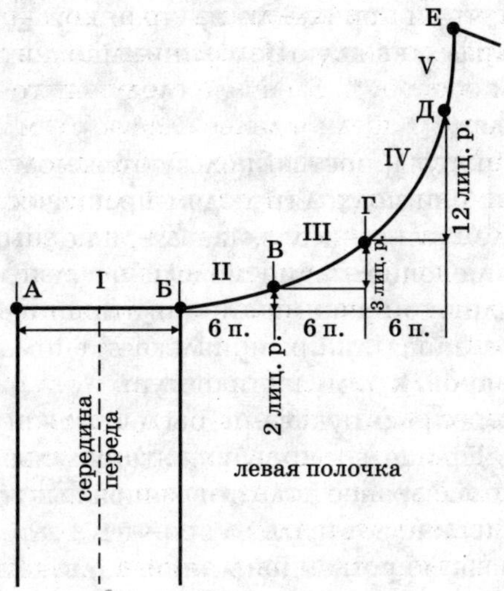

Рис. 141. Вязание горловины переда

нужно поделить на число лицевых рядов. Таким образом, получается, что первая часть убавляется за один прием (12 петель), вторая — за 2 приема (3 + 3), третья — за 3 приема (2 + 2 + 2), четвертая — за 6 приемов (1 + 1 + + 1 + 1 + 1 + 1), пятая часть вяжется без убавлений. В ширине отрезка четвертой части 6 петель, а высота этой кривой линии — 12 лицевых рядов. Следовательно, по 1-й петле закрывается через лицевой ряд в каждом 4-м ряду.

Полученные результаты расчетов наносятся на выкройку. Необходимо также поставить цифры расчета и для вывязывания плечевой линии.

Вторая полочка вяжется по той же выкройке, но в зеркальном отображении. В этом случае убавления для горловины производятся в начале не лицевых, а изнаночных рядов. Если предстоит оформить горловину планкой, ее петли удобнее всего не закрывать, а нанизывать на вспомогательную нить.

Если модель не имеет застежки спереди и будет надеваться через голову (свитер, пуловер, майка), то при вывязывании горловины следует придерживаться тех же принципов, что и при работе над спинкой — разделить деталь пополам и каждую половину выполнить порознь.

Реглан

Большой популярностью пользуются модели с рукавом реглан. Они подходят людям практически любого типа телосложения — и худощавым, и полным. Единственное исключение: такие модели не рекомендуются людям со слишком узкими или покатыми плечами, поскольку регланная линия привлекает внимание окружающих именно к этой части фигуры.

Вязать изделие с рукавами реглан можно разными способами. Проще всего выполнять отдельные детали снизу вверх по заранее подготовленной выкройке. Каждую деталь нужно довязать до проймы, а затем перейти к формированию регланной линии. С двух сторон регланной линии в лицевых рядах убавляется по 1-й петле (т. е. провязывается по 2 петли вместе в начале и в конце ряда по регланной линии). Если выбирают фасонную регланную линию, то обязательно с невыпуклым узором, чтобы ее потом можно было красиво и незаметно сшить.

Затруднение при таком способе вязания модели может вызвать только выполнение горловины, линия которой в данном случае состоит не из двух участков (спинки и переда), а из четырех (спинки, переда и рукавов). Горловина спинки в модели с рукавом реглан представляет собой прямую линию. Петли после выполнения детали закрывают в одном ряду или же оставляют на вспомогательной спице. Горловина переда имеет закругление. Чтобы рассчитать количество убавлений, необходимо определить число петель по ширине горловины (от центра детали до высшей точки плеча) и разделить полученное число на 3 равные части. Если получается остаток, его прибавляют к первой части. Далее петли каждой части разбивают на группы.

Допустим, ширина горловины от центра детали — 6 см. При плотности вязания 3 петли на 1 см ширина горловины составляет 18 петель (6 см умножить на 3 петли). Каждая часть линии горловины состоит из 6 петель.

Первую часть нужно разделить на тройки (3+3), вторую — на двойки (2+2+2), третью — на единицы (1+1+1+1+1+1). Эти цифры наносят на выкройку, которой пользуются при вязании модели.

Линия горловины проходит также в верхней части рукава реглан. Для правильного выполнения ширину линии горловины, рассчитанную в петлях, нужно разделить на 3—4 части и закрыть петли в соответствии с выкройкой. Если планируется выполнить планку, петли не закрываются, а постепенно переводятся на дополнительную нить.

Модель с рукавами реглан можно вязать и другим способом. Все детали выполняются по выкройке снизу вверх до проймы, а затем в определенном порядке переносятся на кольцевые спицы (обязательно того же номера, что и прямые), и работа заканчивается по кругу. Если спереди имеется застежка, то все детали вяжутся обычным плоскостным вязанием. Чтобы не ошибиться, регланную линию нужно наметить цветной нитью. Убавления производятся в лицевых рядах (при круговом вязании — через ряд) с каждой стороны регланной линии. Линия реглана будет еще более подчеркнутой, если оформить ее красивым узором.

Еще одним способом вязания модели с рукавами реглан является выполнение от горловины сверху вниз. Спинка, рукава и перед от линии горловины до боковых швов вывязываются одновременно, так что впоследствии модель не приходится сшивать по линии реглана. Очень часто таким образом выполняют детские модели, т. к. удлинить связанную этим способом вещь, если ребенок подрос, не составит труда — достаточно только распустить снизу 1—2 ряда, посадить полученные петли на спицы и довязать до нужной длины.

Этот метод кардинально отличается от работы по выкройке. Приходится вязать «вслепую», постоянно примеряя модель и не ориентируясь на чертеж, поэтому данный способ больше подходит тем мастерицам, которые уже в достаточной степени овладели сложным искусством вязания. Сверху вязать труднее еще и потому, что в работе одновременно находятся сразу несколько деталей и приходится быть предельно внимательной, чтобы не сбился узор и не ушла в сторону линия реглана.

Кстати, далеко не все узоры можно использовать при таком вязании. Нужно учесть, что многие из них вообще не предназначены для вязания по кругу, другие выглядят перевернутыми, что также неприемлемо. Но зато только сверху вниз можно выполнять некоторые модели легких летних кофточек, пончо, манишек.

Рассчитать петли для начала вязания и дальнейших прибавлений в данном случае наиболее сложно. Необходимо сделать контрольный образец и выявить плотность вязания, например 3 петли на 1 см. Также обязательно следует измерить окружность шеи — к примеру, 36 см. Умножив полученную плотность вязания на 36, получают количество петель, которое необходимо набрать для начала работы — 108. Из этого числа нужно вычесть петли линии реглана. Например, линия реглана составляет 1 петлю (при фасонном реглане эта линия может доходить до 10 петель). В этом случае из 108 нужно вычесть 4 петли, а оставшиеся петли (104) разделить на 3 равные части. Получается, что на каждую часть приходится по 34 петли и еще 2 остаются:

— первая часть (34 петли) — спинка;
— вторая часть (34 петли) — два рукава;
— третья часть (34 петли) — перед.

Остаток петель необходимо прибавить к петлям переда. Получается, что на перед должно приходиться не 34, а 36 петель. Каждый рукав нужно уменьшить на 1,5 см (4 петли). Они также прибавляются к переду — 44 петли (36 петель плюс 4 петли и еще 4 петли).

Если модель имеет застежку спереди, то число петель планки необходимо прибавить к первоначальной цифре расчета. Допустим, что планка состоит из 10 петель. К 108 прибавляют 10 и получают 118 петель. Именно столько необходимо набрать для начала вязания (рис. 142).

Петли распределяются следующим образом: 10 петель — планка, 22 петли — правая полочка, 1 петля — линия реглана, 13 петель — правый рукав, 1 петля — линия реглана, 34 петли — спинка, 1 петля — линия регла-

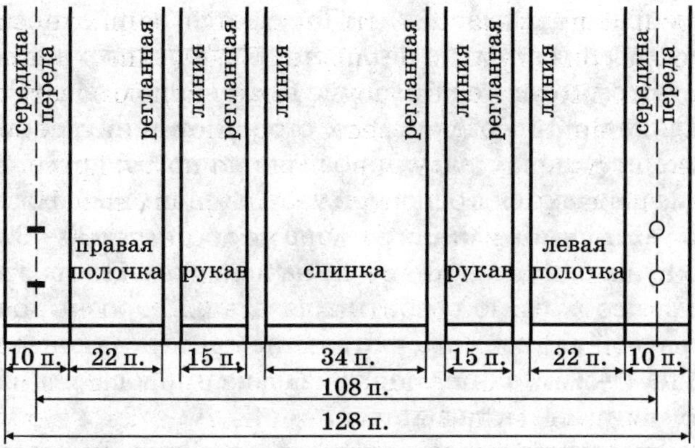

Рис. 142. Распределение петель при вязании модели с рукавом реглан способом сверху вниз

на, 13 петель — левый рукав, 1 петля — линия реглана, 22 петли — левая полочка, 10 петель — планка.

Чтобы линия горловины хорошо прилегала к шее, необходимо воспользоваться частичным вязанием. На спицы вспомогательной нитью набирают 118 петель и 2 подготовительных ряда провязывают лицевыми петлями. Теперь переходят на основную нить и разделяют все вязание по вышеприведенному расчету. Линии планки и реглана непременно нужно отметить цветной нитью, чтобы потом не запутаться. Основной нитью необходимо провязать 1 ряд изнаночными петлями и только со следующего ряда начать основной узор.

Чтобы горловина спинки была выше горловины переда на 4—5 см, необходимо воспользоваться укороченными рядами. Петли рукавов нужно разделить на 4 части, а горловину переда — на 6 частей (планки в этот счет не входят).

Первый ряд основного узора выполняется следующим образом: планка застежки провязывается плотным узором, далее — рукав, спинка и четверть правого рукава. Работу поворачивают и в изнаночном ряду провязывают четверть левого рукава, спинку и четверть правого рукава (т. е. до первой отметки на рукаве). Работу опять поворачивают и 3-й ряд провязывают до второй отметки на правом рукаве и т. д. Получается, что полностью провязываются только петли спинки, а петли рукавов и полочек включаются в вязание постепенно.

Начиная с 3-го ряда, с двух сторон от линии реглана в каждом лицевом ряду прибавляется по 1-й петле. Эти петли включаются в основной узор. Вязание продолжается до тех пор, пока линия реглана не достигнет 30 – 32 см в длину на спинке и 28 – 30 см на полочках. После этого детали необходимо разбить и вязать их порознь до необходимой длины. Полочки можно сделать длиннее переда на 1 – 2 см, а при сборке изделия припосадить лишнюю длину на месте вытачек.

Можно также посоветовать после разбивки вязания на детали объединить петли спинки и переда на одну спицу и вязать их вместе. Петли рукава пересаживают на 4 короткие спицы нужного диаметра и вязание продолжают по кругу. В этом случае модель будет совсем без швов.

В зависимости от узора вязания регланная линия может служить дополнительным украшением модели. Ее ширина может существенно варьировать от 2 – 3 до 10 петель. Регланная линия может вывязываться самостоятельным узором, совершенно не зависимым от основного рисунка изделия. Однако, подбирая такой узор, нужно непременно принять во внимание тот рисунок, которым вяжется изделие, поскольку отсутствие гармонии между отделочной регланной линией и основным фоновым рисунком сделает модель некрасивой.

Плотная регланная линия используется обычно в том случае, если изделие вяжут сверху вниз. Для расширения детали вдоль регланной линии делают накиды по изнаночной стороне изделия. В лицевых рядах эти накиды провязывают скрещенной лицевой петлей. Когда изделие вяжется по кругу, накиды выполняют через ряд, а в следующем ряду (где накидов не делают) их также провязывают лицевой скрещенной петлей.

Изделие, выполненное лицевой гладью, можно украсить фасонной регланной линией из ажура. Обычно эта линия формируется при вязании изделия сверху вниз.

1-й ряд: 1 лиц., 1 накид, 2 изн., 1 накид, 1 лиц.

2-й и все четные ряды: все петли вязать по рисунку, накиды провязывать изнаночными петлями.

3-й ряд: 1 лиц., 1 накид, 1 лиц., 2 изн., 1 лиц., 1 накид, 1 лиц.

5-й ряд: 1 лиц., 1 накид, 2 лиц., 2 изн., 2 лиц., 1 накид, 1 лиц.

7-й ряд: 1 лиц., 1 накид, 3 лиц., 2 изн., 3 лиц., 1 накид, 1 лиц.

9-й ряд: узор повторяется с 1-го ряда.

В том случае, если изделие выполняют способом вязания по кругу, накиды делают через ряд, а в каждом последующем ряду (где накидов не делают) их провязывают лицевой петлей.

Широкая ажурная регланная линия также предназначена для вязания изделия с рукавом реглан сверху вниз. Раппорт узора регланной линии рассчитан на 10 петель.

1-й ряд: 1 накид, 2 вместе лицевой скрещенной, 3 лиц., 1 накид, 3 лиц., 2 вместе лицевой, 1 накид.

2-й ряд: 5 изн., из накида вывязать 2 петли (лицевую и изнаночную), 5 изн.

3-й ряд: 1 накид, 2 вместе лицевой скрещенной, 2 лиц., 1 накид, 2 лиц., 1 накид, 2 лиц., 2 вместе лицевой, 1 накид.

4, 6 и 8-й ряды — изнаночные петли.

5-й ряд: 1 накид, 2 вместе лицевой скрещенной, 1 лиц., 1 накид, 4 лиц., 1 накид, 1 лиц., 2 вместе лицевой, 1 накид.

7-й ряд: 1 накид, 2 вместе лицевой скрещенной, 1 накид, 6 лиц., 1 накид, 2 вместе лицевой, 1 накид.

9-й ряд — узор повторяется с 1-го ряда.

В том случае, если детали изделий выполняют по отдельности снизу вверх до проймы, а затем объединяют на одну спицу и вяжут вместе, очень часто используется плотная регланная резинка.

1-й ряд: все петли лицевые.

2-й и все четные ряды: все петли изнаночные.

3-й ряд: 3 вместе лицевой скрещенной, 2 лиц., 3 вместе лицевой.

5-й ряд: узор повторяется с 1-го ряда.

Когда изделие выполняется снизу вверх до проймы отдельными деталями, которые затем соединяются и вяжутся вместе, регланную линию можно оформить и по-другому. В этом случае на ее месте в каждом ряду провязывают 3 петли вместе лицевой таким образом, чтобы средняя петля перекрывала две крайние. Для этого ее нужно надеть на вспомогательную спицу, оставить перед работой, провязать две петли вместе лицевой, взять петлю со вспомогательной спицы и надеть на уже провязанную петлю.

Если модель выполняется каким-либо плотным узором, регланную линию можно оформить в виде «жгута». Такую линию используют и при вязании всех деталей вместе от проймы, и при их выполнении по отдельности снизу вверх.

1-й ряд: 2 вместе лицевой скрещенной, 2 петли снять на вспомогательную спицу перед работой, 2 лиц., 2 лиц. со вспомогательной спицы, 1 лиц.

2-й и все четные ряды: все петли изнаночные.

3-й ряд: 2 вместе лицевой скрещенной, 5 лиц.

5-й ряд: узор повторяется с 1-го ряда.

В том случае, если детали модели вяжутся снизу вверх, а затем сшиваются, можно использовать регланную линию «елочка».

1-й ряд: 3 лиц., 3 петли вместе (провязать вместе 2-ю и 3-ю петли лицевой скрещенной, затем, не снимая их со спицы, провязать 1-ю петлю лицевой скрещенной и протянуть ее через провязанные вместе).

2-й и все четные ряды: все петли изнаночные.

3-й ряд: узор повторяется с 1-го ряда.

Воротники

Наибольшим веяниям моды подвержены формы выреза (круглые, «лодочкой», «каре», V-образные и т. д.) и воротников (шальки, английские, поло и т. д.).

Вороты нередко оформляются бейкой «под горлышко». Вывязывание и обработка округлого выреза горловины — это весьма кропотливая работа, которая к тому же требует особой аккуратности. Круглый вырез горловины оформляется одинарной или двойной бейкой. В зависимости от разновидности бейки выбирают и способ ее выполнения. Одинарная бейка более простая по сравнению с двойной. Если петли горловины по окончании вывязывания деталей не закреплялись, а собирались на вспомогательную спицу, то их просто нужно поместить на спицы того же размера, который использовался для вязания всей модели. Удобнее всего использовать спицы на леске, т. к. это позволит во время работы примерять изделие.

Работу начинают с лицевой стороны. На правую спицу необходимо перевести все петли правой полочки, не провязывая, а затем приступить к выполнению первого ряда. Петли горловины вяжутся лицевыми. Если между ними имеются большие промежутки, дополнительные петли вытягиваются из протяжек или из полотна; там, где полотно вязалось прямо, петли набирают из кромочных (из 1 кромочной вытягивается 1 петля горловины), при этом нужно стараться, чтобы такие прибавления не особенно бросались в глаза.

Петли набирают и провязывают до середины спинки. Все петли на правой спице необходимо пересчитать, а затем продолжить провязывание открытых петель и набор отсутствующих на второй половине выреза горловины, ориентируясь на полученную цифру. Петли бейки вяжутся лицевыми. Бейка «под горлышко» выполняется обычно тем же узором, что и планки застежки полочек. Чаще всего она выполняется лицевой гладью. Чтобы бейка хорошо лежала, каждые 3 – 4 ряда необходимо менять спицы с большего размера на меньший.

Выполнив бейку нужной высоты, модель необходимо примерить. Если модель имеет застежку на пуговицы, то петлю под пуговицу нужно сделать также и на бейке.

При примерке может обнаружиться, что бейка плохо прилегает к шее. Причина этого может крыться или в слишком большом количестве петель, набранных из протяжек, или в том, что плотность вязания чрезмерно велика. В обоих случаях бейку придется распустить и перевязать.

Бывает, что бейка обхватывает шею слишком туго. Причиной этого недостатка является, скорее всего, то, что дополнительных петель было набрано недостаточно или вязка слишком плотная. Чтобы исправить такой дефект, работу придется полностью переделать.

Бейка считается выполненной правильно, если она хорошо прилегает к шее, не топорщится и при этом не давит. Убедившись в этом, петли нужно закрыть. Затем выполняется еще одна примерка, чтобы проверить, не закреплены ли петли бейки слишком туго.

Если при формировании горловины петли не переснимались на дополнительную нить, а закрывались, то для бейки все петли набираются из кромочных или из протяжек. При этом также не следует делать бейку «под горлышко» очень тугой или слишком свободной.

Двойная бейка выглядит очень аккуратно благодаря четкой плавной линии основания, однако большая толщина порой делает невозможным ее использование в моделях с ажурным или рыхлым рисунком. Чаще всего такой бейкой оформляют вырезы мужских или спортивных моделей.

Первый ряд выполняется точно так же, как и при одинарной бейке, нужные петли добавляются из протяжек и из кромочных. Лицевой ряд вяжется тем же узором, которым выполнена планка застежки. Спицы нужно менять с большего размера на меньший каждые 3 – 4 ряда. Связав бейку до сгиба, лицевой ряд необходимо провязать так: 1 накид, 2 петли вместе за задние стенки. Это необходимо для того, чтобы место сгиба было четко обозначено аккуратными зубчиками.

Со следующего ряда продолжается основной узор бейки. Теперь нужно менять спицы в обратном порядке — с меньшего размера на больший. Вторую половину бейки от линии сгиба нужно связать на 3 – 4 ряда больше, чем первую. Не закрывая петли, рабочую нить следует оборвать и перейти на дополнительную, связав еще 2 – 3 ряда, снять все петли со спицы. Бейку сложить по ряду с зубчиками, а открытые петли пришить к деталям изделия.

На пуловере с овальным вырезом горловины двойная бейка выполняется несколько иначе. Сначала все детали изделия сшиваются. Открытые петли собираются на круговую спицу на изнаночной стороне вязания, а там, где это необходимо, дополнительные петли набираются из протяжек. Работа ведется по кругу резинкой 1 х 1 или

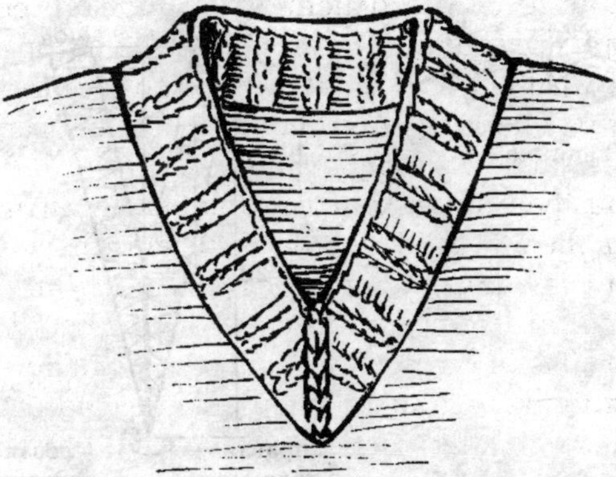

Рис. 143. V-образный вырез горловины

2 х 2. Постепенно нужно менять размер спиц, чтобы бейка получалась все более плотной. Место сгиба также отмечается рядом зубчиков — в лицевом ряду нужно провязать 1 накид, 2 вместе лицевой за задние стенки и т. д. до конца ряда.

Вторую половину бейки выполняют, несколько ослабляя вязание, а заканчивают ее 2–3 рядами вспомогательной нитью. От готовой бейки нужно отплести вспомогательную нить, подогнуть бейку на лицевую сторону и сначала приметать, а затем пришить к вырезу горловины.

Время от времени на пик популярности возвращаются модели с V-образным вырезом горловины, который в трикотажной одежде считается классическим.

Для выполнения V-образного выреза пуловера (рис. 143) на выкройке-основе необходимо отложить глубину выреза (точка А) и ширину отделочной планки (4 см). На линии плеча нужно отмерить также 4 см и соединить прямой линией полученную точку Б с точкой А. От верхней точки плеча нужно провести вниз линию, строго параллельную линии АБ. Точно таким же образом проводится линия горловины и с другой стороны выкройки (рис. 144).

Довязав перед пуловера до точки А, работу нужно разделить пополам и пересадить левую половину петель на

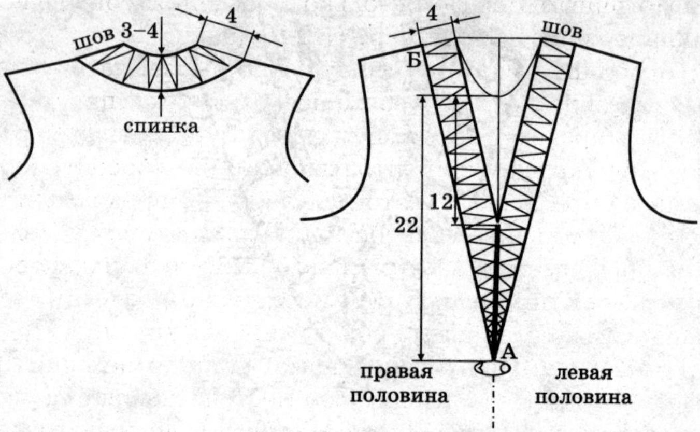

Рис. 144. Выкройка-основа модели с V-образным вырезом горловины

вспомогательную спицу. Средняя петля снимается на булавку (число петель переда должно быть нечетным). Сначала вяжется правая половина пуловера с убавлением петель по линии горловины. Расчет убавлений делается по тому же принципу, как и при вязании жакета.

При расчетах для вывязывания V-образного выреза горловины пуловера замечена закономерность, которой не следует пренебрегать. В том случае, если нижняя точка горловины располагается ниже уровня груди на 4 – 5 см, убавления приходится делать в каждом 4-м ряду. Если глубина горловины ниже уровня груди на 6 – 10 см, то убавляют иначе: 1 – 2 раза в каждом 6-м ряду и 1 раз в 4-м ряду. Когда вырез очень глубокий и достигает, например, линии талии, то убавления производятся в каждом 6-м или 8-м ряду.

Убавления по линии горловины следует делать таким образом, чтобы работа выглядела аккуратно. Рекомендуется следующую за кромочной петлю провязать изнаночной (в изнаночных рядах она вяжется лицевой), а затем использовать ее в убавлениях. Убавления производят в лицевых рядах: сняв кромочную, следующие 2 петли провязывают вместе изнаночной. Левую полочку вяжут аналогичным образом, только убавления совершают в конце лицевого ряда перед кромочной.

Горловину такого же типа можно вывязывать, убавляя петли не у самого края, а несколько отступив от него. Как правило, этот прием используется, если перед изделия украшен по центральной линии «косой», жгутами или рельефом. В этом случае узор продолжается в непосредственной близости от края изделия, а убавления совершаются за ним (правая полочка) или перед ним (левая полочка). В результате узор располагается параллельно планке, что выглядит очень красиво.

Готовое изделие нужно сшить, оставив незашитым часть левого плеча. Шов в этом месте выполняется уже после того, как планка будет закончена. По краю горловины с лицевой стороны изделия петли набирают из кромочных. Набор петель начинают с левого плеча сверху вниз. Дойдя до точки А, на спицы надевают среднюю петлю с булавки, провязав ее лицевой. Петли нужно пересчитать и набрать столько же от точки А до правого плеча на ту же спицу. Если петли горловины спинки открыты, их пересаживают со вспомогательной нити на спицу. В противном случае следует набрать необходимое число петель из кромочных горловины спинки.

1-й ряд выполняется лицевыми петлями, а со 2-го ряда начинают вязать узор планки. Как правило, планка оформляется резинкой 1 х 1 или 2 х 2.

Среднюю петлю планки снимают, не провязывая, во всех изнаночных рядах. Чтобы планка выглядела красиво, необходимо обязательно соблюсти симметрию — с двух сторон от центральной петли должны быть одинаковые петли, например, в центре петли должны располагаться следующим образом: 2 изнаночные, 1 лицевая (центральная), 2 изнаночные.

Чтобы планка не топорщилась, а красиво прилегала к детали, над точкой А в каждом лицевом ряду совершают убавления, провязывая 3 петли вместе. Для этого, довязав до этих петель, их нужно поменять местами таким образом, чтобы 3-я петля оказалась на месте 2-й: все 3 петли снимают на правую спицу, левую спицу вводят перед работой во 2-ю петлю, вытягивают правую спицу из

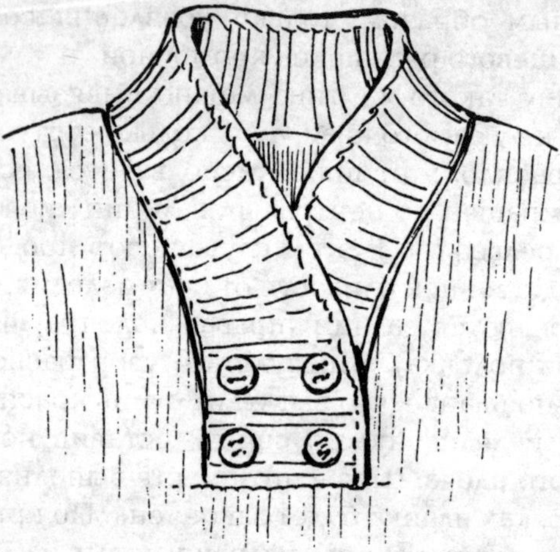

Рис. 145. Модель с V-образной горловиной с планкой внахлест, дополнительно оформленной застежкой на пуговицы

2-й и 3-й петель, подхватывают на нее 3-ю петлю, снова надевают на левую спицу 3-ю и 1-ю петли и провязывают 3 вместе лицевой за передние стенки.

Весьма оригинально выглядит V-образная горловина, обработанная планкой внахлест (рис. 145). Она отличается прежде всего тем, что планка не имеет острого угла, а левая и правая ее части заходят друг на друга.

На выкройку-основу следует нанести размеры планки (рис. 146). Как правило, планка такого типа имеет ширину не менее 8 см.

Соединив плечевые швы выкройки, на нее нужно положить кальку и перевести контуры планки. Готовую деталь планки вырезают и используют в качестве выкройки.

Планка может быть цельнокроеной или состоять из двух половинок со швом посреди спинки. На спинке она имеет дугообразную форму, что достигается с помощью частичного вязания. При вязании необходимо обращать внимание, чтобы концы планок имели острые углы, иначе в готовом изделии планка будет тянуть. Готовую деталь пришивают к изделию трикотажным швом, в середине переда ее концы накладывают друг на друга.

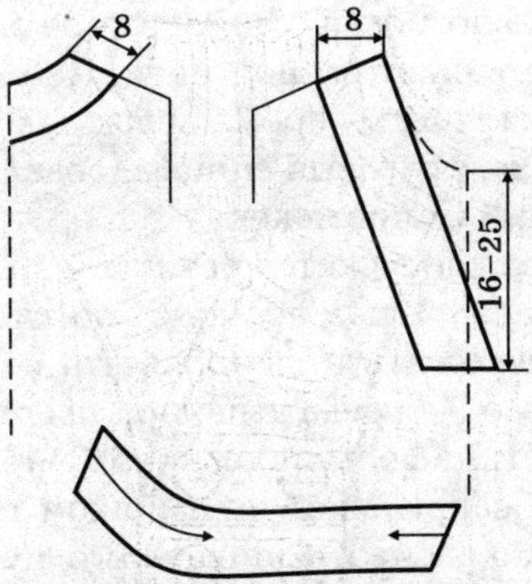

Рис. 146. Выкройка V-образного воротника с планкой внахлест

Некоторые трикотажные вещи (такие, как свитеры) украшаются высоким воротником гольф, который наиболее подходит для холодного времени года. Такой воротник может иметь, например, спортивный свитер или тонкая праздничная водолазка. При вязании воротника гольф (рис. 147) на выкройке-основе спинки и переда проводят новую линию горловины ниже основной на 1,5 – 2 см. Больший вырез горловины необходим для того, чтобы голова проходила свободно.

Рис. 147. Модель с воротником гольф

Петли ворота по линии спинки и переда оставляют открытыми на дополнительной нити. После того как все детали изделия сшиты (кроме левого плеча), эти петли переснимают на круговые спицы, добавляя там, где необходимо, петли из протяжек.

Воротник обычно вяжется резинкой, чтобы он плотно прилегал к шее. 1-й ряд проходит по лицевой стороне изделия, его рекомендуется провязать лицевыми петлями, а начиная со 2-го ряда выполняется рисунок.

Высота воротника обычно равна 10 – 15 см. Петли последнего ряда закрепляют не слишком туго, чтобы воротник лежал красиво. Сшивать его нужно одновременно с плечевым швом: до сгиба – по лицевой стороне, а после – по изнаночной.

Аналогичным образом можно выполнить веерообразный воротник. Форма линии горловины спинки и переда, расчет петель для данного вида воротника практически такие же, как и для воротника гольф, но сам процесс вязания несколько отличается.

После набора петель со вспомогательной нити и из протяжек первый лицевой ряд провязывают лицевыми петлями, а с изнаночного ряда начинают вязать резинкой 1 х 1. Работу продолжают до тех пор, пока воротник не достигнет в высоту 2 см. Затем необходимо поменять спицы на номер меньше и продолжить вязание еще на протяжении 2 см. Спицы снова меняют на номер меньше и вяжут еще 2 – 3 см. Этим несложным приемом достигается плотное прилегание воротника к шее.

Чтобы воротник расположился на изделии в виде веера, достигнув места сгиба и провязав еще 2 см, спицы меняют на номер больше и т. д., пока весь воротник не будет выполнен. Последние 3 – 4 см нужно вязать совсем слабо.

Вязание должно быть закончено утолщенным краем. Для этого к рабочей нити нужно прибавить еще одну такой же толщины, цвета и фактуры и, провязав еще 2 – 3 ряда, слабо закрепить все петли. Воротник сшивается точно таким же образом, что и гольф.

Английский воротник, являющийся прерогативой строгих деловых костюмов и блузок, тем не менее от-

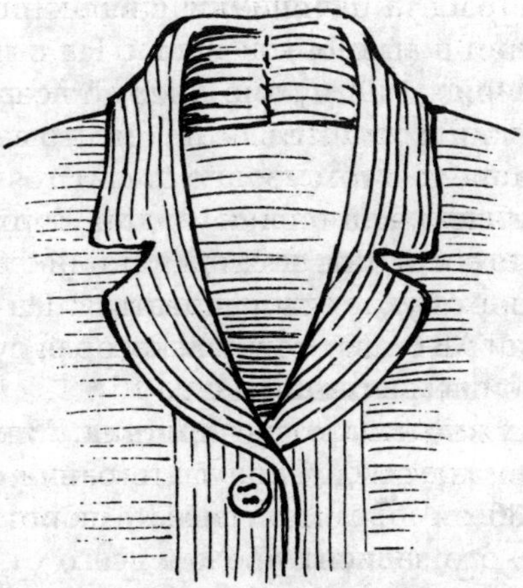

Рис. 148. Модель с английским воротником

лично смотрится в вязаных вещах (рис. 148). Выполняется этот воротник по аналогии с другими цельновязаными воротниками. Его можно связать отдельно, а затем пришить к готовому изделию, или же набрать петли из кромочных по краю полочек и горловине спинки и выполнить его, ориентируясь на выкройку. Наиболее часто пользуются именно вторым вариантом исполнения английского воротника.

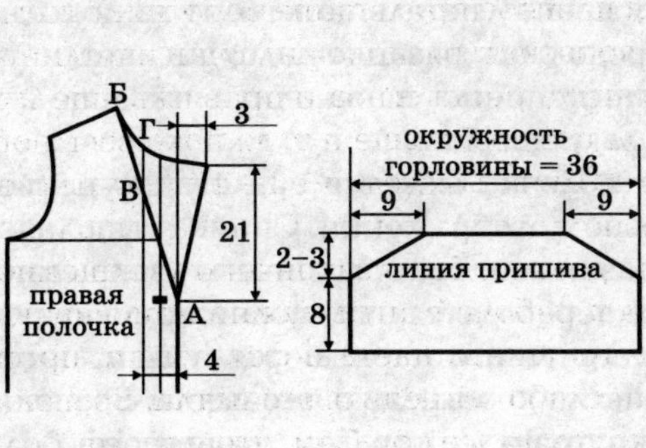

Рис. 149. Выкройки для модели с английским воротником

Как всегда, работа начинается с внесения необходимых изменений в выкройку-основу. На выкройке правой полочки (рис. 149) нужно прежде всего начертить планку застежки и отметить на ней место верхней пуговицы. На планке на этом уровне ставят точку А. От нее проводят линию расширения борта. Верхнюю точку плеча Б нужно соединить прямой линией с точкой А. По этой линии борт будет отворачиваться. На месте пересечения линии АБ ставят точку В, которая будет необходима в дальнейшем вязании.

Отдельно нужно начертить воротник. Линия, по которой он пришивается, должна быть равна окружности горловины (36 см). Форма и высота воротника может быть разной, это зависит прежде всего от фасона выбранной модели. Изменения в выкройку спинки вносить не нужно.

Полочку вяжут одновременно с планкой, ориентируясь на выкройку, до точки А. Затем с внешнего края планки застежки начинают прибавлять петли для расширения борта. Для планки нужно подобрать несложный двусторонний узор, которым выполняется и борт.

Довязав до точки В, петли основного узора, оказавшиеся за линией отворота, включают в узор борта. Это необходимо для того, чтобы при отвороте борта не было заметно изнанки основного узора.

После того как борт будет полностью готов, половину его петель необходимо закрепить (до точки Г). Оставшуюся половину петель переводят на дополнительную нить. Продолжая вязание полочки, петли горловины нужно постепенно переводить на дополнительную нить, не закрепляя их.

Вторая полочка вяжется аналогично первой, только в зеркальном отображении. Спинка выполняется обычным образом, петли горловины не закрываются, а открытыми переводятся на дополнительную нить.

Готовые детали отпариваются и сшиваются. Все открытые петли необходимо перевести с дополнительной нити на круговую спицу. Там, где имеются большие пустые промежутки, дополнительные петли набираются из протяжек или кромочных. Петли левой и правой поло-

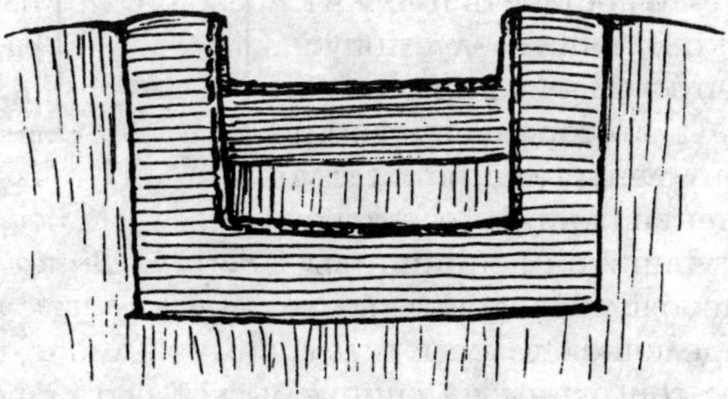

Рис. 150. Модель с квадратным вырезом каре

вин воротника необходимо пересчитать и сравнить. Их должно быть одинаковое количество.

Теперь приступают к выполнению воротника. Первый ряд — изнаночный. Необходимо снять, не провязывая, петли борта, добавить 1 петлю из протяжки, а все остальные петли выполнить узором, которым был вывязан борт.

Лицевой ряд провязывают полностью, а со следующего ряда начинают частичное вязание, недовязывая в каждом ряду по 2—3 петли. Когда посередине высота воротника достигнет 2—3 см, в работу включают все петли воротника. Воротник вяжут на необходимую высоту (7—8 см). Чтобы он хорошо лежал, последние 2—3 ряда провязывают спицами большего диаметра или же заканчивают работу утолщенной нитью (присоединив к основной еще одну такой же толщины, цвета и фактуры). Петли закрепляют не слишком туго, чтобы воротник не тянул.

Квадратный вырез каре также довольно часто используется в трикотажной одежде (рис. 150). Начинать работу, как и всегда, нужно с изменения выкройки-основы.

По линии плеча переда от точки Б (рис. 151) нужно отложить 2 см и поставить точку Б1. От самой нижней точки выреза горловины — точки А — следует отложить вниз 4 см и поставить точку А1. От точки Б1 вниз следует опустить вертикальную линию, а от точки А1 в сторону провести горизонтальную линию. Место соединения линий — точка В. Отступив 2 см по линии выреза, необходимо наметить линию отделочной полосы.

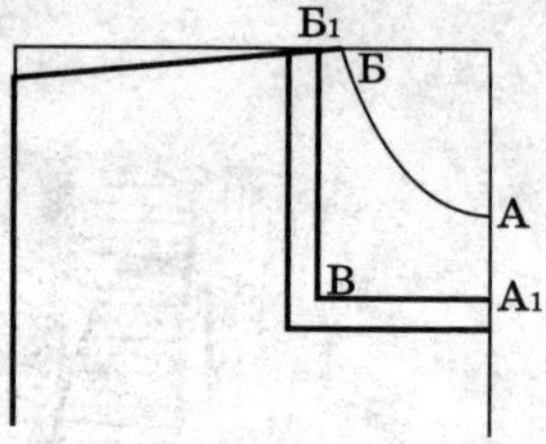

Рис. 151. Выкройка для модели с вырезом каре

Вырез горловины на спинке может быть оформлен также в виде каре или же остаться полукруглым. В первом случае он выполняется аналогичным образом с вырезом каре переда, но делается не таким глубоким. Если же вырез горловины спинки оставляют полукруглым, от верхней точки плеча нужно отложить на линии плеча 2 см и соединить эту точку плавной линией с самой нижней точкой выреза горловины.

Изделие с вырезом каре можно выполнять разными способами. В частности, отделочную бейку можно вязать вместе с основной деталью, выделив ее другим узором. В этом случае, довязав деталь основным узором до отделочной полосы, меняют рисунок в центре детали и формируют отделочную полосу. Провязав ее, вырез детали закрывают. Далее отдельно вяжут правую и левую части детали, не забывая выполнять по выкройке узор отделочной полосы.

Планку можно выполнить и отдельно. В этом случае перед и спинку вяжут по выкройке с горловиной каре без планки, затем соединяют один плечевой шов, оставляя другой открытым, и набирают по лицевой стороне горловины новые петли, начиная с левого плеча.

Отделочная планка вяжется резинкой 1 х 1 или другим двусторонним узором. Чтобы планка красиво прилегала к краю горловины, в углах горловины в каждом лицевом ряду провязывают 3 петли вместе так же, как и при выполнении планки V-образной линии горловины. Высота отделочной планки может быть разной — от 1,5 до 5 см, но она обязательно должна быть определена заранее и

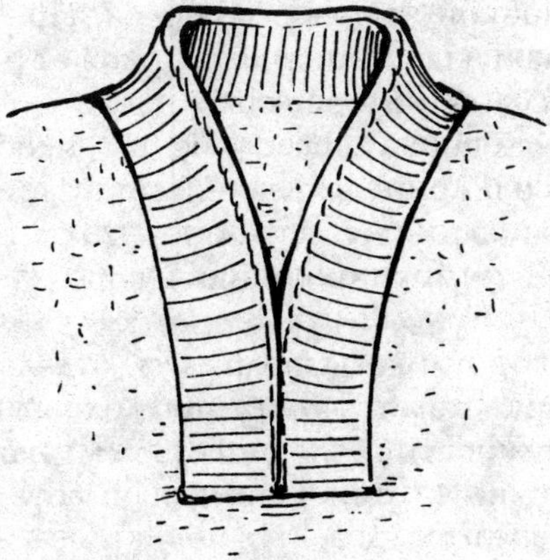

Рис. 152. Модель с воротником апаш

принята во внимание еще при внесении изменений в выкройку-основу. Вязать планку нужно по возможности туго, однако необходимо следить за тем, чтобы вырез горловины не оказался сильно стянутым.

Воротник апаш также довольно часто встречается в трикотажных вещах (рис. 152). Его выполнение сходно с вязанием английского воротника. Данным воротни-

Рис. 153. Выкройки для модели с воротником апаш

ком украшают как блузоны и пуловеры, так и жакеты, но наиболее сложно вывязать такой воротник у модели с врезной планкой застежки спереди. Причем планка воротника апаш на передней детали может располагаться не только встык, но и внахлест.

На выкройке-основе переда (рис. 153) необходимо наметить длину и ширину врезной планки застежки. В нашем случае длина планки застежки – 20 см, а ширина – 4 – 5 см. Линия горловины спинки и переда остается без изменений.

Выкройка воротника выполняется отдельно. Линия, по которой пришивается воротник, должна быть равна 40 см – окружность горловины (36 см) плюс ширина планки застежки (4 см). Форма и высота воротника определяются моделью.

Цельновязаный перед выполняется обычным способом до планки застежки. Вязание необходимо разделить на две части, причем правая часть должна быть больше левой на 4 см (при плотности вязания 3 петли на 1 см это 12 петель). Все петли левой части необходимо перевести на запасную спицу или дополнительную нить.

Вязание начинается с лицевой стороны с точки А, причем для этого в работу вводится новый клубок. Правая часть переда вяжется одновременно с планкой, которая выполняется каким-либо несложным двусторонним узором (например платочной вязкой).

Очень красиво выглядит планка, связанная резинкой 1 х 1 или 2 х 2. Но в этом случае, чтобы она не тянула, нужно в 1-м ряду набрать несколько дополнительных петель. Завершая работу над правой частью переда, петли горловины и планки нужно оставить открытыми, переведя их на вспомогательную нить.

Левую часть переда выполняют аналогичным образом, но прежде всего набирают на дополнительные спицы петли из вспомогательной нити. Их число должно быть равно количеству петель планки. Выполнив 3 – 4 ряда платочной вязкой, нить обрывают.

Теперь провязывают лицевой ряд левой части переда, присоединяют к работе вспомогательные петли из дру-

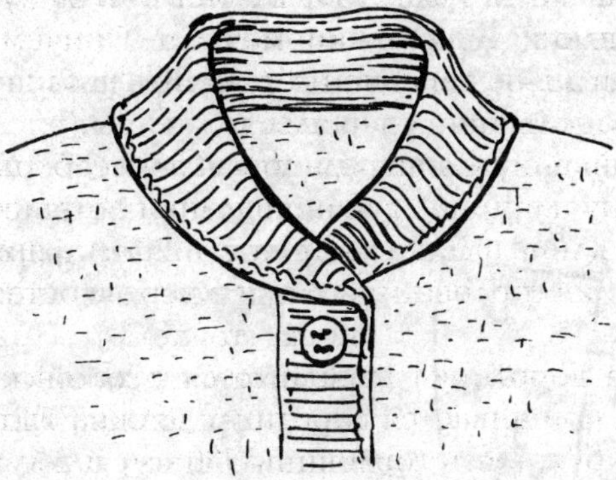

Рис. 154. Модель с воротником-шалькой

гой нити и выполняют их лицевыми петлями. С изнаночного ряда петли планки вяжут несложным двусторонним узором, в то время как на остальной части переда продолжают вывязывать основной рисунок. Левую полочку вместе с планкой выполняют точно так же, как и правую.

После того как работа над передом закончена, деталь отпаривают, отплетают вспомогательную нить и прикеттлевывают открытые петли левой планки к изнаночной стороне детали. Спинку выполняют обычным образом, петли горловины не закрепляют, а оставляют открытыми на дополнительной нити. Перед и спинку сшивают, а затем переводят все петли горловины и планок на одну спицу, в нужных местах добавляют дополнительные петли из протяжек.

С изнаночной стороны левой полочки переснимают на правую спицу, не провязывая, все петли планки. Все остальные петли в этом ряду провязывают узором планки. В следующем ряду начинают выполнять воротник с помощью частичного вязания. Возможно также сделать его прямоугольным. Связав воротник нужной высоты, все петли закрепляют в одном ряду.

Воротник-шалька обычно выполняется в поперечном направлении (рис. 154). Петли при этом набираются по краю изделия из кромочных.

На выкройке-основе нужно наметить ширину планки и место расположения верхней пуговицы (рис. 155). На уровне первой пуговицы с внутренней стороны планки необходимо поставить точку А. Ее соединяют прямой линией с высшей точкой плечевого скоса (точка Б). Прямая АБ представляет собой новую линию горловины. Выкройка спинки остается практически без изменений.

Рис. 155. Выкройки для модели с воротником-шалькой

По выкройке нужно связать спинку и полочки и сшить их. После этого из кромочных, начиная с низа полочки и до середины воротника, необходимо набрать петли для планки и воротника. Петли на спице нужно пересчитать, чтобы потом набрать такое же количество петель на другой полочке. Первый ряд выполняют с лицевой стороны лицевыми петлями. Со следующего ряда вяжут планку двусторонним узором. Если предполагается застежка на пуговицах, то петли располагают на правой полочке посередине планки для женских либо на левой полочке для мужских моделей.

Плотность вязания при выполнении планки и воротника должна быть неодинаковой. Наиболее туго нужно вязать ту часть воротника, которая прилегает к горловине спинки. После того как планка будет вывязана, петли до места первой пуговицы закрепляют и продолжают вязать только воротник. Придать ему форму шальки можно, если воспользоваться частичным вязанием. Для этого нужно недовязывать в каждом ряду по 2 – 3 петли, оставляя их на спице. Чтобы воротник хорошо лежал,

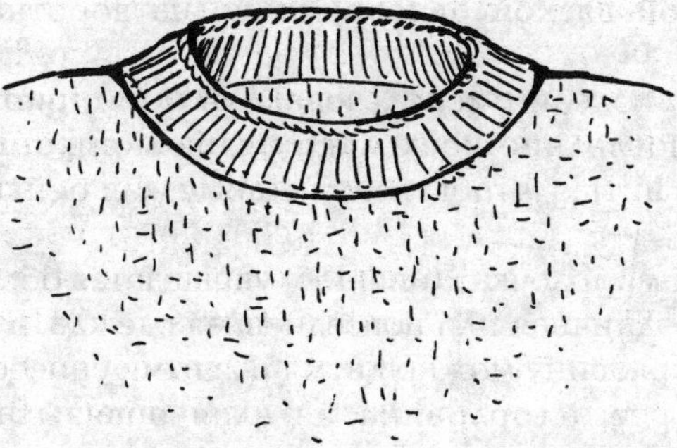

Рис. 156. Модель с вырезом «лодочка»

со стороны шва на спинке делают прибавления по 1 петле каждые 4 ряда. Когда высота воротника будет равна 18 – 20 см, все петли, имеющиеся на спице, закрывают одновременно.

Точно таким же образом выполняются планка и воротник второй полочки, причем петли набирают по лицевой стороне работы, начиная от середины спинки. После того как обе половины воротника будут готовы, их нужно аккуратно сшить с изнаночной стороны вертикальным трикотажным швом.

Маленькую шальку делают аналогичным образом, только высота ее составляет всего 9 – 10 см. Закрывая петли последнего ряда, главное – не затягивать их слишком сильно, иначе добиться хорошего прилегания воротника будет невозможно. Можно также посоветовать последние 5 – 6 рядов вязать на спицах на номер больше, чтобы воротник лежал красиво.

Если воротник выполнялся резинкой, то можно последние 2 – 3 ряда провязать платочной вязкой. Это не только придаст цельновязаному воротнику красивую окантовку, но еще и поможет ему правильно лежать на фигуре. Чтобы окантовка смотрелась хорошо, петли планки застежки не заканчивают, а переводят на вспомогательную нить. Когда воротник выполнен, их поднимают на спицу и провязывают последние 2—3 ряда платочной вязкой одновременно на воротнике и на планке.

Если в изделии использовались многоцветные узоры, то последние несколько рядов можно провязать цветной нитью, чтобы получилась узкая бейка другого цвета.

Вырезом «лодочка» (рис. 156) украшается обычно женская праздничная или повседневная одежда. Выполнять такую горловину можно двумя разными способами.

Чаще всего горловина изделия обвязывается резинкой. Для этого следует внести изменения в выкройку-основу (рис. 157). Новая линия горловины прочерчивается параллельно нижнему краю изделия и проходит через самую нижнюю точку выреза горловины переда.

Рис. 157. Выкройка для выполнения выреза «лодочка» и планки

Двойная отделочная планка должна иметь в высоту не менее 6 см. Форма горловины переда в точности совпадает с формой горловины спинки.

Связав спинку до отделочной планки, нужно выполнить с лицевой стороны 1 ряд лицевыми петлями, а с изнаночного ряда начать вязание резинки 1 х 1. Чтобы планка не топорщилась, номера спиц необходимо менять с большего на меньший каждые 3 – 4 ряда. Провязав планку до сгиба, номера спиц меняют в обратном порядке – с меньшего на больший через такие же интервалы.

Закончить планку нужно 2 – 3 рядами вспомогательной нити, а затем, не закрывая петли, снять вязание со спиц.

Горловина переда оформляется точно таким же образом, что и горловина спинки. После того как детали модели сшивают, планку складывают вдвое, сметывают, отделяют вспомогательную нить и прикеттлевывают открытые петли к изнанке модели.

Другие варианты оформления выреза горловины представлены на цветных фотографиях 20 – 23.

Условные обозначения к схемам узоров для вязания на спицах

−	– изнаночная
◊	– изнаночная скрещенная
□ +	– лицевая
♦	– лицевая скрещенная (за заднюю стенку)
ı	– петля, провязываемая лицевой и в лицевых, и в изнаночных рядах
♀	– вытянутая петля (провязанная из петли предыдущего ряда)
/	– 1 петлю снять, нить перед работой
\	– 1 петлю снять, нить за работой
O	– накид
◿ ◢	– 2 вместе лицевой
◺ ◣	– 2 вместе лицевой скрещенной (за задние стенки)
↑	– 2 петли провязать вместе с протяжкой
▲	– 3 вместе лицевой
△	– 3 вместе лицевой скрещенной (за задние стенки)
⇑ 4	– несколько петель вместе лицевой (число обозначает количество провязываемых вместе петель)
2 ⌄	– несколько петель вместе изнаночной (число обозначает количество провязываемых вместе петель)
∩	– 3 петли вместе: 2 петли снять на правую спицу, следующую провязать лицевой и протянуть ее через снятые

 – 3 петли вместе: 1 петлю снять на правую спицу, следующие 2 петли провязать вместе лицевой и протянуть ее через снятую

 – петли снять на вспомогательную спицу перед работой

 – петли снять на вспомогательную спицу за работой

⊠ – 1 петлю снять с накидом как изнаночную

⊗ – петлю и накид провязать вместе изнаночной

× – из 1-й петли вывязать 1 лицевую и 1 лицевую скрещенную

 – в Х-образном узоре 1 петлю провязать изнаночной и снять на английскую булавку, на следующих 4-х петлях провязать от отдельного клубка вспомогательной спицей 14 рядов лицевой гладью, петли снять на английскую булавку, нить оборвать – получилась 1-я полоса; на следующих 4-х петлях связать таким же образом 14 рядов лицевой гладью, петли снять на английскую булавку, нить оборвать – получилась 2-я полоса. Обе полосы завязать узлом. Затем 4 петли 1-й полосы и оставленную изнаночную петлю перенести на рабочую спицу, после чего на рабочую спицу перенести 4 петли 2-й полосы

 – шишечка (из одной петли вывязать 5 и провязать их лицевой, поворот, 5 изнаночных, поворот, 5 лицевых, поворот, 5 изнаночных, поворот, 5 петель провязать вместе лицевой)

Условные сокращения

лиц. — лицевая петля
изн. — изнаночная петля
доб. — добавочная петля
кром. — кромочная петля

Условные обозначения на этикетках пряжи

Знак	Значение
	Только сухая чистка
	Только ручная стирка при максимальной температуре 40 °С; тереть и отжимать нельзя
	Очень деликатная стирка в большом количестве воды. Минимальная механическая обработка. Быстрое полоскание на низких оборотах
	Ручная или машинная стирка при температуре не выше 40 °С. Полоскать, переходя постепенно к холодной воде. При отжиме в стиральной машине ставить медленный режим вращения центрифуги
	При стирке не использовать средства, содержащие отбеливатели (хлор)
	Разрешена стирка с отбеливателями, содержащими хлор. Использовать только холодную воду. Следить за полным растворением порошка
	Разрешена чистка с любым растворителем
	Сушить без отжима
	Не разрешено отжимать и сушить в стиральной машине
	Разрешено отжимать и сушить в стиральной машине
	Сушить при теплой температуре
	Сушить при горячей температуре
	Сушить на горизонтальной поверхности
	После отжима разрешена вертикальная сушка

Соответствие спиц толщине пряжи

Если на этикетке пряжи ее толщина указана в тексах, то правильно подобрать спицы вам помогут данные следующей таблицы:

Толщина пряжи, текс	Диаметр спиц, мм
60–130	1
100–180	1,5
150–250	2
200–300	2,5
300–450	3
350–550	3,5
500–750	4
700 и более	4,5 и более

СОДЕРЖАНИЕ

Предисловие 3

ИНСТРУМЕНТЫ И МАТЕРИАЛЫ ДЛЯ ВЯЗАНИЯ НА СПИЦАХ 4

Спицы 4

Пряжа 7

ОСНОВЫ ТЕХНИКИ ВЯЗАНИЯ 13

Набор петель начального ряда 13

Техника выполнения петель 15

Кромочные петли 16

Лицевые петли 17

Изнаночные петли 18

Накиды 20

Приемы вязания 21

Провязывание петель вместе 21

Выполнение протяжек 24

Снятые петли 25

Вытянутые (обхватывающие) петли 27

Перемещенные петли 29

Прибавление и добор петель 30
Убавление и закрытие петель 33
Виды вязания на спицах 36

КОЛЛЕКЦИЯ УЗОРОВ 40
Базовые узоры 42
Рельефные узоры 43
Узор 1: шахматка 43
Узор 2: большая стрелка 44
Узор 3: рельефный ромбик 45
Узор 4: рельефный «узелок» 45
Узор 5: крест 46
Узор 6: «жемчужные» ромбы 47
Узор 7: рельефные полоски 48
Узор 8: «жгуты»
и «жемчужные» полоски 48
Узор 9: «завиток» 49
Узор 10: узорные полоски 51
Узор 11: витые ромбы и полоски 52
Узор 12: узорный бордюр 54
Ажурные узоры 55
Узор 13: ажурные полоски 56
Узор 14: ажурные стрелочки 56
Узор 15: «ажурная фантазия» 57
Узор 16: «лепестки» .59
Узор 17: «листочки с шишечками» 60
Узор 18: ажурные стрелки 61
Узор 19: ажурные «елочки» 62
Узор 20: ажурный «листочек» 63
Узор 21: ажурная гладь 64

Узор 22: ажурная «галочка» 65
Узор 23: ажурная плетенка 66
Многоцветные узоры 67
Узор 24: зигзаги .71
Узор 25 «яблоки» 72

МОДЕЛИ ДЛЯ ВЯЗАНИЯ 73
Пуловер с вышивкой 73
Пуловер с ажурными рукавами 75
Пуловер с узором «коса в косе» 79
Классический пуловер 81
Пуловер с застежкой поло 86
Пушистый пуловер 88
Платье в резинку 93
Жилет-шазюбль 95
Мужской жакет 98
Мужской пуловер 101
Костюм для девочки-подростка 104
Детская безрукавка 106
Джемпер для девочки 109
Курточка для малыша 112
Пуловер с капюшоном 114
Детская футболка 117
Ажурный топик 120
Юбка «в складку» 122
Купальник 123
Комплект: шапочка, шарф и варежки . .126
Шапочка с «ушками» 127
Берет для девочки 129
Варежки с рельефным узором 130

Варежки на двух спицах 133
Детские пинетки 135
Тапочки с бахромой 137
Носки 138
Следки 142
Фартук 144
Сумка 147
Наволочка с рельефным узором 149

ОКОНЧАТЕЛЬНАЯ ОТДЕЛКА
ВЯЗАНЫХ ИЗДЕЛИЙ 152
Обработка деталей 152
Сборка изделий 155

ОСНОВЫ МОДЕЛИРОВАНИЯ
ВЯЗАНЫХ ИЗДЕЛИЙ 165
Построение выкройки-основы 165
Расчет петель при вязании на спицах . .186
Спинка 188
Рукав 192
Перед 195
Реглан 202
Воротники 208

Приложения 228

Калашникова Александра Сергеевна

От простого к сложному

Серия «Школа вязания на спицах и крючком»

Выпускающий редактор *О.В. Мещерякова*
Технический редактор *С.В. Камышова*
Корректор *А.В. Блохина*
Художник *Л.В. Орлова*
Компьютерная верстка *А.В. Блохин*
Серийное оформление обложки:
художник *А.С. Скороход*
дизайнер *Э.Э. Кунтыш*

ООО «Торговый дом «Издательство Мир книги»
111024, Москва, ул. 2-я Кабельная, д. 2, стр. 6.
Отдел реализации: (495) 974-29-76, 974-29-75;
факс: (495) 742-85-79 e-mail: commerce@mirknigi.ru

Каталог «Мир Книги» можно заказать по адресу:
111116, г. Москва а/я 30 «МИР КНИГИ»,
тел.: (495) 974-29-74 e-mail: order@mirknigi.ru

Подписано в печать 23.08.2006.
Формат 84x108 1/32. Печать офсетная. Бумага офсетная.
Гарнитура BalticaC. Печ. л. 7,5. Усл. печ. л. 12,60.
Тираж 14 500 экз. Заказ № 0613500.

Отпечатано в полном соответствии с качеством
предоставленного электронного оригинал-макета
в ОАО «Ярославский полиграфкомбинат»
150049, Ярославль, ул. Свободы, 97